山东省研究生教育创新计划项目：SDYY12019

地方省属院校硕士研究生
学术能力提升的保障机制研究

于学强 ◎ 著

Study on the security mechanism of
local graduate student academic capacity of
Provincial Universities

中国社会科学出版社

图书在版编目(CIP)数据

地方省属院校硕士研究生学术能力提升的保障机制研究 / 于学强著.
—北京：中国社会科学出版社，2016.1
ISBN 978 - 7 -5161 -8176 -8

Ⅰ.①地…　Ⅱ.①于…　Ⅲ.①地方高校 – 研究生教育 – 研究 – 中国
Ⅳ.①G643

中国版本图书馆 CIP 数据核字(2016)第 102070 号

出 版 人　赵剑英
责任编辑　任　明
特约编辑　芮　信
责任校对　朱妍洁
责任印制　何　艳

出　　　版　中国社会科学出版社
社　　　址　北京鼓楼西大街甲 158 号
邮　　　编　100720
网　　　址　http://www.csspw.cn
发 行 部　010 - 84083685
门 市 部　010 - 84029450
经　　　销　新华书店及其他书店

印刷装订　北京市兴怀印刷厂
版　　　次　2016 年 1 月第 1 版
印　　　次　2016 年 1 月第 1 次印刷

开　　　本　710 × 1000　1/16
印　　　张　16.75
插　　　页　2
字　　　数　241 千字
定　　　价　58.00 元

序

　　地方省属院校硕士研究生学术能力提升是一个系统工程，需要从社会、国家、学校、教师与学生各个方面全面着手推进。由于这一工程关系到硕士研究生的培养质量，关系到地方省属院校自身的声誉与存在价值。所以，无论是社会还是高校各个层面，都迫切希望推进这一系统工程。

　　针对这样一个大的课题，聊城大学于学强教授于 2012 年申报并获批了山东省研究生教育创新计划项目——"地方省属院校硕士研究生学术能力提升的保障机制研究"，并成功开启了对这一课题的系统研究。我于 2015 年 6 月收到了这项研究最终稿的修订版，这一修订稿是其在 2014 年底研究终稿的基础上完成的。

　　通读这一书稿，我真切地感受到了这一课题研究的重量。

　　作者在调研分析的基础上，指出了当下地方省属院校硕士研究生学术能力的现状与问题，虽然调研材料主要是针对个别院校，但结论在某种意义上是普适性的，因为这一调研也借助网络平台取得一些共性材料。这一结论是，地方省属院校硕士研究生学术能力培养面临很大挑战，学术成果的数量与质量都不尽如人意，甚至整个学术研究的过程也存在一些问题。如果不采取有效措施来规避这些问题的产生，很好地化解产生的问题，地方省属院校的硕士研究生就很难得到认可。

　　为了化解产生的问题与规避产生新问题，进而提升硕士研究生的学术水平，作者从五大机制着手提出了解决的方略：

　　其一是学术道德保障机制。作者认为学术道德本身也是学术能力的构成要素，而且是很重要的构成要素，没有不受学术道德规制的学术成果。只有着眼于学术道德这一研究底线开展学术研究，才可以真正评判学术成果与学术能力。所以，加强学术道德建设，避免学术失范是提升硕士研究生学术能力的基础工程。结合地方省属院校学术道德调研，作者指出学术道德方面存在的普遍性问题及其产生的原因，以及从学校、制度与导师三个层面着手解决现存问题的基本方略。

其二是科研制度保障机制。作者在阐明科研与学术能力的相关性一般理论的基础上，结合地方省属院校实际指出了学术能力与科研供给的关系、科研制度存在的主要问题以及化解问题的策略，提出将科研制度与招生制度、导师岗位责任制度、科研质量保障制度、学位论文审查制度、学术研讨交流制度、科研管理激励制度以及研究生科研记录制度结合起来系统推进的思路。

其三是培养模式保障机制。作者在培养模式内涵界定的基础之上，将培养目标、课程体系与培养方式作为构成培养模式的三大要素，结合培养模式在国内外的历史演进，结合地方省属院校实际，指出目前在培养模式方面存在的主要问题是培养目标的层次不清、培养目标的界定不明和培养目标的定位不准，课程设置单一化、课程体系本科化、课程要求标准化、课程内容陈旧化，以及培养价值的单向性、培养主体的单一性、培养方法的单调性，进而提出明确培养目标，实行分类培养；拓宽课程设置，优化课程体系；提升主体素养，倡导团队培养的解决方略。

其四是培养管理保障机制。作者基于学术能力视角审视了研究生培养管理机制的内涵与特征，认为导师遴选机制不健全、学生选录机制不科学、规范约束机制不到位、学制培养管理不灵活，最终影响到硕士生学术能力的提升。指出完善地方省属院校硕士生培养管理机制的策略，应当做到将硕士研究生的培养管理与学术能力结合起来，将硕士研究生的培养机构与管理机构嫁接起来，将硕士研究生的培养主体与培养客体统筹起来，将硕士研究生的培养管理与督促提升协调起来。

其五是学术环境保障机制。作者立足学术环境的内涵特征与作用，从正反两个方面解读学术环境建设对于学术能力的相关性：良好的学术环境对于学术能力的提升有促进作用，学术环境不好则不利于学术能力的培养与提升。对于地方省属院校而言，优化学术环境应更新研究生教育与管理理念，树立研究生学术环境优化观；加强经费投入与优化资源管理，改善研究生学术硬件环境；重视学术规范教育，构建科学化的研究生学术机制。

从这些问题发现与解决的思路来看，这本著作体现了如下几个特点：

其一，针对性。该著作立足地方省属院校，围绕硕士研究生培养，以学术能力为切入点展开讨论，无论是讨论主题、针对群体还是焦点问题都具有强烈的针对性。从学术研究的视角分析，只有找准了问题，才能针对性地提出解决策略。

其二，系统性。该著作在分析问题和提供解决问题的方略过程中，虽然主要的立足点是地方省属院校，但并没有将地方省属院校孤立于社会与国家之外。不仅如此，作者还结合地方省属院校的不同主体，从管理者、导师与硕士研究生不同的视角分析问题与策略。

其三，操作性。该著作在提供策略的过程中强调顶层设计、宏观层面的同时，更多的是结合地方省属院校实际，结合其具体情况提供解决方略，使各类具体措施更具有可实施性，能够为同类院校借鉴和参考。

当然，立足于地方省属院校探讨硕士研究生学术能力问题，这本身也是一个较大的课题，在三年的研究时间内解决这样一个课题仍然会面临各种各样的挑战。这种挑战在著作中也有体现，比如如何结合不同的硕士研究生群体，有区别地提高学术类研究生与专业类研究生、社科类研究生与理工科类研究生的学术能力，还需要进一步细化。但毋庸置疑的是，本课题成果为下一步更精细地开展研究提供了支撑，也起到了抛砖引玉的作用。

如上阅读后的所思、所想、所得，是为序。

山东师范大学教授　博士生导师　张福记

2015 年 7 月 30 日

目　录

第一章

地方省属院校硕士研究生学术能力的
相关概念分析与个案透视

随着中国教育事业的迅速发展，地方省属院校学生培养的规模和层次不断扩大和提升，不少地方省属院校不仅培养本科生，也培养硕士研究生。但是，地方省属院校在师资力量、图书资料等软硬件设施方面，较教育部直属院校还存在很大差距。如何在既定的办学条件下，培养出合格乃至优秀的硕士研究生，成为地方省属院校必须面对和解决的重要问题。硕士研究生是否优秀，不仅体现在其道德素养方面，也体现在其学识水平和研究能力方面。从学术能力着手，认识、查找进而解决地方省属院校硕士研究生培养存在的问题，是提升其硕士研究生培养质量的重要着眼点。

一 地方省属院校硕士研究生学术能力的概念厘定

概念是研究的起点。针对本课题而言，有四种概念需要明确，即地方省属院校、硕士研究生、学术能力和保障机制。其中，地方省属院校、硕士研究生是研究的对象，学术能力是研究的内容，保障机制是研究的切入点。

（一）地方省属院校

从主管部门归属来看，地方省属院校是相对于中央直属、部属院校而言的。这些学校从人事、资金投入等所属关系看，主要来自其所在的省（自治区、直辖市、港澳特区），是指某一省（自治区、直辖市、港澳特区）下属的高校。此类高校的主管部门一般是某省

（自治区、直辖市、港澳特区）或某省（自治区、直辖市、港澳特区）教育厅，大多数靠地方财政供养，是由地方行政部门划拨经费的普通高等学校。从管理体制和级别层级来看，目前中国的高校分四种管理体制：公办的本科高校行政级别是副部级和正厅级，除 31 所高校为副部级（副部级大学全为部属大学），其余大部分为正厅（司）级，这里所指的地方省属院校都属于厅（司）级单位。从自身定位和发展目标来看，地方省属院校作为我国高等教育体系的主体部分，以服务区域经济社会发展为目标，着力为地方培养高素质人才。从地方院校自身结构分类来看，大致可划分为省属国家"211"工程重点大学、地方重点院校、地方普通院校、地方新兴院校和地方高等专科学校。从人才培养层级来看，地方省属院校可简单划分为四类，有博士培养资格的院校、有硕士培养资格的院校、有学士培养资格的院校和只有专科培养资格的院校。本课题主要研究视点为有硕士学位培养权的地方省属重点院校和地方普通院校，有些数据也涉及部分有博士培养权的地方院校。

　　地方省属院校的自身定位说明其对于地方发展的作用是巨大的，特别是在教育大众化发展阶段，它们承担着越来越重要的人才培养任务，是实现我国高等教育大众化重任的重要组成部分，作为近年来高校扩招的主力军，它们已经越来越为地方政府所重视。部分省、市为了做强地方高等教育，大力支持省属高校依靠自身特色积极争取相关中央部委的资金和资源支持，以从战略上最大限度破解其发展受限的不利局面，推动自己快速发展甚至是上升为国家发展战略，形成省属国家"211"工程重点大学、"省部共建"高校、地方性直属高校三大模式。比如山东省版"211"工程，首批指的就是由山东省政府拨出专项资金和给予相应政策扶持的 28 所院校，其中应用基础型特色名校 5 所，即山东科技大学、山东农业大学、山东中医药大学、山东师范大学和青岛大学；应用型特色名校 10 所，即济南大学、山东建筑大学、齐鲁工业大学（原山东轻工业学院）、山东理工大学、青岛农业大学、曲阜师范大学、聊城大学、鲁东大学、山东工艺美术学院和烟台大学；技能型特色名校 13 所，即山东劳动职业技术学院、莱芜职业技术学院、济宁职业技术学院、潍坊职业学院、聊城职业技术学院、山东水利职业学院、山东交通职业学院、青岛酒店管理职业技术学院、山东经贸职业学院、山东工业职业学院、济南工程职业技术学院、山东旅游职业学院和青岛远洋船员职业学院。

（二）硕士研究生

从我国历史发展看，早在五代时期就有"硕士"的名称，由于不是官职，所以在古代史籍中并不多见。据《五代史》记载："前后左右者日益亲，则忠臣硕士日益疏。"① 宋代著名散文家曾巩在《与杜相公书》中说："当今内自京师，外至岩野，宿师硕士，杰立相望。"② 从这些论述中可知，那时"硕士"通常指那些品格高尚、博学多识的人，与之相似的称谓还有"硕老""硕儒"。如东汉末年，荀爽"后遭党锢，隐于海上，又南遁汉滨，积十余年，以著述为事，遂称为硕儒"③。从世界学位发展的历程看，学位制度起源于中世纪的欧洲，1130 年意大利的波伦那大学首次授予一位研究古罗马法的学者以博士学位，不久又出现了硕士的称号。博士为学位的第一级，硕士为第二级。约 13 世纪初，法国巴黎大学才首创学士制，作为学位的最低一级。可见，中国古代的硕士称谓虽与现代名同，但实际上并不是一种学位制度，也不是一种官职，只是对有学识的人的一种尊称。

目前，我国的学位制度已经与世界挂钩，同样分为三个等级，即博士、硕士和学士。其中，将攻读硕士学位与攻读博士学位的学生统称为研究生，攻读学士学位的称为本科生。研究生是指高等学校本科毕业后（或以同等学力考人），按照学制要求继续在高等学校研究生部门（院、部、班）或科研机构学习研究的学生。④ 研究生作为本科

① 任犀然：《古文观止》，中国和平出版社 2006 年版，第 404 页。

② 茅坤评：《唐宋八大家经典》下，沈阳出版社 2002 年版，第 323 页。

③ 陈启云：《中国古代思想文化的历史论析》，北京大学出版社 2001 年版，第 280 页。

④ 周林：《高等教育法、职业教育法释疑与诉讼策略及文书标准格式》，吉林人民出版社 2001 年版，第 150 页。

毕业后或相当于本科毕业后的特殊的学生群体，应当具有运用基本理论和基本原理发现问题、分析问题和解决问题的能力，具有一定的科学精神、科学素养、科研能力和参与社会实践的能力。研究生教育处于高等教育的最高层次，其教育目标是"通过研究生教育，可为国家不断输送高质量的高层次人才，同时产生高水平的科研成果，参与人才培养与科技发展的国际竞争"①。与本科教育不同的是，研究生教育的本质内涵是科研，科研既是研究生教育过程的重要内容，也是研究生教育的重要目标之一。② 硕士研究生作为较低层级的研究生，其应然的培养目标定位自然也是培养具有一定科研能力和实践能力的高层次人才，不断提升硕士研究生的学术能力，开拓其学术视野和扩展其思维能力，是硕士研究生之所谓"研究生"而不同于本科生的突出之处。同时，与博士研究生相比，他们又刚刚从事学术研究工作，处于研究的起始阶段，既需要定位高远，也需要脚踏实地。可见，如何结合自身实际，不断提升学术能力是硕士研究生面临的重大课题。

硕士研究生可分学术型硕士研究生和专业型硕士研究生。从培养方向上看，前者主要以培养教学和科研人才为主，后者则是为了培养特定职业的高层次专门人才或市场紧缺的应用型人才；从招生条件看，前者不需报考者有一定年限的工作经历，可以是应届生也可以是往届生，后者在设置之初大都有一定工作年限或工作经历的要求（自2009年以来这些条件也开始松动）；从考试方式上看，前者只有年初的统考，而后者除此之外还包括每年10月份的联考；从入学难度上看，前者全国统一考试完全是严进宽出的代表，一些名校热门专业的录取比例相当高，后者针对不同专业，入学难度各不相同；从学习方式上看，学术型硕士一般攻读3年，而专业型一般为2—3年；从认可度上看，前者为全日制正规大学硕士毕业，拥有学位学历双证，社

---

① 《中国学位与研究生教育发展战略报告（2002—2010）》（征求意见稿），《学位与研究生教育》2002年第6期。

② 杨德广：《高等教育学概论》（修订版），华东师范大学出版社2010年版，第203页。

会的认可度非常高，后者更加注重专业技能和职业能力，自 2009 年以后也持有学位证书和学历证书，其社会认可度也在提升；等等。作为硕士研究生的一个分支，学术型研究生与专业型研究生相对应，侧重于理论教育和学术能力，以大学教师、科研机构的研究人员为主要目标。本课题则针对地方省属院校，从学术能力入手，主要着眼于学术型研究生。

（三）学术能力

学术是一种探索真理的社会实践活动及有系统的、较专门的学问。学术是求真的过程，同时这种求真的过程也是塑造国家灵魂，推进国家发展的过程。蔡元培认为："一个民族或国家要在世界上立得住脚——而且要光荣地立住——是要以学术为基础的。"[①] 黄楠森同样认为，"学术是一个国家的灵魂"[②]，以学术服务于国家，就是在塑造一个国家的灵魂。也有学者将学术研究与心灵自由联系起来，指出："学术是学者们出于一种闲逸的好奇心自由地探索事物的本源过程中的产物，这是一个自由探索和发现的过程，在这个过程中学者们的好奇甚至是自我娱乐的目的支配了一切，从中获得愉悦是为了实现自我、超越必然、通向心灵自由的方式之一。因此，从本质上看，学术本身就是心灵自由的产物，甚至当学术成为一种职业时；除了理性方式产生的纯学术行规之外，也依然不接受外在的规训，学术自由是认定学术职业特性、确认学者身份特征的内在标准。"[③]

美国卡耐基教学促进会主席欧内斯特·博耶在 1990 年出版的《学术的反思：教授的工作重点领域》一书中提出了新的学术范式，并对学术重新进行了界定，他认为学术不仅包括传统意义上"探究的学术"，还应包含"应用的学术""整合的学术"和"教学的学

---

① 高平叔：《蔡元培教育论集》，湖南教育出版社 1987 年版，第 481 页。

② 参见黄楠森在《学术界》2001 年第 4 期扉页上的题词。

③ 安宗林、李学永：《大学治理的法制框架构建研究》，北京大学出版社 2011 年版，第 38 页。

术"。① 探究的学术是创造或发现新知识的学术。它要求学者进行学术研究活动要在意识上具备创造性、思维上具备批判性、专业上具备研究技能，并通过期刊、著作、专利或学术报告等形式呈现研究成果。应用的学术是将学科专业知识与活动紧密联系起来，即理论联系实际。学者通过应用的学术，在具备解决现实问题的能力之外，将科学性、专业性的语言转换成平民语言，把研究的理论与生活的现实联系起来，避免理论和实践的脱节。整合的学术是促使学科内和学科间建立新联系。它要求学者把科学发现置于一个更大的背景环境中，促进更多跨学科之间的交流和对话，发挥相关学科的综合优势，发挥几个不同的相邻学科的综合优势，以获得全面的知识观，来解决一些复杂紧迫的科学和社会问题。教学的学术是指传播知识和改进教学实践，是知识传播、延续和发展的重要途径。要求教师通过出版、报告等形式将他们的教学成果公开，以便同行间交流、指导和批评，鼓励学生积极思考，增强批判意识。教师还要与学生多交流，促进教学相长。

学术能力即从事学术研究的相关素质，是一个人探索真理并能够取得成就的能力。它不仅强调学术能力显性的彰显方式，即学问，包括学科视角、研究方法、分析与解释问题的能力等，而且也强调其隐性层面（其在研究生培养过程中常常被忽视的层面），即发现问题能力、表达能力、沟通能力、反思能力、选择能力、判断能力、思维方式转换能力等。学术能力的研究侧重点不同，有的侧重于学术成就，有的侧重于就业能力，有的则侧重于研究能力。② 如侧重研究能力的学者徐杰舜将学术能力概括为十种：学术感悟力、实践能力、交流能力、参与能力、语言能力、观察能力、提炼能力、概括能力、应用能力和创新能力。③ 笔者比较倾向于学者肖川从学术能力视角对研究生

---

① 薛丹：《高校教师学术能力的内涵探析》，《科技向导》2011 年第 32 期。

② 朱志勇、崔雪娟：《研究生学术能力：一个基于政策文本分析的理论框架》，《清华大学学报》2012 年第 6 期。

③ 徐杰舜：《从素质上锻炼和培养研究生的学术能力》，《广西民族学院学报》2004 年第 7 期。

能力的六方面概括：问题的发现与提出能力、文献的收集与整理能力、概念的生成与厘定能力、做出学术命题的能力、设计研究过程的能力以及对学术前沿的敏感性。发现问题与提出问题的能力即进行任何一项学术活动，都必须具备问题意识，没有问题意识就不可能有意识地去探究。发现问题后，还需要对问题进行提炼和概括。文献资料是进行学术研究的重要资源，学术研究必须通过有利的条件去搜集适合、相关的文献资料，并根据文献的相关程度和分类来整理归纳。学术研究要以概念为基础，即从所探究的问题中形成核心的概念构建和界定。所谓厘定即要对生成的概念的内容进行明晰化，学会结合前人的研究成果，加上自己的创新发现，对新概念的内容进行整合。

另外，需要说明的是，学术能力必然包含学术规范，学术能力就是指在特定规范规约下的能力。所以，学术能力"首先是学术节操的问题"，"其次才是尽可能详尽准确地注明资料来源和引文出处"。[1] 范建刚指出，学术能力既包含了技术性学术能力，也包含道德性学术能力，是二者的有机统一。[2] 也有人从其他的视角证明，学术能力应包括学术道德方面的内容，如有的学者将研究生学术能力相对划分为核心能力和外围能力，二者是相辅相成、互为一体的。外围学术能力相对于核心能力而言包括六种能力，其中第一种便是学术规范的遵从执行力，即对取得普遍共识的学术研究范式和学术道德的自觉遵守能力。[3]

（四）保障机制

机制原指机器的构造和工作原理。生物学和医学通过类比借用此词，指生物机体结构组成部分的相互关系，以及其间发生的各种变化过程的物理、化学性质和相互关系。现已广泛应用于自然现象和社会

---

① 肖川：《教育的使命与责任》，岳麓书社 2007 年版，第 87—88 页。

② 范建刚：《道德品格与学术能力的协同发展——关于改进研究生德育的思考》，《学位与研究生教育》2009 年第 12 期。

③ 钟晓敏、张雷宝：《财政学理论探索与教学改革研究》，中国财政经济出版社 2007 年版，第 64—65 页。

现象，主要用来泛指一个工作系统的组织或部分之间相互作用的过程和方式，其内部组织和运行变化的规律，是指组织的体制、制度、政策构成的组织运行的动力系统。当机制应用于社会领域之后，主要是指人类社会在其运行过程中，影响这种运行的各组成因素相互联系、相互作用的过程和方式。由于社会运行过程主要表现为人的活动过程，所以，机制也就主要表示社会中各行为人之间的相互关系和互动作用的过程和方式。机制具有目标性、整体性、层次性、自律性、可控性、可操作性和开放性等特征。从管理学角度来讲，机制是一个团队组织、制度、文化的集合，是各种管理行为有机合成的结果。机制的要素包括：组织架构、组织的管理模式和流程、管理流程节点上的岗位角色与角色的职责定位、保障职责履行的制度体系、措施系统和信息系统等。在任何一个系统中，机制都起着基础性的、根本性的作用。在理想状态下，有了良好的机制，甚至可以使一个社会系统接近于一个自适应系统——在外部条件发生不确定变化时，能自动地迅速做出反应，调整原定的策略和措施，实现优化目标。

有学者根据机制的功能，将其划分为激励机制、制约机制和保障机制三种。激励机制是指用激励的手段，发挥激励的功能来调动教育各个方面的积极性，从而统整整个教育，使其发挥作用。激励手段包括通过提高人的思想觉悟来调动人的积极性，以及通过满足人的需要来调动人的积极性；制约机制是指用制约的手段发挥制约的功能，包括上级对下级的制约、下级对上级的制约以及平级之间的制约等；保障机制是指用保障的手段发挥保障的功能，一般有提供经费、设备等物质条件，提供观念的导向、政策支持和制度保障等精神条件，提供管理或服务的方式三种。① 借鉴这一基本理念，所谓研究生学术能力提升的保障机制就是通过提供经费、设备物质条件，提供观念导向、政策支持和制度保障等精神条件，提供管理或服务等方式来提升研究生学术能力。由于保障机制与激励机制、制约机制都是从教育功能意义上划分的，它们之间也有着密切的联系。所以，提升硕士研究生学

---

① 孙绵涛、康翠萍：《教育机制理论的新诠释》，《教育研究》2006 年第 12 期。

术能力保障机制，既离不开学术动能的激励机制与学术道德的制约机制等方面的具体内容，也离不开一定的学术环境的熏陶。由此，我们认为，地方省属院校硕士研究生学术能力提升的保障机制至少包括：学术道德保障机制、科研制度保障机制、培养模式保障机制、管理方式保障机制、学术环境保障机制等方面。

二　地方省属院校硕士研究生学术能力的构成要素分析

诚如前面所言，笔者比较倾向于肖川先生关于研究生学术能力方面的认识与见解。笔者认为，肖川先生是从一般意义上对研究生群体的学术能力进行分析的，这一框架对于省属院校硕士研究生这一特殊群体同样适用。所以，在这里，笔者就借助他提出来的分析框架，对于省属硕士研究生学术能力构成的六要素作简要分析。

（一）发现问题与提出问题的能力

胡适曾经说过，"问题是知识学问的老祖宗，古往今来一切知识的产生与凝聚，都是因为要解答问题"①。近代美国科学哲学家 K. P. 波普尔同样指出过，"科学和知识的增长永远始于问题，终于问题——越来越深化的问题，越来越能启发新问题的问题"②。可见，问题是成功之母，是激发创造活力、探索能力之强大动力。学术能力的首要方面就是发现问题与提出问题的能力，而发现问题与提出问题来自于好奇心，来自于疑问。陆九渊认为："为学患无疑，疑则有进。"③ "小疑则小进，大疑则大进。"④ 亚里士多德也说过："思维始

---

① 《胡适散文》第 2 集，中国广播电视出版社 1992 年版，第 249 页。

② 李云：《卡尔·波普尔思想精华的解读——北京卡尔·波普尔百年学术研讨会议综述》，《自然辩证法通讯》2003 年第 1 期。

③ 《陆九渊集》卷三十五《语录下》，中华书局 1980 年版，第 461 页。

④ 《陆九渊集》卷三十六《年谱》，中华书局 1980 年版，第 482 页。

于惊讶和疑惑。"① 疑问是学生学习过程中知与不知，是与非等矛盾的表现。所谓矛盾就是问题本身。问题是人们尚未认识而应当认识的事物，是需要解决而尚未解决的矛盾，它体现着认识主体与认识对象之间的差异。从本质上看，问题也是人们的大脑对客观事物及其运动状况的一定反映。例如，事实与事实之间、事实与理论之间、理论与理论之间的矛盾和差异，必然要反映到人们的头脑中来，这就产生了疑问，人们就要发现和提出问题。当代著名的科学哲学家波普尔认为，问题就是"背景知识中固有的预期与其所提出的观察或某种假说等新发现之间的冲突"，并且直接描述"问题就是'矛盾'，就是'不一致'，② 从而把"问题"同"矛盾"联系起来，明确规定了问题的本质属性就是矛盾性。毛泽东也曾在《反对党八股》中指出："问题就是事物的矛盾，哪里有没有解决的矛盾，哪里就有问题。"③

古往今来，从事理论研究和社会工作的专业人士对于发现问题都十分重视。中国古谚曰："千人之诺诺，不如一士之谔谔。"④ 西方亦有格言曰："真理诞生于一百个问号之后。"针对发现问题，爱因斯坦也曾作过精辟的阐述，他指出："提出一个问题往往比解决一个问题更为重要。因为解决一个问题也许仅是一个数学上的或实验上的技能而已，而提出新的问题、新的可能性，从新的角度去看旧的问题，却需要有创造性的想象力，而且标志着科学的真正进步。"⑤ 事实上，只有通过发现和提出问题，人们才能进行探求和思索，才能由此取得认识成果，从而在克服困难中前进，最终达到认识世界、解释世界和改造世界的目的。作为硕士研究生，如能发现事物中内含的深层次矛盾、揭示纷繁复杂的社会表象背后最为本质性的问题，就意味着他具有较高的认识水平和研究能力，也说明他具有可资培养的学术潜质。

---

① 转引自李家清《新概念地理教学论》，北京大学出版社 2009 年版，第 169 页。

② 夏基松、沈斐凤：《西方科学哲学》，南京大学出版社 1987 年版，第 142 页。

③ 《毛泽东选集》第 3 卷，人民出版社 1991 年版，第 839 页。

④ 《史记·商君列传》，中华书局 1959 年版，第 2234 页。

⑤ ［德］艾·爱因斯坦、［波］利·英费尔德：《物理学的进化》，上海科学技术出版社 1962 年版，第 59 页。

发现问题与提出问题的能力源于浓厚的问题意识。"问题意识是对主体知觉、揭示矛盾内外部诸方面之间的关系、进行辩证思维的主观能动性的反映。""问题意识指欲消解意义理解的阻力，弥补文化环境认识的缺位，联通被阻隔的理论路径，重构对文本意义理解的诉求。"① 进行任何一项学术活动，若没有问题意识，将无从下手。问题意识是学术研究中最核心的问题，如果没有问题意识，整个研究就会非常散乱；有了问题意识就能纲举目张，使研究在清晰的指导下自觉进行。所谓问题意识是指在明确前人研究的高度和深度的同时，发现前人研究的不足或者说是研究的空白，找到对这些问题的解决方案，或者在前人已有方案的基础上提出新的对策。问题意识应从两个侧面理解：其一，问题意识是对真问题的追溯，对伪问题的抛弃。研究真问题是研究课题的价值所在，如果研究的问题是个假问题，研究本身就失去了意义。其二，重在研究基础理论问题，但也应关注实践问题，因为问题始终来自于实践并致力于满足实践之需。依据托马斯－布鲁巴克提出的问题解决模式的方法论原理，疑难问题的解决路径可概括为发现问题，提炼课题；分析问题，研究课题；解决问题，推出成果。依据于此，提升硕士研究生的学术能力，培养他们浓厚的问题意识，一方面要加强他们对日常问题勤于思考的训练，另一方面需要培养他们善于从现象的观察中探求和把握问题的能力。

（二）文献的收集与整理能力

巧妇难为无米之炊。没有对文献的占有，就无以撰写高水平、高质量的论文，无以展示自身的学术能力与学术水平。所以，没有足够的、高质量的文献作为学术研究的基础，没有足够的文献参考，任何研究者的学术思维的触角都无以延伸到更远的地方。文献占有包括文献的收集与文献的整理两项具体工作，这两项工作是密

① 郝明君、王光明：《人文社科专业研究生问题意识的培养》，《学位与研究生教育》2007 年第 9 期。

切联系、有着承继性的。文献收集是文献整理的前提，文献的收集能力是指运用多种技巧迅速准确地寻找自己学术研究的必备文献资料的能力；文献整理是文献收集的必然要求，文献的整理能力是指对占有文献进行高效率、准确的归类与整理，进而厘清基础性文献与前沿性文献、拓展性文献与辅助性文献、理论性文献与实践性文献的能力等。

　　文献的收集与整理能力，就其针对性内容而言，主要是指对新文献的把握和掌握能力。任何学术研究没有对前沿资料的掌握，都难以取得更高水平的研究成果。所以，有目的地筛选资料，尤其是掌握新资料是推进学术研究的必然要求。硕士研究生要提升自己的文献收集与整理能力，首先要学会甄别资料，尤其是根据文献增长情况，结合学科特点与发展阶段，运用国际公认的普赖斯指数①，对文献新老情况做出研判，决定取舍。文献收集与整理能力，就其来源期刊而言，主要为核心期刊与一般期刊，以核心期刊为主。当然，由于学科领域、所在场所不同，对于何谓核心期刊的认同度也不一样。就社会科学而言，学界比较认同的是北大核心和南大核心，其中不少刊物为双核心，这类刊物的文章一般而言应用价值就更高一些。也有不少学校根据自身发展，自己厘定了 ABCD 类期刊，对硕士研究生相关论文刊发质量提出自己的要求。

　　由于文献收集是整理的前提，如何收集文献对于硕士研究生而言至关重要。一般而言，常见的文献收集方法有五种：一是主题检索法，这是一种经常使用相应的"词表"来选准检索词，以便迅速准确地检查所需文献信息的方法，特点是直观性、专指性强。二是分类检索法，这是一种通过使用分类表、书本式分类目录、图书馆卡片等，将文献内容的学科属性分类编排，按类查检文献的方法，其特点

————————

① 1971 年普赖斯提出了一个衡量各个学科领域文献老化量度指标——普赖斯指数。即指在一个具体学科内，把对年限不超过五年的引文数量与引文总数之比当作一个指标，用以量度文献的老化速度与程度。普赖斯指数越大，文献老化越快。普赖斯指数 = 近五年的被引用的文献数量／被引用的文献总量×100% 。

是收集资料学科范围宽。三是篇名检索法，这是一种通过直接输入篇目名称，准确查找文献的方法，其特点是快捷、准确。四是著者检索法，这是一种通过键入作者名称，查询其相关作品的方法，这是系统研究和查检特定著者有关文献的极为有效的一种手段。五是引文检索法，这是一种利用引文索引收集引用论文的方法，也是一种利用论文收集引文的方法，它通过揭示出某位作者的某篇论文曾经被哪些人的哪篇文章参考引用过，见证文献的价值。

（三）概念的生成与厘定能力

概念是人类抽象思维的元素，是反映对象的本质属性的思维形式，是抽象的、普遍的想法、观念或充当指明实体、事件或关系的范畴或类的实体，其表达的语言形式是词或词组。它是人类在认识过程中，从感性认识上升到理性认识，把所感知的事物的共同本质特点抽象出来，加以概括形成的，随着社会历史和人类认识的发展而变化。概念是人类对一个复杂的过程或事物的理解，一部人类的智能史也就是概念的发展史：由无到有，由少到多，由简单到复杂。可以说，概念是人类文明的基石，是人类进步的脚印。

从哲学的观念讲，概念是思维的基本单位。"百度百科"指出了概念的两个基本特征，即概念的内涵和外延。概念的内涵就是指这个概念的含义，即该概念所反映的事物对象所特有的属性。例如，"商品是用来交换的劳动产品"。其中，"用来交换的劳动产品"就是概念"商品"的内涵。概念的外延就是指这个概念所反映的事物对象的范围。即具有概念所反映的属性的事物或对象。例如，"森林包括防护林、用材林、经济林、薪炭林、特殊用途林"，这就是从外延角度说明"森林"的概念。概念的内涵和外延具有反比关系，即一个概念的内涵越多，外延就越小；反之亦然。

概念的生成是指从所发现和提出的问题之中形成核心概念的过程与结果。毛泽东在《实践论》中说："社会实践的继续，使人们在实践中引起感觉和印象的东西反复了多次，于是在人们的脑子里生起了一个认识过程中的突变（即飞跃），产生了概念。概念这东西已经不是事物的现象！不是事物的各个片面，不是它们的外部联系，而是抓住了事物的本质，事物的全体，事物的内部的联系了。概念同感觉，不但是数量上的差别，而且有了性质上的差别。循此继进，使用判断和推理方法，就可以产生出合乎论理的结论来。"① 科学的假设也是概念，但科学假设的提出并不一定是严格遵循"感性认识的反复—飞跃—概念"的路线的，可以通过分解和元素的组合产生概念。元素组合式概念生成法可以作为科学研究的工具，也可以作为创建新学科的手段。

学术研究需要以概念为基石，从事或推进学术研究首要的工作便是有概念生成与厘定的能力。学术研究生从事或将来从事的工作便是学术研究，能否培养自己的概念生成与厘定能力，将决定自己的学术发展。因为学术史上那些取得卓越成就的大家们都是生成与建构概念的高手，都创造出一套属于自己的独特的学术概念，并在此基础上建设起自己的学术大厦。硕士研究生在从事学术研究之初，首先接触到的也是一些基本概念，而他们从事深入的学术研究的过程中，还会涉及对这些基本概念的厘定。因为在学术研究的过程中，除了生成概念之外，有时需要借用和移植一些概念，对于后者同样需要界定或阐释使其明晰化。所以，培养硕士研究生的概念生成与厘定能力不仅是学术研究的必要，更是推进学术深入研究的必须。

（四）做出学术命题的能力

按《新华字典》的解释，"命"有给予的意思，"题"有事情的意思，二字合一词，"命题"应是给予某事物一个说法的意思。将这一基本的含义引入研究领域，特别是逻辑界，杨宏郝将其概括为如下几种看法：命题是表达判断的语句；命题是反映事物情况的思维形式（形态）；命题就是断定可能世界领域对象的思维形式；命题就是有真假意义的语句；命题指的是用陈述句表达的有所肯定或否定的，但还没有断定的思想；命题是由直陈语句表达的具有真假属性但与其真

---

① 《毛泽东选集》第 1 卷，人民出版社 1991 年版，第 284 页。

假是否被断定无关的思想。① 在社会科学中，命题比概念更为上位。作为学术研究仅有概念是不够的，命题是学术研究重要的成果表现形式，学术需要命题的支撑。因为命题能够将概念所不能言指的对象说明得更加清楚，指涉得更为明了。从学术命题出发，我们能够进一步扩展研究疆域，充实和丰盈学术研究的大厦。

所谓做出命题的能力，其本质就是指建构一组组将概念联系起来成为一个整体的概念链的能力。命题之于学术的价值就在于，它通过一系列的概念连接精炼扼要且准确地表达深刻的思想。比如教育学界经常讲的学术命题"教育即成长""教育即生活""教育即经验的改组改造"等；比如政治学界经常讲的学术命题"人是天生的政治动物""绝对权力产生绝对腐败""没有民主就没有法制"等；再如经济学界常见的学术命题"发展是硬道理""商品是天生的平等派"等；如哲学界常见的学术命题"物质第一性，意识第二性""存在决定思维"等。这些学术命题有些是学术研究的结论，有些已经成为进一步开展学术研究的逻辑起点。所谓做出学术命题的能力，自然要依据既有的学术命题，在此基础上结合自己的研究领域做出新命题。

做出学术命题，特别是新的学术命题不是一件容易的事情，它始于学术兴趣引发的学术假设，终于学术研究之后对学术假设的基本认定。诚为吴量福指出的，"一个学术命题的形成不是一蹴而就的。在一般情况下，学术兴趣的产生是学术假设形成过程中的第一步。学术兴趣的产生可能是在我们对一个现象的直接观察中形成的，或者是我们在进行其他学术研究中形成的……只有当我们觉得在被观察到的事物之间的关系具有一定普遍性的时候，学术兴趣就上升到学术假设了"②。可见，没有学术兴趣就没有学术好奇心，没有好奇心就没有研究的冲动也不会做出学术假定，更没有进一步对假定的研究形成学术判断，从而无以形成学术命题。所以，作为硕士研究生，如何培养

---

① 杨宏郝：《判断与命题辨析》，《学术论坛》2000 年第 1 期。

② ［美］吴量福：《政治学研究方法与论文撰写》，天津人民出版社 2007 年版，第 80 页。

其学术兴趣，是提升其学术命题能力的前提和基本条件。

（五）设计研究过程的能力

开展一项理论研究之初，必须有明确的研究目的与研究过程设计。马克思曾对人类的目的性作过明确的论述，指出过人与动物的根本区别："最蹩脚的建筑师从一开始就比最灵巧的蜜蜂高明的地方，是他在用蜂蜡建筑蜂房以前，已经在自己的头脑中把它建成了。劳动过程结束时得到的结果，在这个过程开始时就已经在劳动者的表象中存在着，即已经观念地存在着。"① 从事学术研究的人，与普通人不同的应当是更具有思维的缜密性，更加注重学术去向与学术路径问题。所以，设计研究过程的能力对于硕士研究生而言，是其从事学术研究必须面对和予以解决的重要能力之一。

学术研究过程的设计，好比建筑工程设计。一项重要的建筑工程需要明确的建筑图纸，而一项学术研究的推进是以明确的学术研究目的、思路、篇章架构和研究方法为前提和先导的。一般而言，我们从事学术研究先要明确自己研究的目的，而自己的研究目的是否有意义还需要对学界本领域学术研究状况进行恰当和实事求是的分析。当确定我们的研究有意义时，我们就需要一个大致的研究理路，说明先要进行什么样的研究，然后再进行什么样的研究，从而架构起一个基本的研究框架，确保各部分之间的联系合乎逻辑。在这个过程中，还需要结合自己的学科领域选用适当的研究方法。选择适合研究的方法论对于研究的科学性是尤为重要的，因为不同的研究领域需要不同的方法论，不同的研究课题需要不同的方法论，不同的研究对象、不同的研究主体、不同的研究背景等都需要不同的方法论。方法论作为指导学术研究的宏观要旨，就像指南针或者罗盘一样，能够确保研究进程的准确性。

培养硕士研究生设计研究过程的能力，应关注研究问题的切入点、研究问题的层次性、研究框架中各部分之间的关联性、研究的重

---

① 《马克思恩格斯全集》第 23 卷，人民出版社 1972 年版，第 50 页。

点与难点以及研究试图得出的结论（当然，这一点不是通过研究最后得出的，而应是先于研究得出的）。选准研究的切入点对于框架设计十分重要，而选准切入点的前提是对研究现状有整体的把握，知道前人已经做过的工作，选择切入点也应选择前人所没有的切入之点。有了研究问题的切入点与研究的层次及具体框架、重点、难点之后，还应有与这种研究内容相应的时间量的分配与时间段的划分。比如硕士研究生的毕业论文需要读研三年完成，实际上除去第一学年的公共课、资料收集和答辩前的送审等，硕士毕业论文的撰写时间也就一年半左右的时间，如果在开题后不能针对内容做出科学的时间段的划分及各部分时间量的分配，撰写高质量的学术论文也是不可能的。所以，硕士研究生设计研究过程的能力不仅包括其设计篇章架构的能力，还包括其针对不同部分内容合理分配时间和掌握研究进度的能力。

（六）对学术前沿的敏感性

马克思早就指出过理论与实践的区别，强调过理论的重要作用是用于指导社会实践。而理论之所以能够指导社会实践，一个重要的原因就是其在实践的基础上揭示前景，预知未来。当然，只有科学的理论才能做到这一点。从事学术研究工作，就是从事科学理论研究工作；只有这一工作走在时代前列，不断创新才能确保其真正对实践有指导作用，成为实际工作中需要的理论。而作为从事理论研究的人员，只有对学术前沿问题具有高度的敏感性，才能不失创新意识，进而不断培养和造就自己的创新能力。可见，学术敏感性之所以是学术能力的一个极为重要的构成要素，就因为它是启发创新意识和提升创新能力的前提。因此，要保持学术创新性，就需要保持对学术前沿信息、动态、走向、趋势与路向的敏感，把握学术的趋向，从而保障在进行学术研究的选题与文献参考资料的选择时能够至少不落伍，同时也能够避免重复研究的浪费。

对于学术前沿的敏感性，实际上是一种特殊的学术洞察力。对于硕士研究生而言，是否拥有学术洞察力从某种意义上决定其是否具有可塑性。当然，洞察力是可以通过培养来提升的，重视学术洞察力的培养，有利于全面提升硕士研究生的学术能力。研究生从事的是一种以研究为学习过程的学习活动，这种活动必然要求研究生具备研究能力。由于学术洞察力是学术能力的重要构成部分，在学术研究中扮演着至关重要的角色，所以造就硕士研究生的学术洞察力是培养高素养硕士研究生的首要之选。虽然，我们不能否认有些硕士研究生天资聪慧，是不可多得的可造之才，但也应当承认，不同的硕士研究生天资是不同的，其洞察力也是各异的，对于天资并不十分突出的，也应尽力培养。所谓因材施教就是针对不同硕士研究生的洞察力，运用差异性的培养方式助力他们学术成长，尤其是开挖他们的学术洞察力。

　　培养硕士研究生学术前沿的敏感性，提高他们的学术洞察力，必须通过培养他们的创新意识和创新能力才能达到。台湾"中央"研究院王泛森院士曾谈到研究生与大学生的区别，"大学生基本上是来接受学问、接受知识的，然而不管是对于硕士时期或是博士时期的研究生，都应该准备要开始制造新的知识"[1]。创新意识和创新能力的培养是研究生综合能力提高的关键所在，它不仅可以激发研究生的创新精神，还将大大促进研究生思维方式的优化和思维能力的提高。当然，创新思维须有良好的基础和条件，比如硕士研究生必须具有科学、严密的思维方式，尤其是良好的逻辑思维方式；必须具有较高的思维能力，硕士研究生创新思维能力的培养必须建立在具有良好的一般思维能力的基础上；必须具有较强的创新意识，只有具有了较强的创新意识，才能焕发出强烈的创新冲动，才能获得创新思维的欲望和要求。培养硕士研究生的创新意识和创新能力，还需要讲求方法、按部就班。有研究者指出，研究生创新意识和创新能力的培养可以通过激发和增压两种方式进行。激发是通过启迪、案例等方式，激励、启发研究生的创新欲望和创新意识；增压是导师通过明确提出创新思维的培养目标，督促研究生不断创新。

---

① 王泛森：《如果让我重新读次研究生》，2013 年 3 月 10 日，http://wenku.baidu.com/view/49de7119fc4ffe473368abb9.html。

三　地方省属院校硕士研究生学术能力的个案调查分析

近年来，随着硕士研究生招生规模的扩大和管理的日渐规范化，地方省属院校对硕士研究生的科研管理不断规范化，对于他们完成学业学术条件的要求有了各自的标准。一般而言，在研究生入校教育和日常管理工作中，无论是管理者还是导师都非常强调"出口"具备的条件，尤其是完成硕士研究生学业必备的科研条件。特别是公开发表文章的要求强调得比较多，而学术文章的发表确实也体现硕士研究生的学术能力的六方面构成要素。从毕业情况来看，基本上不存在因没有达到公开发表文章的数量与质量要求而未毕业的。

（一）个案调查与对比分析

地方省属院校硕士研究生的学术能力，最直观的体现就是学术文章的发表情况。但是，由于学科专业不同，硕士研究生学术研究的情况不尽相同。从传统学科分属的角度看，可大致将硕士研究生分为社科类与理工类两大块。为了研究的方便，此处我们以 L 大学 Z 学院（社科类）与 H 学院（理工类）为个案，对当前地方省属院校硕士研究生的学术能力情况开展分析研究。

1. 社科类硕士研究生学术能力现状管窥

为了分析的便捷，本文分析样本选择 Z 学院的原因如下：其一，Z 学院是社科类招生最早、招生规模最大和招收专业最多的学院之一。由于学院有较丰富的硕士研究生管理经验，学院硕士研究生工作较为规范，对硕士研究生科研质与量的要求较为明确。其二，Z 学院作为文科类代表学院，与其他社科学院的硕士研究生有很多相通之处，在生源质量方面没有太大的不同，基本上能反映社科类学院的情况。其三，Z 学院招生时间早，不仅可以作五年内的比较分析，甚至还可以作十年内的比较分析，更容易客观地分析硕士研究生近年学术发展的趋势。

同样基于便捷的考虑，本样仅以学术论文的发表情况考察硕士研究生的学术能力与学术水平，Z学院五年来硕士研究生学术论文发表的基本情况如表1－1：

表1－1　　2009—2013年Z学院硕士研究生学术论文发表情况

年级	统计人数	公开发文量	核心期刊量	期刊集中度（%）	人均量
2009届	8	22	0	59.1	2.75
2010届	13	33	1	51.5	2.54
2011届	33	79	0	59.5	2.39
2012届	24	61	1	80.3	2.54
2013届	29	48	1	66.7	1.66

结合每届学生实际与上述指标，可将如上数据分解如下：

（1）2009届毕业生发表文章情况：统计毕业人数为8人，发表文章22篇，人均2.75篇。有两篇以上的刊物4种，发表文章13篇，占发表文章总量的59.1%。其中，《聊城大学学报》6篇，《山东省农业管理干部学院学报》3篇，《枣庄学院学报》2篇，《管理科学文摘》2篇。

（2）2010届毕业生发表文章情况：统计毕业人数为13人，发表文章33篇，人均2.54篇，中文核心期刊1篇。有两篇以上的刊物6种，发表文章17篇，占发表文章总量的51.5%。其中，《沧桑》4篇，《理论观察》2篇，《山东文学》2篇，《法制与社会》2篇，《才智》2篇，《山东省农业管理干部学院学报》5篇。

（3）2011届毕业生发表文章情况：统计毕业人数为33人，发表文章79篇，人均约2.39篇。有两篇以上的刊物10种，发表文章47篇，占发表文章总量的59.5%。其中，《法制与社会》2篇，《山东省农业管理干部学院学报》7篇，《工会论坛》2篇，《科教导刊》5篇，《聊城大学学报》16篇，《东京文学》3篇，《当代旅游》3篇，《潍坊教育学院学报》4篇，《学理论》3篇，《中小企业管理与科技》2篇。

（4）2012届毕业生发表文章情况：统计毕业人数为24人，发表文章 61 篇，人均约 2.54 篇，中文核心期刊 1 篇。有两篇以上的刊物 8 种，发表文章 49 篇，占发表文章总量的 80.3%。其中，《文艺生活》6 篇，《东京文学》14 篇，《科教导刊》12 篇，《聊城大学学报》5 篇，《中国城市经济》2 篇，《山东省农业管理干部学院学报》5 篇，《法制与社会》3 篇，《学理论》2 篇。

（5）2013 届毕业生发表文章情况：统计毕业人数为 29 人，发表文章 48 篇，人均约 1.66 篇，中文核心期刊 1 篇。有两篇以上的刊物 5 种，发表文章 32 篇，占发表文章总量的 66.7%。其中，《西江月》3 篇，《东京文学》10 篇，《科教导刊》10 篇，《改革与开放》2 篇，《云南社会主义学院学报》7 篇。

2. 理工类硕士研究生学术能力现状管窥

基于同样的考量，我们在 L 学校选择了 H 学院进行相关数据分解与分析。样本选择的原因：其一，H 学院是理工类招生最早、招生规模最大和招收专业最多的学院之一，是该校最早的硕士一级点所在单位。其二，H 学院作为理工类代表学院，与其他理工学院的硕士研究生有很多相通之处，在生源质量方面没有太大的不同，基本上能反映理工学科各学院的基本情况。其三，H 学院招生时间早，不仅可以作五年内的比较分析，甚至还可以作十年内的比较分析，更容易客观地分析硕士研究生近年来学术发展的趋势。

H 学院五年来硕士研究生学术论文发表的基本情况如表 1-2：

表 1-2　　2009—2013 年 H 学院硕士研究生学术论文发表情况

年级	统计人数	公开发文量	人均量	SCI	EI	核心期刊
2009 届	19	42	2.21	41	0	0
2010 届	31	96	3.10	57	0	4
2011 届	33	146	4.42	71	1	1
2012 届	42	117	2.79	56	0	13
2013 届	40	101	2.53	69	2	8

结合每届学生实际与如上指标，可将如上数据分解如下：

（1）2009 届毕业生发表文章情况：统计毕业人数为 19 人，发表文章及会议论文 42 篇，人均约 2.21 篇。其中，SCI 为 41 篇。

（2）2010 届毕业生发表文章情况：统计毕业人数为 31 人，发表文章及会议论文 96 篇，人均约 3.1 篇。其中，SCI 为 57 篇，核心期刊为 4 篇。

（3）2011 届毕业生发表文章情况：统计毕业人数为 33 人，发表文章及会议论文 146 篇，人均约 4.42 篇。其中，SCI 为 71 篇，核心期刊为 1 篇，EI 为 1 篇。

（4）2012 届毕业生发表文章情况：统计毕业人数为 42 人，发表文章及会议论文 117 篇，人均约 2.79 篇。其中，SCI 为 56 篇，核心期刊为 13 篇，专利 3 项。

（5）2013 届毕业生发表文章情况：统计毕业人数为 40 人，发表文章及专利 101 篇，人均约 2.53 篇。其中，SCI 为 69 篇，核心期刊 8 篇，CSSCI 为 1 篇，EI 为 2 篇。

3. 两类硕士研究生学术能力比较分析

从整体上看，两院两类硕士研究生在学术水平方面很难进行有效比较，因为专业性质与学科门类之间强行比较本身就不科学。但是，从数据方面进行简单比较却是可以的，虽然这方面的意义未必很大。从数据本身来看，社科类的硕士研究生明显不如理工类硕士研究生，在文章发表数量与层次方面都有明显的差距。

从数量方面分析，Z 学院五届学生总人数为 107 人，公开发表论文的数量为 243 篇，人均 2.27 篇；H 学院五届学生总人数为 165 人，公开发表论文的数量为 502 篇，人均 3.04 篇，差距明显。

从质量方面分析，Z 学院五届学生在核心期刊发表文章仅有 3 篇，人均不足 0.3 篇；H 学院则在核心期刊、EI、SCI 为 323 篇，人均近 1.98 篇，差距也显而易见。再者，从社科类的一般期刊分析发现，社科类学生发文集中的期刊，一般都是层次较低或收费发文的期刊或专刊，这类期刊的学术性本身是比较低的。

从文科与理工两类硕士研究生学术论文情况管中窥豹，得出的结论是毋庸置疑的，即地方省属院校硕士研究生理工类硕士研究生的研究能力与研究水平方面比社科类要明显高一等级。这一点似乎与部属院校有所不同，根据刘若泳对教育部直属师范类重点高校 A 大学的二、三年级硕士研究生论文发表情况的调查表明，攻读历史学学位的硕士研究生发表论文比例最高，相对较低的是理学。但是，论文发表的层级普遍偏低，"76.2％ 的硕士研究生的论文是发在普通期刊上，33.8％ 发表在核心期刊上"。所以，无论是省属地方院校还是部属院校，"从发表论文的期刊属性和论文的引用次数来看，硕士研究生已发表的论文质量并不高，科研水平还有待加强"[①]。"研究生论文质量滑坡、漠视论文等现象广泛存在，具有原创性、前沿性和创新性的论文更是少之又少。"[②]

（二）地方省属院校硕士研究生学术能力状况评估与诊断

地方省属院校硕士研究生的学术能力总体评价是水平较低，原因是多方面的。从 Z 学院的情况分析，原因主要有以下三个方面：

1. 学生的生源质量原因

从总体上看，省属院校本身层级不高，甚至很多省属院校都没有博士点，学生报考的情况并不理想。根据武书连的分析，以山东省 L 大学为例，其生源质量为 D 等级，即处于所有生源中 60％—70％ 位置的考生报考该校，且录取分数线为低于标准 1，即为 0.9284，由此导致"原材料"比部属院校要低得多。虽然，经过四年培养，该校毕业生达到 C 等级，但整个差距仍不容否认。现在，考虑上省属院校硕士研究生的主体，仍然是省属院校、独立学院或省地共建的学院，并且省属院校的本科生在硕士研究生生源中所占的位置也是偏下的。因为，地方省属院校的毕业生继续报考地方省属院校的动力不足，更多地选择部属院校或考公务员道路。所以，如同地方省属院校本科生生源质量不尽如人意一样，其硕士研究生

---

① 刘若泳：《全日制硕士研究生发表论文的调查研究——以 A 大学为例》，《煤炭高等教育》2011 年第 9 期。

② 李春根、罗丽：《研究生学位论文：质量现状及提升措施——基于研究生创新能力培养的视角》，《高等财经教育研究》2012 年第 2 期。

的生源质量也不容乐观。针对 Z 学院 2014 届本科各专业的分析，也可以清楚地得出这一结论。

表 1 - 3　　　　　　　Z 学院 2014 届各专业报研考研情况

专业	报考人数	部属院校中央党校	过线人数	录取人数	省属院校	过线人数	录取人数
政治学与行政学	24	21	21	16（含有调剂）	3	2	1（1名考选调生）

表 1 - 4　　　　Z 学院 2014 届思政与哲学两专业研究生录取情况

专业	录取人数	部属院校与中央党校	省属院校
思想政治教育	35	15	20
哲学	14	10	4

如表 1 - 3、表 1 - 4 所示，在报考研究生的本科生中，选择部属院校的居多，导致很少一部分学生选择省属院校，而选择本校的人数更少。所以，很多省属院校在招生方面普遍认为，能招到自己的学生就相当满意了。从报考本院校的学生来看，很多报考者都是本着试试看的想法，做了多手准备，从某种意义上只是把报考本校作为次选。如政治学与行政学专业的考生，当知道自己考上选调生后便毅然决然地选择了放弃读研。而从政治学与行政学专业的考生分析，报考的24 人中报考部属院校的全部过线，而报考省属院校的却有 1 人没过线，这也反映了报考生源的质量存在一定的差距。Z 院的思想政治教育专业和哲学专业没有具体统计报考情况，但根据录取情况同样可以得出如上结论。从思想政治教育专业分析，省属院校的录取多为调剂生，这就意味着大多数还是报考了部属院校，哲学专业更为明显，不仅报考部属院校而且71% 为部属院校录取。

实际上，生源下降、调剂生增加确实是导致硕士研究生学术能力下降的重要原因，这一点是许多高校中普遍存在的事实：丰烨、陈艳慧、李玉扩将"招生数量剧增，生源良莠不齐"视为研究生论文质量下滑的重要原因，指出"近几年，研究生的招生规模在不断扩大，可是生源的质量却在下降。调剂类研究生的数量呈增长趋势，跨学科跨专业生源较以前有所增加"①。"研究生招生规模是影响研究生发表论文的重要因素","虽然研究生参与的论文数量已经达到了跟教师发表的论文数量几乎相同的水平,但在论文的质量方面,存在着显著的差距"②。

2. 学生类别品质方面的原因

硕士研究生的类别有多种分类方法,在这里笔者只着眼于在职与否,是否应届以及年龄阶段三个视角。对于学生品质则主要着眼于学习品质方面。

表 1-5　　　　2009—2013 年 Z 学院学生类别的调查与分析

年级	统计人数	在职(约)	占比(%)	往届	占比(%)	25 岁以上	占比(%)
2009 届	29	15	51.7	17	58.6	15	51.7
2010 届	30	20	66.7	22	73.3	20	66.7
2011 届	29	15	51.7	25	86.2	15	51.7
2012 届	63	39	61.9	56	88.9	39	61.9
2013 届	47	29	61.7	40	85.1	29	61.7
五年均值			58.74		78.42		58.74

表 1-5 基本数据表明, Z 学院硕士研究生中,绝大部分学生为在职、往届和 25 岁以上的生源。而且,纵向比较这五届学生可以发现,学生身份的变换并没有随着时间的改变而改变,随着招生规模的扩大,在职生、往届生和 25 岁以上的学生并没有减少。这说明,地方省属院校扩招工作并没有对应届青年学生产生足够的吸引力,反而导致在职人数上升。原因可能有两个:其一是由于高校硕士研究生扩招,高校间研究生的生源之争日益激烈,部属院校也加入竞争生源的行列,进一步挤压地方省属院校硕士研究生的招生空间。从近年研究生招生策略上分析,目前很多高校在研究生招考过程中大大提高了专

---

① 丰烨、陈艳慧、李玉扩:《浅析文科类研究生学位论文质量现状及对策》,《现代交际》2013 年第 8 期。

② 曹志鹏、潘启亮:《文科类研究生发表论文的现状研究——以暨南大学为例》,《科技管理研究》2013 年第 14 期。

业成绩，使学生的过线率很高。这样，很多学生不会担心专业受限问题，所以报考部属院校的学生大大增加了，相应的地方省属院校报考率便大大降低了。其二是由于近年来各行业对学历的要求不断提升，尤其是党务政务部门更是如此。许多通过公务员考试进入党政系统的年轻人，为了以后的发展便着眼于学历积累。但是，由于工作原因学习的时间少，想积累学历又不想放弃工作，相比报考部属院校而言，考地方省属院校在工作与学习矛盾方面更好调适。所以，在职往届生在地方省属院校中有了明显增长。

很明显，工作岗位的潜在需求和自我发展的需要，使得往届与在职的研究生人员数量增加。这些硕士研究生主要着眼于改变现在的生活质量和生存状态，他们将学习和自己的工作，甚至是和自己的家庭生活紧密地联系在一起，呈现出明显的功利性。诚然，"在经济实力仍未达到充分发达水平的中国，上述实力主义的教育思想仍将影响着我们的社会"①。但是，硕士研究生要培养开创性人才，着眼于功利的生源不可能成就这一目标，因为他们缺失的是支撑学习的永续动力，不可能成为专注于科学研究的少数人。因为"本真的科学研究是一项贵族的事业，只有极少数人甘愿寂寞地选择了它"②。

受硕士研究生类别的影响，学生的学习品质并不乐观。一是学习时间少。由于在职硕士研究生五年均值约占 58.74%（学校与学院掌握的研究生数据并不体现其在职与否，但根据大致调研情况看，绝大部分往届的都是在职的，二者的差别不大，暂按同样对待），而他们更多需要的是工作优先，学习只能排在工作之后。而这些学生的工作又多在机关，公务较多，基本上没有充足的时间读书学习，也没有时间进行系统思考，更谈不上写作练笔的事情了。二是投入学习的精力少。一方面源于在职工作分散了他们大部分精力；另一方面这些硕士研究生 25 岁以

---

① ［美］约翰·杜威：《民主主义与教育》，王承绪译，人民教育出版社 2001 年版，第 121 页。

② ［德］雅斯贝尔斯：《什么是教育》，邹进译，生活·读书·新知三联书店 1991 年版，第 141 页。

上的五年均值占58.74%，这部分人不仅有工作，还有家庭，尤其是女学生可能还有孩子，顾工作顾家庭再顾学业，如果排位的话可能大部分会将学业排在最末，在学业方面投入的精力要少得多。三是学习精神不足。从上面统计数据发现，五年统计中硕士研究生有78.42%为往届生，2012年往届生更是高达88.9%，这些人报考的目的多为工作后储备晋升条件而不是丰富自身，求学只是工作手段而已。所以，基本上很少有学习精神，除非是往届且没有工作的，为了考博士或重新寻找工作机会，或许能将一些精力放在学业上。所以，学习品质不乐观，主动从事学术研究的动力不足，是学术能力低的内在原因。

　　3. 教师能力素养方面的原因

　　硕士研究生学术能力与学术水平受教师的影响很大，从理论上分析这种影响至少源于两个方面：其一，教师学术能力的标杆作用。硕士研究生虽然都是成人，思想认识方面都基本成熟，但教师的标杆作用还是或隐或显地影响着他们。一般情况下，一个学院教师的学术修养高、学术能力强，这个学院的硕士研究生的学术压力就大，从事学术研究的自觉性与动力就相对较大；相反，一个学院教师的学术能力不高，学生在这方面的压力就小，甚至没有从事学术研究的自觉意识。其二，教师对学术修养的督促作用。硕士研究生与本科生的不同在于普遍实施了导师制，导师可以点对点地对学生加以指导。导师的督促作用越强，要求越严，学生从事学术研究的自觉意识就会越强，从事学术研究的动力也会增强。这就是严师出高徒。

　　近年来，随着研究生招生规模的不断扩大，导师队伍也不断成长壮大，但整体而言，导师队伍的发展存在滞后性。研究生导师队伍的相对不足，只能通过多带研究生来解决研究生猛增的现实矛盾，结果进入21世纪，研究生招生数量急剧增加，每个导师指导的硕士研究生平均由1999年以前的不到3人增加到2005年的6.3人。[1] 由于导师队伍在数量上，尤其是在质量上的发展严重落后于研究生规模和质

---

　　① 国务院学位委员会：《关于印发国务委员、国务院学位委员会主任陈至立同志在国务院学位委员会第23次会议上的讲话》（学位〔2007〕6号）。

量要求的发展，使研究生教育和以往的本科生教育没有质的区别：
"研究生课程大班化教学已不再是新闻，导师和研究生互动减少，学
位论文指导形式化等。"①

　　地方省属院校的师资力量不仅体现在学校之间，更体现在不同学
校的二级学院之间。之所以这样是因为从学校的角度来看，各省属院
校在高校竞争中感受到的压力越来越大，积极参与竞争不断强化实
力，使校际整体实力差距越来越小。但是，在校内二级学院之间则不
同，各地方省属院校认识到，搞小而全、大而全的学科建设与其他学
校比拼，成功的可能性低且成本高。所以，不少学校在走特色发展之
路，搞人无我有、人有我优、人优我特的项目建设，而这些项目是落
脚于二级学院的。有项目的二级学院，学校在整合师资方面用力大、
师资力量强。

　　从 Z 学院的实际来看，它是 L 学校最早、早强的专业之一，曾经
拥有最好的学科科学社会主义与国际共产主义运动专业，在国内有一
定的影响力。但是，从高校系统看，此专业退出的学校越来越多，教
师转行到国际政治与国际关系学校的也不在少数，而补充的师资力量
也缺失这一块，其影响力也下滑了。但是，由于是老学院，专业多，
师资力量还比较强。同时，也存在硕士研究生导师老化、兼职教师多
等方面的问题。

表 1 - 6　　　　　2009—2013 年 Z 学院硕士研究生导师情况

时间	硕导师数量	30—40 岁	40—50 岁	50 岁以上	专任教师数
2009 年	18	5	8	5	6
2010 年	18	5	8	5	6
2011 年	21	7	10	4	9
2012 年	20	7	8	5	7
2013 年	20	2	12	6	5

---

　　① 于忠海：《研究生"自我教育"的学术资源构建与教学理念探析》，《中国高等教
育》2009 年第 9 期。

　　需说明的是，此处专任教师指的是没有行政职务的教师，双肩挑的教师不包括在内。虽然，五年来硕士研究生导师的情况在变化，但情况变化不大。从表1-6的情况看，该院硕士研究生导师数量不少，但绝大部分集中于40—50岁的年龄段，且行政事务缠身，从事指导的精力受到很大影响。同时，年龄低于40岁的导师在2013年跌至低点，仅有两位，40—50岁的导师更加集中，且50岁以上的也有增加，硕士研究生导师年轻化还有很长的路要走。由于年龄偏大、事务偏多，这些硕士研究生导师对自己学生的指导肯定会受到影响。从这个意义上讲，硕士研究生学术能力与导师还是有关系的。但是，导师是否愿意主动和尽力指导，也与导师的觉悟水平有关，而思想觉悟方面的调研较难，很难说明客观情况。

　　另外，从师生比来看，地方省属院校在硕士研究生方面还在合理的区间。根据武书连提供的数据，2014年全国师生比为1∶16.66，地方省属院校一般都高于这个数据，L大学为1∶18.75。但是，师资力量不是匀态地分布于各学科与专业之间，从全国来看，哲学为1∶0.78，管理学则高达1∶54。就研究生培养工作而言，师生比越高，学生人均占有师资人数越少，越不利于学生学术能力的提升。如果将硕士研究生导师的数量与该院研究生的数量结合起来研究的话，会发现硕士研究生导师量约20人，学生量为100人，师生比为1∶5左右，即一个导师带5名学生。从一般意义上分析，硕士研究生导师可以带5名学生，但在导师事务多、精力少的情况下，带5名学生也是一种挑战。

　　相比以社科类硕士研究生为代表的Z学院而言，H学院为代表的地方省属院校理工科类的硕士研究生学术水平和学术能力要乐观一些。其原因主要是理工科类的硕士研究生绝大部分都非在职生，部分在职生基本上也是从事该项科学研究的专职人员。很早的时候，有本科生留校的情况，但这部分人早已经解决了研究生学历，而十余年来地方院校已经基本堵死了本科生、硕士研究生分配留校的口子。不仅如此，理工科的硕士研究生大都跟导师做实验，而理工类的学术文章大部分都是通过实验得出的。硕士研究生盯实验的时间长，自然有更多出成绩的机会。但横向比较来看，地方省属院校理工科硕士研究生的学术水平也需要大幅度提高。

四　地方省属院校硕士研究生学术能力提升的必要性分析

地方省属院校硕士研究生学术能力提升的必要性可以从宏观与微观两个层面予以探析。就宏观层面而言，主要是指地方省属院校硕士研究生学术能力提升对于国家社会发展、教育政策贯彻等方面的积极意义；就微观方面而言，主要是指地方省属院校硕士研究生自身存在且迫切需要解决的现实问题，像如上分析的发现问题与提出问题的能力、文献的收集与整理的能力、概念的生成与厘定的能力、做出学术命题的能力、设计研究过程的能力和对学术前沿的敏感性六个方面，尤其是发现与提出问题的能力、文献收集与整理的能力与学术创新能力三个方面的不足。

（一）地方省属院校硕士研究生学术能力提升的外源性因素分析

外源性是一个生物学概念，是指源自外部而能对本体发生作用的因素。从外源性因素分析，地方省属院校硕士研究生学术能力提升的必要性，主要着眼于国家研究生培养的政策定位和要求，地方院校在激烈的高校竞争中博得先机的手段，以及地方院校硕士研究生学术能力对于地方发展乃至国家发展的突出贡献等方面。

1. 提升省属院校硕士研究生学术能力是落实教育政策之需

国家关于硕士研究生的教育政策方面的法律法规和规章主要可以分为三个层次，其一是教育法律，其二是教育行政法规，其三是教育部门规章。国家各高校无论是教育部直属与否都应当严格执行教育政策，落实教育法律与规章制度。各个层次的教育法律与规章制度，可以明确地体现出国家对于硕士研究生学术能力的重视。目前主要的教育法律有《中华人民共和国教育法》《中华人民共和国高等教育法》《中华人民共和国学位条例》，每部法律中都有关于硕士学术能力方面的明确要求。如《中华人民共和国教育法》第二章第二十二条指出："国家实行学位制度。学位授予单位依法对达到一定学术水平或者专业技术水平的人员授予相应的学位，颁发学位证书。"《中华人民共和国高等教育法》第一章第五条指出："高等教育的任务是培养具有创新精神和实践能力的高级专门人才，发展科学技术文化，促进社会主义现代化建设。"第二章第十六条指出："硕士研究生教育应当使学生掌握本学科坚实的基础理论、系统的专业知识，掌握相应的技能、方法和相关知识，具有从事本专业实际工作和科学研究工作的能力。"《中华人民共和国学位条例》第五条指出："高等学校和科学研究机构的研究生，或具有研究生毕业同等学力的人员，通过硕士学位的课程考试和论文答辩，成绩合格，达到下述学术水平者，授予硕士学位：（一）在本门学科上掌握坚实的基础理论和系统的专门知识；（二）具有从事科学研究工作或独立担负专门技术工作的能力。"这些法律条文中所提到的"学术水平""高级专业人才""从事本专业实际工作和科学研究工作的能力""科学研究工作或独立担负专门技术工作"等，都反映了国家对硕士研究生学术能力的关注。

再如，国家的教育行政法规《中华人民共和国学位条例暂行实施办法》第六条指出："申请硕士学位人员应当在学位授予单位规定的期限内，向学位授予单位提交申请书和申请硕士学位的学术论文等材料。""同等学力人员申请时，应当送交两位副教授、教授或相当职称的专家的推荐书。"第八条指出："硕士学位论文对所研究的课题应当有新的见解，表明作者具有从事科学研究工作或独立担负专门技术工作的能力。"这些规定中关于"学术论文""专家的推荐书""科学研究工作或独立担负专门技术工作"的表述，实际上也是为了确保申请者达到硕士研究水平，具备相应的学术能力。

又如，教育部门规章《关于授予具有研究生毕业同等学力人员硕士、博士学位的规定》第二条指出："凡是拥护《中华人民共和国宪法》，遵守法律、法规，品行端正，在教学、科研、专门技术、管理等方面做出成绩，具有研究生毕业同等学力，学术水平或专门技术水平已达到学位授予标准的人员（以下简称'同等学力人员'），均可按照本规定，向有关学位授予单位申请硕士、博士学位。"第七条同等学力认定中关于论文方面的规定指出："申请人提交的论文应对所研究的课题有新见解，表明作者具有从事科学研究、管理工作或独立担负专门技术工作的能力。"其中，关于"学术水平或专门技术水平""专门技术工作"方面的规定，同样再次体现了国家对于硕士研究生学术能力的重视。

如上法律法规与规章说明，国家对研究生培养的政策注重研究性与学术性，各类高校要贯彻落实国家的教育政策方针，自然应紧紧抓住这一本质要求，在研究生培养方面关注学术能力问题。这对于省属高校而言更是如此。因为从宏观层面看，部属高校多为研究型大学，自身十分重视学生尤其是研究生的学术能力培养与锻炼，也有较充分的条件。而省属地方院校，一般都属于教学型大学，自身的研究能力较薄弱，条件相应要差一些，如果没有较好贯彻教育政策的意识，在研究生培养方面就可能会出现本科生化。这种情况在现实教育工作中，也确实存在。这自然无益于研究生教育，也影响到对国家研究生培养政策的贯彻与落实。所以，地方省属院校更应将研究生作为高素质人才，将其学术意识、创新精神、学术能力作为研究生教育的重要评价指标和核心任务。

2. 提升省属院校硕士研究生学术能力是地方院校发展之需

目前，院校之间的竞争日趋激烈，地方省属院校甚至已经进入了淘汰性竞争阶段。为了在白热化的竞争中占有优势，各地方院校想尽办法提升自己在高校排行榜上的位置。而目前认可度较高的高校排行榜，对于高等院校硕士研究生的培养能力十分关注。所以说，地方省属院校研究生学术能力的培养，从某种意义上影响着它的排名、生存与发展。下面就简单择取两种高校排行榜予以分析。

其一，中国校友会网。中国校友会网自 2003 年起已连续 11 年与国内多家新闻媒体合作开展中国大学评价研究工作，得到了社会各界的广泛关注和好评。中国校友会网的大学排行榜已成为中国最具影响力和公信力的大学排行榜品牌，2013 年中国校友会网首倡以中国大学的人才和学术产出质量为基准，率先将"毕业生质量"引入中国大学分类标准,以纠正目前中国大学分类方法中"重科研轻教学""重学轻术""重理轻文"等不良现象,其 2013 年大学排行榜的评价指标体系如表 1-7 所示:

表 1-7　　中国校友会网 2013 中国大学排行榜评价指标体系①

一级指标	二级指标	三级指标	指标权重（%）
人才培养	杰出校友	杰出人才	20.65
	师资队伍	师资水平	12.90
	培养基地	学科水平	8.82
科学研究	科研成果	重大科研成果	20.43
	科研基地	科学创新基地	9.46
	科研项目	基础科研项目	11.83
综合声誉	学术声誉	学术声誉	7.53
	国家定位	国家定位	2.15
	社会声誉	媒体关注	3.23

校友会网对表 1-7 三级指标及权重作了内涵方面的解释说明,当然不少指标主要是用来衡量部属院校和有博士授予权的高校,但这些指标无疑也是衡量有硕士授予权的地方省属院校的重要参考。比如,在一级指标涵盖的杰出校友二级指标主要是指高校毕业生中杰出的政治家、企业家、科学家和优秀博士等,没有博士的单位自然会考虑优秀硕士;学科水平三级指标则由"高校学科创新引智基地(111 计划)"、国家一级重点学科、国家二级重点学科、国家重点培育学科、国家一二级学科博士点、二级学科硕士点和高等学校特色专业建设点等组成,地方省属院校特别是仅有硕士授予权的地方院校主要在二级硕士点等方面竞争。在一级指标科学研究中,下面的各个二、三级指标无不指向学术能力方面,而研究生学术能力从某种意义上反映一个学校学术能力的高低。在一级指标综合声誉中,也涉及学术声誉问题,也应引起省属院校的普遍关注。因为,目前不少省属院校研究

---

① 中国校友会网,http://www.cuaa.net/cur/2013/09.shtml。

生的学术道德修养有待提升，不同程度上存在论文东拼西凑的情况，而之所以出现这种情况，自然也反映了其学术能力较低。所以，提升学术道德也应从提升学术能力着手。

其二，武书连的中国高校排名榜2013年（截取前十名说明）。

表1-8　　　　　　　　　　2013年中国高校排名榜

排名	校名	总得分	人才培养			科学研究			分省	分省排名	学校类型	参考类型	
			得分	研究生培养	本科生培养	得分	自然科学	社会科学					
1	浙江大学	196.71	82.65	59.73	22.92	114.06	99.11	14.96	浙	1	综合	理科类	研究1型
2	北京大学	195.92	85.16	60.44	24.72	110.76	71.69	39.07	京	1	综合	综合类	研究1型
3	清华大学	189.17	82.14	57.20	24.94	107.03	88.02	19.01	京	2	理工	文理类	研究1型
4	上海交通大学	151.37	65.49	45.42	20.08	85.88	76.87	9.01	沪	1	综合	理科类	研究1型
5	复旦大学	143.20	60.27	43.78	16.48	82.93	57.84	25.09	沪	2	综合	文理类	研究1型
6	南京大学	121.89	53.41	36.62	16.79	68.48	44.71	23.77	苏	1	综合	综合类	研究1型
7	武汉大学	108.11	51.36	31.39	19.97	56.74	35.00	21.74	鄂	1	综合	综合类	研究2型
8	四川大学	106.88	50.18	31.92	18.25	56.71	46.32	10.39	川	1	综合	综合类	研究2型
9	中山大学	106.05	47.60	31.36	16.24	58.46	43.04	15.41	粤	1	综合	综合类	研究1型
10	华中科技大学	104.35	49.09	30.89	18.21	55.26	45.05	10.20	鄂	2	理工	综合类	研究2型

从表1-8的体系中分析，武书连主要是根据大学的功能进行分解指标和评判的。从传统意义上分析，中国大学的功能主要是人才培养与科学研究，当然也有服务社会与文化传承，而后两种功能在一定程度上也可以被包含在前两种功能之中。从人才培养方面来看，包括了研究生与本科生两块，这两块的培养质量自然也有一系列复杂的指标体系。从如上排名来看（当然这只是高水平院校间的比对），前十

位高校的位次基本上是按研究生培养质量进行的。2002 年，武书连运用学科归一的方法，成功实现了不同类型大学、不同学科之间的直接比较，使大学评价从经验走向科学。根据归一的原理，在人才培养方面，研究生培养与本科生培养同样也可以折合成可比对的标准。武书连认为，毕业研究生规模集中反映了学校培养高级专门人才的实力。或多或少地受到这一点和硕士研究生扩招政策影响，各省属地方院校研究生规模也有扩大趋势，而研究生扩招后其生源质量会下降，自然也会影响研究生的培养质量。实际上武书连以毕业研究生的规模来比较，也包含了强调研究生学术能力问题的倾向性。因为，根据法律法规的要求，研究生毕业取得学位必须要有一定的学术要求，达不到既定的学术标准是不能够毕业的。所以，这一排行榜也引领地方高校关注研究生学术能力问题。只有通过提升本院研究生的学术能力，才能在武书连高校排行榜中上升位次，也才能更好地迎接高校激烈的竞争。

3. 提升省属院校硕士研究生学术能力是国家社会发展之需

国家社会的发展取决于一个国家的创新能力和青年骨干。创新是一个民族进步的灵魂，是一个国家兴旺发达的不竭动力。在日趋激烈的国际竞争中，综合国力的竞争更为凸显，而综合国力竞争的核心是科技与人才，是具有创新精神和创新能力的人才。一个国家能否培养大量的有创新意识、创新精神和创新能力的人才，决定和影响着一个国家的兴旺发达，决定和影响着一个国家未来能否立于世界之林。正是基于此，各国都将培养和造就创新型人才作为教育的必然选择。早在 2006 年，胡锦涛在全国科学技术大会上就发表了题为"坚持走中国特色自主创新道路，为建设创新型国家而努力奋斗"的讲话，提出科技创新关键在人才。而培养大批具有创新精神的优秀人才，营造有利于人才辈出的良好环境，充分发挥科技人才的积极性、主动性、创造性，是建设创新型国家的战略举措。温家宝在 2008 年国家科技教育领导小组会议上的讲话中也指出，高等学校改革和发展归根到底是多出拔尖人才、一流人才、创新人才。因此，国家社会的未来发展，终取决于人才培养，尤其是具有创新能力的人才培养。而采取有效举措倡导创新教育，培养富有创新精神和创新能力的硕士研究生，是这一时代教育发展的主旋律。

青年是国家的未来，是中国社会未来发展的动力之源。在我们党和国家的历史发展进程中，党和国家领导人非常重视青年人，重视发挥青年人的能力与作用。早在 20 世纪 50 年代，毛泽东就曾对留学生讲过："你们青年人朝气蓬勃，正在兴旺时期，好像早晨八、九点钟的太阳。希望寄托在你们身上。"[①] 邓小平也曾高瞻远瞩地指出："青年一代的成长，正是我们事业必定要兴旺发达的希望所在。"[②] 江泽民同样指出："青年兴则国家兴，青年强则国家强，青年有希望，未来的发展就有希望。"[③] 在庆祝中国共产党成立 90 周年大会的重要讲话中，胡锦涛用了整整一段话专门阐述"青年问题"，提出青年不仅是"祖国的未来、民族的希望"，也是"我们党的未来和希望"。这是在党的重要文献中首次明确提出"两个未来和希望"的思想。在党的十八大报告中，胡锦涛从党永续发展的战略角度，强调全党都要关注青年、关心青年、关爱青年，提出要"加大培养选拔优秀年轻干部力度"，"重视从青年工人、农民、知识分子中发展党员"。[④] 习近平同志在 2013 年五四青年节到来之际，也曾指出，青年一代有理想、有担当，国家就有前途，民族就有希望，实现我们的发展目标就有源源不断的强大力量。中国梦是历史的、现实的，也是未来的，是每一个中国人的，更是青年一代的，从而进一步将国家的发展与青年人联系起来。

省属高校的硕士研究生是中国当代青年人的杰出代表，研究生作为知识青年分子中的杰出代表，他们的学术能力与学术水平，从总体上反映和体现他们的素养。而除了"211"工程和"985"工程高校之外的广大省属院校，在研究生培养方面承担的任务艰巨，这些高校

---

① 《建国以来毛泽东文稿》第 6 册，中央文献出版社 1992 年版，第 650 页。

② 《邓小平文选》第 2 卷，人民出版社 1994 年版，第 95 页。

③ 《江泽民文选》第 3 卷，人民出版社 2006 年版，第 488 页。

④ 《坚定不移沿着中国特色社会主义道路前进　为全面建成小康社会而奋斗》，人民出版社 2012 年版，第 53—54 页。

在研究生培养水平方面的情况，对国家和社会发展意义非凡。孙海军、刘朝晖运用计量经济学的方法，分析了高校对地方经济发展的贡献，撰文《高校对地方经济发展贡献的计量分析——基于北华航天工业学院的个案研究》，论及北华航天工业学院对地方经济社会发展的贡献，通过论证得出的两点结论是："从 2000 年到 2010 年十年间，教育对廊坊 GDP 平均增长的贡献率为 8.52%，高等教育对廊坊 GDP 平均增长的贡献率为 0.53%。""从 2005 年到 2010 年五年间，学院为广阳区经济增长所作贡献为 1.67%，新增学生所带来的就业岗位为 2604 个。"[①] 实际上，作为省属院校在地方发展中的作用确实十分巨大，也得到了地方政府的高度重视。就山东而言，济宁的曲阜师范大学、烟台的鲁东大学、聊城的聊城大学都在地方，而且长期以来在师范生培养和为地方输送各类人才方面做出了巨大的贡献，在硕士研究生培养权获得之后，其硕士研究生学术能力及其外化，也极大地推动了地方经济社会的发展。后起的临沂大学等学校，在自身发展中之所以得到地方的有力支持，一个重要的方面也在于它有效地反哺地方经济社会的发展以及带动城市品位的提升。

（二）地方省属院校硕士研究生学术能力提升的内源性因素分析

内源性是与外源性相对的概念，是基于主体自身原因产生的。内源性方面主要是基于研究生自身方面的素养所导致的学术能力低下问题，主要表现为学术研究不规范，学术训练不到位，学术交流不充分。根据傅蕾的调研和结论，硕士研究生中存在着较为普遍的学业倦怠问题（如硕士研究生学业倦怠描述统计），而学术倦怠自然会导致学术能力低下。根据我国著名的教育数据咨询公司——麦可思的一项关于读研动机的调查显示，选择读研的人群有 61% 是出于职业发展和就业前景考虑，就业问题仍是读研的首要动机，出于学术追求目的

---

① 孙海军、刘朝晖：《高校对地方经济发展贡献的计量分析——基于北华航天工业学院的个案研究》，《北华航天工业学院学报》2012 年第 3 期。

只占约15%。① 从中可知研究生追求学术的动力明显欠缺，而这方面省属地方院校更为突出，因为这些学校生源问题、在职读研的问题等导致学术倦怠的因素更多。

表1-9　　　　　　　　　硕士研究生学业倦怠描述统计②

维度	平均数	标准差	项目数	项目标准差
情绪低落	21.15	4.26	8	2.64
行为不当	12.46	3.33	5	2.43
低成就感	19.46	3.41	7	2.78
总倦怠数	53.14	8.32	20	2.65

同样运用肖川的分析模式来看，硕士研究生学术能力低下主要体现在六个方面，此处择取较为突出的三个方面加以分析。

1. 发现问题与提出问题的能力不足

对于硕士研究生而言，特别是省属地方院校的硕士研究生而言，问题意识不强与发现问题、提出问题能力不足的现象较为普遍。从学术角度来分析，问题有理论问题与实践问题之分，对于初作学术研究的省属院校的硕士研究生而言，是很难发现和建构理论问题的。有些研究生虽然能够发现和建构问题，但是由于个人的知识储备、时间与能力等方面的因素，也使他们难以把理论问题研究得更为深入和透彻。因此，对于省属院校硕士研究生而言，首先要培养其在社会生产实践与社会生活实践中发掘与发现问题的意识。当问题意识培养起来以后，还要对问题进行恰当界定，明确问题的边界。一般情况下，一个学术研究的问题涉及问题的真假、大小与虚实三个方面。问题的真假是针对问题的本质而言的，即所要探讨的问题的确是一个在理论与实践中存在的问题，而不是某种既成的事实与结论，或是来自于研究者的主观臆想；问题的大小是针对问题域而言的，任何一个问题都是由诸多子问题构成的，构成该问题的子问题越多，那么这个问题的问

---

① 黄菊香：《研究生自导手册》，南京师范大学出2010年版，第9页。

② 傅蕾：《硕士研究生学业倦怠调查研究》，《中国电力教育》2013年第28期。

题域就越大，反之就越小；问题的虚实主要是相对于问题的边界而言的，问题的边界越清楚，问题就越实，否则就越虚。对于一些刚刚涉足学术研究领域的省属院校的硕士研究生而言，对这三个方面的把握显然是存在问题的。根据目前掌握的材料发现，论文的选题假、大、空现象并不鲜见，柳欠欠、张扬对五所大学的硕士研究生进行了调查，调查结果表明，硕士研究生认为自己的论文选题质量不高的占到57%，具体的问题突出反映在，题目过大的占到65%，选题没有新意的占到47%，选题应用价值不高的占到54%。[①]

目前，省属院校硕士研究生学术能力不足，在论文选题方面尤其突出。从现在省属院校硕士研究生导师在研究生选题中的作用来看，一般可分为如下几种情况：其一是大撒手型，任由研究生自己确定，导师好像置身事外，根本不去参与；其二是有意引导型，在研究生选题过程中导师提醒学生注意学术领域，但还是由研究生自主选题；其三是课题导向型，导师通过安排研究生参加自己主持的科研项目，督促研究生根据课题的研究领域作深入思考，选择自己的论题；其四是阅读启发型，通过有计划地给研究生布置文献阅读，让研究生通过阅读思考来自主选题；其五是讨论激发型，通过与研究生经常性见面讨论相关问题，助力学生思考，进而选定自己的题目；其六是导师钦定型，学生没有能力自主选题，不得不由导师代劳。应当讲，研究生的论文选题导师应当付出，可以在选点与研究方法方面给予指导，应通过选题来激发学生的研究旨趣，让他们自主思考，但是不应代劳。从现有省属院校研究生选题的相关材料分析，省属院校的硕士研究生在选题方面教师指定题目的居多，而教师指定的题目大多是自己的研究领域，有些与学生的旨趣不太相关。同时，省属院校硕士研究生在选题方面自主性差，也反映了他们缺乏学术能力，不能独立提出问题和进行问题研究。有学者对全国 31 个省（市、区）2253 名研究生的科学素质进行了抽样调查，表明当代中国研究生的科学意识模糊、科学

①　柳欠欠、张扬：《影响硕士研究生论文选题质量的因素分析》，《科教文汇》2010年第 5 期。

精神不强，几乎有 2/3 的研究生没有捍卫真理的精神，不敢大胆批评错误问题，独立观察、分析和解决问题的能力也明显不足。另外，在论文结构方面存在的突出问题，也反映出当前研究生学术能力方面的欠缺与不足，很多硕士研究生的论文存在行文、版式、语法、错别字、标点等方面的错误，而且有些论文的英文摘要写作水平低、语病多、中文味浓，反映出研究生阅读英文文献偏少的情况。钟细军曾指出研究生论文存在的问题，主要有：结构存在缺漏、没有逻辑性、条理混乱、层次不清，原理描述和公式推导不严谨，实验条件不周全，设计欠周密，数据处理方法不当，结论的理由不充分、可信度令人质疑，甚至故弄玄虚。[1]

2. 文献的收集与整理能力不足

文献阅读、收集与整理能力是硕士研究生的基本功，因为既往文献中通常包含有作者的新方法、新发现和新见解，可以帮助学生了解某学科研究中的新方法和新进展，紧跟学科国际前沿，扩大学生的视野。但是，就目前省属院校硕士研究生而言，他们在文献阅读、收集与整理方面还存在相当突出的问题。中国人民解放军后勤工程学院教师吕绍旭，曾针对后勤工程学院研究生学位论文质量问题发文指出学位论文在选题方面存在的问题（见表 1 – 10），他针对自制表格双盲评审情况指出，硕士研究生在参考文献方面存在的问题主要是学位论文中文献陈旧、检索量不够、国内外现状介绍不清楚，占 8.14%。这说明部分研究生的文献阅读量不够，特别是对原版文献、高水平文献和前沿性文献的阅读量远远不足，也反映出研究生对资料信息进行分析归纳总结的能力较差。[2]

---

① 钟细军：《研究生学术论文质量的质、功、形分析与编辑对策》，《湖南大学学报》（社会科学版）2010 年第 2 期。

② 吕绍旭：《提高研究生学位论文质量的调查分析与对策研究》，《西南农业大学学报》（社会科学版）2010 年第 1 期。

表 1 - 10　　　　　　　　　　　存在要素评价

一级指标	评价要素	数量	百分比（%）
选题与综述	选题缺乏前沿性、先进性与开拓性	18	2.36
	选题太宽泛、研究不深入、重点不明确	33	4.33
	选题过窄，理论意义和应用前景不大	14	1.84
	文献陈旧、检索量不够，国内外状况介绍不清楚	62	8.14
	论文题目与内容不对应	6	0.787
基础理论专业知识	基础理论和专业知识不够，专业用词不准确，前后不一致	64	8.4
	论文缺乏理论深度	13	1.71
	论文浮于实验数据，缺乏深入细致的分析与讨论	57	7.48
实践能力和创新能力	理论与实践结合不够，成果缺乏实验支持	36	4.72
	对理论研究过于拘谨、简单，缺乏进一步论证与深入研究	17	2.23
	未对论文提出的新方法与理论进行全面客观评价，提出论证，特别是与其他方法的对比分析	21	2.76
	建议进一步深入研究	108	14.17
	模型、试验设计指标不全面、不科学	6	0.787
	研究方法、统计工具不妥	9	1.18
科技写作和文体规范	书写不够简练流畅，总结讨论力度不够	44	5.77
	参考文献引用不规范	118	15.49
	图题与图表内容脱节	29	3.81
	文字表达不够准确	25	3.28
	文字整体结构不严谨	9	1.18
	重要数据前后矛盾	13	1.71
	计量单位不统一，用词前后矛盾	36	4.72
	英语摘要语法混乱，词语翻译不准确	24	3.146

资料来源：吕绍旭：《提高研究生学位论文质量的调查分析与对策研究》，《西南农业大学学报》（社会科学版）2010 年第 1 期。

　　目前，省属院校硕士研究生在文献方面的弱点不仅体现在文献的收集与整理方面，而且还体现在阅读文献方面。在阅读方面存在的问题主要有：其一，阅读量小。邬智、孙侠曾以华南理工大学、中山大学、华南师范大学、华南农业大学、暨南大学、广东外语外贸大学 6

所高校的人文社科类研究生为对象进行过调查，结果表明研究生平均每天的阅读时间为2—3小时，75.3%学生认为学术阅读约占其中的3/5，周平均阅读量在600页以上的仅为14.5%，而美国大学生平均周阅读量就达500—800页。对于本专业中的经典著作，21.4%没有阅读过，48.7%读过1—2本，只有10.1%选择了5本或5本以上。①上述6所院校尚且如此，一般的省属院校的情况更是不容乐观。由此，可见省属硕士研究生的阅读量偏少。其二，阅读盲目性大。由于图书信息量过大，同学或导师推荐的书目过多，或自己接触的信息过少，对新书或者专业书籍关注不足或无从关注，有时间阅读却无可选择的阅读对象，造成了书目选择的盲目性问题较为突出。一项相关调查表明，硕士研究生阅读中所面临的突出问题是书籍的选择，占33.19%。而研究生的年级不同，其选择书目的盲目性体现不同，书籍选择的盲目性在研究生各个年级中，均为最突出的问题，而硕士研究生在书籍选择方面主要表现为兴趣书籍选择的盲目性。②其三，阅读的技能低。一方面体现为硕士研究生文献检索能力差，不少省属院校没有开展相关文献检索方法与知识的培训，致使研究生在这方面存在突出缺憾。同时，对于检索出来的文献如何阅读、分辨和提炼、整合，如何做去粗存精、去伪存真的处理，也是当下省属地方院校硕士研究生面临的突出难题。由于如上情况的存在，致使一些研究生所谓的研究成果，将既往材料做了断章取义的运用。

3. 学术创新能力不足

近年来我国学者还对研究生学术创新能力进行了很多实证研究，研究结果普遍表明我国研究生比较缺乏创新精神，创新能力不足。北京大学"全国博士生质量调查"课题组对289个博士培养单位开展调研，结果表明博士生认为自身的"创新能力"相对偏低，在各项指

---

① 邬智、孙侠：《人文社科类研究生阅读情况的调查与分析》，《国家行政学院学报》2009年第8期。

② 原潇霞、刘红丽、张学顺：《研究生阅读的问题、需求及对策》，《中国研究生》2012年第2期。

标中位于倒数第三；博士生导师的评价中，"创新能力"在各项指标中位于倒数第二，63%的导师认为"一般"。袁本涛、延建林通过对"我国研究生教育质量和发展状况调查"等三次大型研究生教育质量调查结果进行分析指出，我国研究生教育质量方面存在的首要问题是创新能力，尤其是原创能力较差。[①]屈晓婷的调查同样表明，在校研究生普遍认为创新能力是学术能力的代表性因素，占到45.07%，认为学术研究成果是研究生学术能力代表因素的研究生占22.20%；认为动手实践能力是代表因素的研究生占11.95%[②]，但实际上，学术创新能力不足，在省属地方院校硕士研究生身上体现得更为突出。鄢娟、贺艳丽曾对湖北3所高校进行过相关方面的调研，其结果如表1-11所示：

表1-11　　省属高校硕士研究生创新能力现状的主观总体评价

	数额	百分比（%）	有效百分比（%）	累计百分比（%）
很强（a=5）	51	6.1	6.1	6.1
比较强（a=5）	191	22.7	22.9	29.0
一般（a=3）	441	51.9	52.1	81.1
较低（a=2）	146	17.3	17.3	98.4
很低（a=1）	13	1.5	1.6	100
总和	842	100		

从表中可以看出，省属高校硕士研究生对现阶段其创新能力水平的主观评价居于一般偏低的水平，其中一般水平及以下（M≤3.0）占了81.1%，说明现阶段我国高校硕士研究生已经意识到其创新能力水平整体偏低。学术创新能力作为硕士研究生创新能力的输出，发现未知的研究领域或在已知的研究领域发现尚未被研究或虽被研究但研究不够深入、全面的问题，是学术创新的前提和基础。调查表明，

①　袁本涛、延建林：《我国研究生创新能力现状及其影响因素分析——基于三次研究生教育质量调查的结果》，《北京大学教育评论》2009年第7卷第2期。

②　屈晓婷：《研究生学风实录　自然情境下的互动与归纳》，北京交通大学出版社2010年版，第16页。

省属高校硕士研究生这一维度的均值要远远低于其他值，甚至低于一般水平（M=3.00），这说明我国省属高校硕士研究生的学术能力还是很低的，亟须提高。①

目前关于硕士研究生学术能力方面的研究，学者们普遍认为硕士研究生学术能力偏低，主要体现在四个主要方面：其一，缺乏创新意识和创新精神。就如前面分析研究生缺少问题意识一样，目前地方省属高校硕士研究生在创新意识和创新精神方面也相当匮乏，不仅表现为科学意识模糊和创新精神不强，甚至还缺少批判精神，独立认识和解决问题的意识。其二，缺乏高水平的学术成果。地方省属院校研究生研究成果的层次比较低，其发表的学术期刊基本上停留在仅仅转化为铅字公开发表。以社科类为例，较高水平的研究成果也就是北大核心和南大核心，而且数量相当少，转引率较低。因为这些成果多为重复性研究，从论证到结论都借鉴甚至搬用了别人的，基本上没有自己原创性的内容。其三，学位论文质量下降。许多地方省属院校的硕士研究生或多或少存在混文凭或以硕士研究生作为跳板考博的思想，所以在学位论文方面投入的时间与精力不足，不少学位论文的选题缺乏新颖性和前沿性，没有自己的独到见解，大多满足于对现有研究成果的综合和已有技术的移植或停留于对前人理论的修补，甚至还有一些学位论文选题雷同，内容重复，明显采用"糨糊加剪刀"和网络下载的方式拼凑而成，不仅谈不上质量，甚至也谈不上学术道德。

研究生学术能力偏低是当前研究生教育面临的重要问题，这一问题不仅仅提出了提升研究生学术能力的必要性与迫切性，而且还需要进一步研究如何提升研究生学术能力的问题。朱红、李文利、左祖晶研究表明，研究生创新性的成果在很大程度上取决于研究生在校期间创新行为特征的增强、创新性思维风格的培养和知识体系的构建。研究生在校期间在这三个维度上的提升，会显著地促进其创新性成果的

---

① 鄢娟、贺艳丽：《省属高校硕士研究生创新能力现状及对策》，《教育理论与实践》2010年第3期。

产生。① 这足以说明，提升研究生学术能力确实是当前高校研究生教育必然的选择。对于省属院校而言，这方面的问题更为突出。当然，推进省属院校硕士研究生学术能力的提升是个系统工程，不仅应引起省属地方院校的重视，还应引起整个教育系统的关注，更有待于整个社会对"标新立异"采取宽容的心态，有待于对急功近利学术态度的批判和取代，有待于"创新"的文化氛围在全社会的整体形成。

综上所述，从一般意义上讲，提升硕士研究生的学术能力是当前高校面临的一项重要课题，而对于省属地方院校而言，由于其生源质量与教研条件的限制与约束，其面临的这方面的任务更为突出和紧迫。

① 朱红、李文利、左祖晶：《研究生创新能力的现状及影响机制》，《2010 年中国教育经济学学术年会论文集》。

第二章

地方省属院校硕士研究生学术能力提升的学术道德保障机制

硕士研究生的学术道德既是学术能力的重要组成部分，也是支撑学术能力良性发展的重要保障。目前，在学术研究较为浮躁的一些地方院校中，硕士研究生的学术道德不容乐观，这也构成了提升他们学术能力的重要障碍。如何在新的形势下提升地方省属院校的学术道德水平，不仅关乎硕士研究生本身是否合格、是否优秀，也关乎在日益激烈的高校竞争中，什么样的学校会最终胜出。

一　硕士研究生学术道德的内涵

厘清地方省属院校学术道德现状与问题，必须从道德与学术道德的一般理论出发，以概念作为切入点，通过科学限定研究领域来发现存在的问题，进而提出解决问题的具体方略和现实手段。

（一）道德与学术道德

对"道德"含义的认识，可谓仁者见仁、智者见智。如果从宏观层面上来分析，"道德"的含义主要有三种：第一种认为"道德"是一种实践理性。"所谓'实践理性'是说，道德是一种社会意识、一种思想关系，因而它是一种精神；但道德作为精神又不同于科学、艺术等其他的社会意识、精神现象，而是以一种行为准则形式出现，以指导行为为目的的，以形成人们'应当'的行为方式为内容的精神，因此它又是实践的。"① 第二种认为"道德"就是人们的行为要符合并遵循客观规律。"中国文化中，'道'是指事物运行本身的客观规律，'德'即得，是讲人们悟道之后又遵循道（客观规律）的人的主观行为。'道德'两字合起来就是讲人们的主观行动必须符合自然、社会运行的客观规律。"② 第三种认为"道德"是一种特殊的行为规则。"以善恶评价为形式，依靠社会舆论、传统习俗和内心信念用以调节人际关系的心理意识、原则规范、行为活动的总和。"③ 换言之，"道德"就是指人们在善恶观念的指导下应当遵循的社会规则与规范，是在一定社会历史条件下调整人们行为并使之和谐相处的行为准则。

一般来讲，第三种比前两者范围更小，也更具体，具有普遍代表性，被学界所接受。如罗国杰认为："道德是调整人和人之间关系的行为规范的总和……所谓道德现象，就是指人类现实生活中由经济关系所决定，用善恶标准去评价，依靠社会舆论、内心信念和传统习惯来维持的一类社会现象。"④ 唐凯麟认为："道德既是社会调节的一种特殊手段，又是人实现自身统一、精神完善的一种特殊方式，它始终植根于人和社会不可分割的联系之中，是一种特殊的社会价值形态。"⑤ 朱贻庭认为：道德是"以善恶评价为标准，依靠社会舆论、传统习俗、内心信念用以调节人际关系的心理意识、原则规范、行为活动的总和"⑥。王海明将道德规定为："关于有利或有害社会与他人以及自己的行为之应该如何的规范，简言之，亦即利害人自己的行为应该如何的规范。"⑦ 王正平、周中之认为："道德是最终由社会经济

---

① 唐凯麟：《伦理学教程》，湖南师范大学出版社 1999 年版，第 55 页。

② 陈惠雄：《经济制度与道德规范：起源、效用差异及其互补性》，《财经论丛》2002 年第 2 期。

③ 参见朱贻庭《伦理学小辞典》，上海辞书出版社 2004 年版，第 29 页。

④ 罗国杰：《伦理学》，人民出版社 1989 年版，第 7 页。

⑤ 唐凯麟：《伦理学》，高等教育出版社 2001 年版，第 38 页。

⑥ 朱贻庭：《伦理学大辞典》，上海辞书出版社 2002 年版，第 15 页。

⑦ 王海明：《新伦理学》，商务印书馆 2001 年版，第 107 页。

生活条件决定的，以善恶为标准，依靠社会舆论、传统习惯和人们的内心理念维系的，调整人与人（包括个人与集体、社会）、人与自然、人与自我生命体等的关系的原则规范、心理意识和行为活动的总和。"① 如此等等。

道德修养是民众素养的重要组成部分，道德水平是社会文明程度的重要标志，高尚道德是凝聚和激励全国各族人民团结奋斗的重要力量。在国际竞争日益激烈的现代社会，关注道德建设实际上就是关注民族精神与民族文化建设，是关注国家发展的百年大计。当前，我们应清醒地看到，随着社会主义市场经济的深入发展和对外开放的日益扩大，在某些地方出现了民众的道德素养滑坡的现象。道德领域呈现的新情况和新挑战，以及道德领域存在的一些新问题迫使我们不得不考虑如何加强和推进社会主义道德建设问题。实际上，民众道德素养的形成与发展离不开教育、离不开个人全面修炼，也离不开良好的社会环境。我国在道德方面之所以出现问题，原因在于一些地方放松道德建设，是非、善恶、美丑界限混淆，甚至一些领域出现道德失范、诚信缺失、见利忘义、损公肥私、欺骗欺诈等现象。这种状况与迅速发展的经济社会形势不相适应，与我国日益提高的国际地位不相适应，与全面建设小康社会的客观要求不相适应。所以，加强道德修养和推进公民道德建设，是事关人民群众的根本利益及改革开放和现代化建设全局的大事。

"学术道德"，是"道德"种类的一种，是指在学术研究领域所必须遵循的行为规则。对于"学术道德"，学界同样存在不同的看法。马林刚认为，"学术道德"既是行为上的规则，也是学术上的良心。"学术道德是指从事学术性研究活动的主体，在进行创造性研究活动的整个过程中，处理个人与他人、个人与社会、个人与自然之间关系时所应遵循的原则和规范的总和。学术道德是治学的起码要求，是学者的学术良心，其实施和维系主要依靠学者的良心及学术共同体内的道德舆论，它具有自律和示范的特性，学术道德的缺失无疑意味

---

① 王正平、周中之：《现代伦理学》，中国社会科学出版社 2001 年版，第 11 页。

着学术失范现象的产生和蔓延。"① 葛剑雄把学术道德问题细分为两个层面：一方面涉及的是正确的学风，有的学生投机取巧，抄袭、作弊，对这类学术道德问题应主要以教育、管理来解决；另一方面是学术腐败，在他看来，学术腐败就是利用权力和金钱来达到学术上的个人目的。这两类问题都是对学术道德的败坏，而后者还更多牵涉非学术的违法违纪行为。黄富峰等认为，"学术道德是指学者进行学术研究活动的整个过程及结果应用中处理个人与他人、个人与社会等方面关系时所应遵循的行为规则和规范的总和，其实施和维系主要依靠学者的良心、学界乃至社会的道德舆论。"②

对后一种定义，笔者基本认同。不过，对"学术道德"的主体有些疑问。因为这个定义并未对"学者"给出明确的定义。一般认为，"学者"的概念有广义和狭义之分。广义概念上的"学者"是指具有一定专业技能、学识水平、创造能力，能在相关领域表达思想、提出见解、引领社会文化潮流的人。狭义概念上的"学者"则是指追求学问、专门从事某种学术研究的人。很显然，"学术道德"层面上的"学者"应该是狭义上的概念，即追求学问、专门从事学术研究的人。也只有从这个意义上理解学术道德，才能够将学术道德与研究生尤其是硕士研究生联系起来。综上所述，笔者将"学术道德"的概念界定为：学术道德是指追求学问、专门从事某种学术研究的人在进行学术研究活动的过程中处理个人与他人、个人与社会、个人与自然关系时所应遵循的行为规则和规范的总和。

学术道德对于学生乃至学校发展都有重要意义。徐显明认为世界一流大学或者世界知名高水平大学，就是"最受人尊重的大学"。"当这个大学受到大家尊重的时候，第一性就是大学的德性"。而"没有德性的大学是不受人尊重的。我现在越来越感受到，大学的德

---

① 马林刚：《浅析高校研究生学术道德失范的现象及原因》，《社科纵横》2013 年第 4 期。

② 黄富峰、宗传军、马晓辉：《研究生学术道德培育研究》，中国社会科学出版社 2012 年版，第 48 页。

性是大学的生命"。① 中国科学院院士朱清时先生同样也曾说过类似的一句话，"学术道德建设跟不上，世界一流大学、高水平大学建设就是空中楼阁"②。世界一流大学都是研究型大学，学术道德建设是研究型大学的一项基础工程。学者对于什么是研究型大学没有统一的标准，但他们都高度认同学术道德对于研究型大学的重要意义。对于地方省属院校而言，学术道德虽然不是建设一流世界名校的问题，但对于学校层次与名誉的提升依然有着积极的意义。目前，地方省属院校在整个高等教育体系中的地位相当尴尬，研究方面不如教育部直属院校，职业培训方面不如职业院校，如何在这种情况下坚守学术底线，在研究生教育过程中讲究学术道德是必须面对的话题，从某种意义上讲，也是决定此类院校是否能上台阶的关键问题。

（二）硕士研究生的学术道德

在明确了"学术道德"概念的基础上，我们可以将研究生学术道德的概念界定为：硕士研究生在进行学术研究活动的过程中处理个人与他人、个人与社会、个人与自然关系时所应遵循的行为规则和规范的总和。所谓地方省属院校硕士研究生的学术道德，又将硕士研究生的存在条件作了进一步限定，具体在地方省属院校之中，也就是排除了部属院校的硕士研究生。地方省属院校硕士研究生学术道德至少包含如下几个方面的界定条件：

第一，主体的特定性。地方省属院校硕士研究生学术道德的主体是特定的，这种特定体现在两个方面：一是区域范围的特定性，它不是所有高校的硕士研究生，而是特指地方省属院校，以区别于部属院校；二是身份方面的特定性，它不是指所有的研究生，而是特指硕士研究生。"硕士研究生"有在读、肄业和毕业之分，在这里，主要是指在读的硕士研究生。严格来讲，已经毕业或者因为某种原因没有获

---

① 李斌：《惩治不能屈从　五大学校长旗帜鲜明反对学术腐败》，《中国青年报》2009年3月11日。

② 《代表委员提醒：一流大学建设谨防三大误区》，《中国教育报》2002年3月12日。

得正式毕业证书的硕士研究生（肄业）不包括在内。

第二，内容的确定性。硕士研究生学术道德的内容是非常明确的，即"在进行学术研究活动的过程中处理人际关系时所应遵循的行为规则和规范的总和"。换言之，即硕士研究生在处理个人与他人、个人与社会、个人与自然关系时所应遵循的行为规则或规范，这些规则或规范必须是在"进行学术研究活动的过程中"或基于学术研究本身而发生的。我们知道，任何一个生活在社会场景中的人都需要处理各种各样的复杂关系，在学术领域处理的关系只是复杂关系网络中的一项，硕士研究生学术道德就只指向这一项。所以，如果不是在学术研究活动的范围内，那么，所遵循的行为规则或规范就不属于硕士研究生学术道德的范畴。

第三，范围的清晰性。硕士研究生所进行的"学术研究活动"不仅包括研究的过程，而且还包括研究成果的应用。一般来讲，硕士研究生在读期间，所进行的学术研究过程与所取得的成果是密不可分的。比如，以人文社科的研究生为例，硕士研究生的研究过程包括诸多方面，诸如资料搜集、资料整理、论文撰写等。研究成果的应用主要体现为学术论文的发表。实际上，无论是资料搜集、整理，还是论文撰写、发表，都紧密联系在一起，并不能截然分开。况且，研究过程和研究成果的应用都是研究活动的组成部分。因此，硕士研究生在读期间所进行的与学术研究有关的活动都应该属于硕士研究生学术道德研究的范围。另外，"学术研究活动"的时间范围限定在硕士研究生在读期间，毕业之后或者因为种种原因未能正式毕业（如肄业）所进行的学术研究活动，就不应该属于硕士研究生学术道德研究的范围。这一点应该明确。

地方省属院校硕士研究生学术道德建设对于帮助他们树立正确的学术观，提升自身文化修养和顺利毕业，甚至毕业后在学术方面的积累与发展都有积极的意义。

第一，在地方省属院校硕士生中开展学术道德建设是培育优良学风的需要。地方省属院校的硕士生，一般属于这类高校中的精品（除部分院校有博士招生权外），这些硕士生的学术道德情况从某种意义上对整个学校学生的学术发展有重要的引领作用。如果硕士生学术道德感强，在学术研究过程中注重遵循学术道德，就会带动本科科研，使本科生在学术道路上向良性方向发展；否则，本科生的学术道德也会因缺乏引领或缺乏正确的引领而受到重创。因而，从这种意义上看，一个地方省属院校的学生是否具有良好的学风，关键是硕士生是否能遵循学术道德，严格按照学术规范从事学术活动、开展学术研究。学风特指学生的学习风气，优良的学风是提高和保证教育质量的重要条件，也是高校德育工作取得实效性的重要标志。加强地方省属院校学风建设，以硕士生的学术道德作为切入点是一个很好的突破口，可以说是抓住了学风建设的"牛鼻子"。从现实情况看，很多地方省属院校学风建设的难点也在于硕士生，因为这些人成分复杂、管理难度高。但是，推进地方省属院校学风建设不能因管理难度高而退却。应当看到，目前地方省属院校硕士生的学术道德情况不容乐观，这既与整个学术氛围较为浮躁有关，又与地方省属院校放松硕士生的学术道德教育有关，还与地方院校本身硕士生生源质量下降有关。在这种情况下，要解决地方省属院校硕士生学术道德问题，不断提升他们的学术道德修养和学术道德水平，从学校本身的层面上看关键是要加强学术道德教育，让德育工作在学风建设中发挥出应有的作用，以良好的学术风气促进硕士生形成严谨的治学风气，从而推动地方省属院校良好的学习风气的形成。

第二，在地方省属院校开展硕士生学术道德建设是铸就良好公民品格的需要。今天的硕士生就是明天的社会主义建设者，而且可能是社会主义建设主力中的领导人。他们在校期间的学术品格实际上是与将来在社会生活中和实际工作中的职业道德、社会公德密切相关的。也就是说，如果一个硕士生在校期间就缺乏学术道德感，那么，很难保证他在进入社会之后也能拥有良好的职业道德和社会公德。这一方面是由于他们在高校没有受到良好的道德教育，没有形成良好的道德意识；另一方面是因为他们在高校学术道德建设方面的失范本身也带有惯性，是可以延展到社会生活领域的。正是由此，高等院校针对本科与研究生都开设了思想道德教育课程，目的就是通过在校期间的道德知识教育来带动日后他们在社会生活或职业活动中遵循基本的道德规范，做一个社会认可的良好公民。比如，在新的历史时期，我们全面建成小康社会和推进社会主义和谐社会建设的进程中，要求普及公民诚信意识，建成守信社会，这就离不开在学术教育中将此思想贯彻其中。结合硕士生学术道德建设情况，如果学术方面出现造假、抄袭等现象，自然就违背了学术道德，实际上这种有违学术道德的行为是学术领域中的失信。如果一个人在学术发展方面不能贯彻诚信思想，就很难想象他能够在日后的工作和生活中以诚待人，也很难想象他能够成为一个诚实守信的良好公民。相反，如果在学校学术研究过程中注重了学术道德养成，就会促进硕士生学术思维方式乃至工作方式的转化，使他们以诚信的视角思考和处事，这自然有利于他们日后形成良好的公民品格。

第三，在地方省属院校开展硕士生学术道德建设是提升硕士生学术能力的需要。范建刚指出，学术能力是技术性学术能力与道德性学术能力的统一。① 因为能力培养的最终目的实现研究生作为人的发展，内在于学术能力培养的隐性德育，它的目的同样是为了实现人的发展。所以，要最大限度提升研究生的学术能力，时刻都需要以道德为准绳衡量整个培养过程的每一个环节。从一般意义上分析，学术能力包括技术性学术能力与道德性学术能力两种。前者主要指从事学术研究的技能指标，主要涵盖硕士生的问题意识与研究能力，涉及硕士生能否发现问题、整合材料剖析问题、形成自己解决问题的方案等方面；后者是指硕士生从事学术研究过程中的自我管理能力以及处理学术关系的能力等，主要涉及从事学术研究的过程中，硕士生如何规范运用材料，不侵权、不剽窃。实际上，道德品质本身就是学术能力不可或缺的组成部分，体现了研究者对学术的尊重以及自身的献身精神。有了这种精神，学者就能做到为了学问废寝忘食。学者还必须具

① 范建刚：《道德品格与学术能力的协同发展》，《学位与研究生教育》2009 年第 11 期。

有自我批判精神，涂尔干认为，"科学的态度就是批判的态度"①。马克·布劳格指出：科学是"迄今人类所设计的意识形态系统中唯一自我反省、自我纠正的系统"②。对自我学术思想不间断地批判，作为不断否定自我的行为，无疑是一种道德行为，它有利于把学术推向深入。学者还必须把学术组织的利益看得重于个人利益，待人友善与宽容。所以，学术的发展要求学者始终实施对自我的道德监护。莫伯里与凯迪希指出："基于学者是高深学问的看护人这一事实，人们可以逻辑地推出他们也是他们自己的伦理道德准则的监护人。"③

（三）硕士研究生学术道德的主要特征

硕士研究生学术道德与一般意义上的学术道德不同，具有比较明显的特征。这种特征既体现他们高于本科教育一个层面的现实，又体现他们尚处于研究始端，还未达及博士研究生的高度。同时，作为地方省属院校而言，这些学校所拥有的硕士研究生在学术道德养成方面的不成熟更为突出，尤其体现为具有基础稳定性与可塑变通性的双重特征。

1. 基础稳定性

所谓基础稳定性是指院校和硕士研究生本身，从文件规定和思想意识方面认定应当遵循学术道德，并且相关文件规定及精神具有一贯性。硕士研究生作为从事学术研究的人员，应该与其他追求学问、专门从事学术研究的人员一样，遵守最基本的学术道德要求。"研究生学术道德的基础性是指其学习做学术、参与学术活动的过程中必须遵守的起码学术道德要求、养成的必要学术道德习惯、达到的基本学术

---

① ［法］涂尔干：《道德教育》，陈光金译，上海人民出版社2001年版，第52页。

② ［英］马克·布劳格：《经济学方法论》，黎明星等译，北京大学出版社1990年版，第51页。

③ ［美］约翰·布鲁贝克：《高等教育哲学》，郑继伟等译，浙江教育出版社1987年版，第120页。

道德水平，从而保证学术研究的正常进行。"① 2007 年 1 月，中国科协七届三次常委会审议通过的《科技工作者科学道德规范（试行）》对从事学术研究的人员在处理与他人、研究对象等方面的关系必须遵守的学术道德作了明确的规定："进行学术研究应检索相关文献或了解相关研究成果，在发表论文或以其他形式报告科研成果中引用他人论点时必须尊重知识产权，如实标出"（第五条），"尊重研究对象（包括人类和非人类研究对象）。在涉及人体的研究中，必须保护受试人合法权益和个人隐私并保障知情同意权"（第六条），"在课题申报、项目设计、数据资料的采集与分析、公布科研成果、确认科研工作参与人员的贡献等方面，遵守诚实客观原则。对已发表研究成果中出现的错误和失误，应以适当的方式予以公开和承认"（第七条），等等。对学术不端的行为，教育部 2009 年发布的《关于严肃处理高等学校学术不端行为的通知》（教社科〔2009〕3 号）文件作了明确限定：抄袭、剽窃、侵吞他人学术成果；篡改他人学术成果；伪造或者篡改数据、文献，捏造事实；伪造注释；未参加创作，在他人学术成果上署名；未经他人许可，不当使用他人署名。以上这些内容，是对从事学术研究的人员的基本要求，在地方省属院校相关文件中基本也有所体现。比如，2008 年《聊城大学研究生学术道德规范实施细则》针对本校研究生学术道德作了十一条规定，在重申本校硕士研究生应严格遵守《中华人民共和国知识产权法》《中华人民共和国著作权法》《中华人民共和国专利法》等法律法规的相关规定之外，特别指出九条不得违反的学术道德规定。②

2. 可塑变通性

可塑变通性不仅指硕士研究生在学术道德情感方面存在不稳定性，尤其是地方省属院校中的硕士研究生还没有从根本上树立起学术

---

① 黄富峰、宗传军、马晓辉：《研究生学术道德培育研究》，中国社会科学出版社 2012 年版，第 48 页。

② 《聊城大学研究生学术道德规范实施细则》，聊城大学学位与研究生教育网，http：//yjsc. lcu. edu. cn/ShowArticle. asp？ ArticleID = 1484。

理性。同时，这也不排除一些学术道德修养较好的学生能够正确认识和对待学术道德，在道德精神的指引下变通规则进行学术创新。一般来讲，硕士研究生是专门从事学术研究的人员的早期阶段，遵守学术道德的意识也经常变化，可塑性比较强。"研究生的学术活动正处于学习和参与阶段，尝试着从事学术研究，正在学习处理学术活动中的各种利益关系，与这种特殊阶段相适应，其学术道德价值观、对学术道德规范的认识及遵守的自觉性也处于形成阶段，很多方面尚未定型，具有较大发展空间。"[1] 这种可塑性主要体现在两个层面：自身觉悟和受导师影响。一方面，由于硕士研究生时期是进入学术研究领域的初级阶段，硕士研究生通过学习，对为什么进行学术研究、怎样进行学术研究、是否长期从事学术研究等基本问题不断进行思考，头脑比本科生相对复杂和丰富，对学术研究逐渐有了个人的感悟和看法。另一方面，硕士研究生在学术研究过程中，由于实行导师指导与个人自主研究相结合的模式，比较松散、自由，自主性较强。在这种培养模式下，由于硕士研究生初涉学术领域，在研究方向、研究目的和研究方法等方面不是很清晰、明确，这时候导师的指点对学生的影响就显得比较重要，学生对导师的信任感和依赖性就比较强烈。"研究生处于从事学术活动的初级阶段，对如何做学问、如何处理学术活动中的一些利益冲突尚无成熟的经验，对很多问题的看法没有定式，导师的言行、对待学术研究的态度以及学术人格等就成为研究生直接模仿的对象，导师所作的一切都会对研究生产生潜移默化的影响。在学习过程中，研究生就会不自觉地模仿导师的某些行为和观念，在模仿中形成自身的学术道德。"[2] 从导师的应然定位和功能作用方面看，导师确实在研究生的学术道德建设中起到榜样示范作用、教育导向作用和监督管理作用，关键是如何通过进一步强化师德建设，创设和加强师生互动平台，真正让导师在硕士研究生学术道德建设方面呈现正

---

① 黄富峰、宗传军、马晓辉：《研究生学术道德培育研究》，中国社会科学出版社2012年版，第50页。

② 同上。

能量，尤其是对地方省属院校而言，加强硕士研究生师资队伍建设也是提升研究生学术道德水平的一个重要方略。另外，一些水平较高的硕士研究生，或者硕士研究生经过一定时期的学术训练，对学术活动特点和规律有了新的认识，在遵守学术道德规范方面会逐渐形成自身的看法。在具体实践过程中，会形成适合自身特点的行为方式，具有灵活变通的特点。这种灵活性主要体现在：随着时代的发展，原有的学术道德规范会逐渐吸纳新的因素，做出进一步修正甚至调整，硕士研究生作为学术研究领域的新生力量，在这一层面起着重要的作用，会促进学术道德规范的修订、深化、完善。"相对于整体的研究生学术道德而言，已有的学术道德价值观、学术道德原则和学术道德规范被修正，一些不适应现代学术组织形式和现代师生关系的学术道德因素被放弃，一些新的学术道德价值观和新的学术道德规范开始出现，这才是真正的研究生学术道德创新。"①

从硕士研究生的学术道德特征看，它至少包括两个方面的内涵：一是主观认知，即个体对于学术道德的认知和认同程度，如硕士研究生个人对学术不道德的概念是否清晰？是否知道哪些行为属于学术失范？二是客观行为，即对自己和他人的学术道德行为的评价。如果认识不清晰，就应当加强学术道德教育；如果认识清晰但在实践中仍存在学术道德失范，就需要从监督规约制度方面着手加强学术道德建设。

（四）硕士研究生学术道德与学术能力的关联性

曾任哈佛大学第二十五任校长的德里克·博克认为，学术道德水平是学术成功和发挥道德影响力的基础。他说："过硬的专业知识和教学能力无疑是取得学术成功必不可少的两个条件。但除此之外，还有一种素质，用一个恰当的词来形容的话，即学术道德，这也是必

---

① 黄富峰、宗传军、马晓辉：《研究生学术道德培育研究》，中国社会科学出版社2012年版，第54—55页。

不可少的。"① 如果从一般意义上来讲，道德与能力并不一定成正比，能力强的人并不一定道德水平就高，反之亦然。所以，硕士研究生的学术道德与学术能力也不存在正比关系。但是，学术道德与学术能力这两者之间存在一定的关联性。这种关联性主要体现在两个方面：硕士研究生的学术道德与学术能力正方向发展、硕士研究生的学术道德与学术能力负方向发展。

1. 硕士研究生的学术道德与学术能力正方向发展

硕士研究生的学术道德与学术能力正方向发展是指硕士研究生的学术道德与学术能力发展方向相一致，相互促进、共同提高。随着学术能力的不断增强，硕士研究生的学术道德素养也会不断提高。两者之间的关系基本上呈正比发展趋势。其一，学术能力促进学术道德提升。随着学术能力的不断增强，硕士研究生逐渐意识到学术道德的重要性，由于受到学术氛围地熏陶，耳濡目染，会自觉或不自觉地把做学术转化为一种信仰。"建立一种信仰，就是确立一个世界观、价值观、人生观，确立一种生活的目的和意义，用此可以排除围绕人生的无知、怀疑、虚无和绝望，得到知识、确定、安慰、价值和希望，满怀信心地活下去。"② 正是这种信仰的力量，会使硕士研究生的学术道德意识逐渐增强，道德水平也不断向更高层次发展。其二，学术道德促进学术能力提升。《论语》中说："有德者必有言。"道德水平高的人一定会有名言警句流传后世，对后人有所启发、有所启迪。具体到学术道德层面上来看，学术道德影响学术能力体现在：学术道德的增强，提高了硕士研究生的自律意识、自我警示意识，自律性逐步增强，对自身要求更加严格，对自身的学术有了更高的要求。这在一定程度上，会促进硕士研究生学术能力不断向更高层次发展。

---

① ［美］德里克·博克：《走出象牙塔——现代大学的社会责任》，浙江教育出版社2001年版，第134页。

② 冯天策：《信仰导论》，广西人民出版社1992年版，第4页。

2. 硕士研究生学术道德与学术能力负方向发展

硕士研究生的学术道德与学术能力负方向发展，是指硕士研究生的学术道德与学术能力发展方向相背离，呈反方向发展，学术道德素质越高其学术能力越低，或是学术能力越高，其学术道德水平越低。一般情况下，学术能力越高其学术道德水平越低的现象比前者更为普遍。换言之，学术能力提高了，学术道德却越来越不如以前了。近年来，这种现象也比较常见，专家、教授甚至知名院士等学术能力高的人学术造假的事件也时有发生。2011 年 11 月 28 日，"人人网"上名为"华科人文学院研学会"的网友发表了《十大经典学术造假案例》的文章。文章对国内最近几年出现的、影响力比较大的学术造假案例进行了分析和梳理，既有教授，也有博士、硕士，包括"汪晖事件""朱学勤事件"。[①] 有些已经定论，有些正在调查、尚未做出结论。这些人多数都是硕导、博导，其所作所为对学生的影响是不容置疑的。在这种大环境下，一些硕士研究生出于种种考虑，或为了深造或为了就业，在学术研究方面往往会违反学术道德，只不过是方式更为隐蔽，外人很难发现。

另外，在肯定学术道德与学术能力相关性的同时，也不能否认现实中确实存在硕士研究生学术道德与学术能力各自独立发展的个案。硕士研究生的学术道德与学术能力各自独立发展，是指硕士研究生的学术道德与学术能力既不是相互促进、共同提高，也不是相互排斥、反方向发展，而是坚持各自的发展方向，相互之间几乎没有影响。这种情况主要表现为学术道德与学术能力关联性不强，似乎没有任何关系。不过，这种情况比较少见。因为从实践层面来看，学术道德与学术能力关系密切，是不能截然分开的。相互之间没有任何影响的情况很少。客观来看，无论是学术道德还是学术能力都会或多或少地受对方的影响。

---

① 参见《十大经典学术造假案例》，人人网，http：//page. renren. com/600942830/note/783564937。

二　地方省属院校硕士研究生学术道德
方面存在的主要问题及其原因

高校的发展离不开其赖以存在的社会环境。当前，高校硕士研究生受不良社会环境的影响，在学术活动中出现了各种学术道德行为不端的现象，并由此产生了巨大的危害。这种情况在地方省属高校中尤其突出。如果不正视这种情况并采取有效措施全面揭示此情况产生的深刻原因，就无法从根本上解决学术腐败问题，也就无法进一步提升硕士研究生的学术修养和学术能力。

（一）高校学术道德问题与原因的一般性分析

地方省属院校硕士研究生的学术道德状况受到外围环境的影响，最外围自然是社会道德水平，正如上面所言及的不良社会环境确实是影响高校学术道德的重要因素。同时，应当看到整个学术道德环境对个别高校尤其是省属高校的影响更为直接。因为地方省属高校自身地位不高，它们无力带头扭转学术风气，更多的情况下是受制于学术大环境的影响而随波逐流。

1. 存在的主要问题

2006 年，广东省委党校的吴灿新教授用"假""劣""伪""冒""庸""卖""媚""空""霸""狡"十个字对当前学术不端行为进行了分析概括。他认为："假，包括成果造假、数字造假、案例造假、评奖造假、会议造假等；劣，指成果低劣、颠倒是非、人身攻击等；伪，指抄袭现象和'枪手'现象等；冒，指冒名顶替、挂名现象等；庸，指关系现象、媚俗现象等；卖，指买卖作品现象、权学交易现象、见利忘义现象等；媚，指崇洋媚外现象、外国标准至上现象等；空，指空话现象、大话现象、套话现象等；霸，指学术权霸现象等；狡，指自我狡辩现象等。"[①] 2012 年 6 月 12 日，教育部出台了《学位

---

① 参见李宁《倡导学术道德、维护学术尊严学术研讨会综述》，《岭南学刊》2006 年第 5 期。

论文作假行为处理办法》（教育部第 34 号令），将学位论文造假概括为五种情形：购买、出售学位论文或者组织学位论文买卖的；由他人代写、为他人代写学位论文或者组织学位论文代写的；剽窃他人作品和学术成果的；伪造数据的；有其他严重学位论文作假行为的。这五种情形，基本涵盖了当前学位论文造假方面存在的主要问题，也是硕士研究生学术不端行为的主要体现。具体而言，硕士研究生存在的学术不端行为可以简要概括为以下五个方面：

其一，抄袭剽窃是最为常见的学术道德失范。这主要是指窃取他人学术成果，或全部照抄，或者变相抄袭，仅作局部改动。在高校特别是地方省属高校的硕士研究生学术创作中，这种"剪刀加糨糊"的现象较为普遍。有学者指出"抄袭、剽窃、侵吞他人学术成果在研究生群体中时常发生，逐步演变成为一种见怪不怪的现象。调查结果显示，'将他人论文拼凑改造成自己的论文'的行为在校园中经常发生的频率达 16.3%，有时发生的频率高达 30.6%，'引用他人研究成果而未加标注'行为在校园中经常发生的频率达 12.0%，有时发生的频率高达 31.8%"[1]。更有甚者，有些硕士研究生抄袭达到有恃无恐的地步。据 2009 年《南方周末》揭示：两篇标题都为《试论财经领域的新闻舆论监督》的硕士学位论文，除了"致谢"不一样外，两篇论文的标题、中英文摘要、中英文关键词、内容、注释、参考文献一字不差。[2] 笔者对地方 L 高校社科类硕士生开展过相关调查，结果表明硕士生在撰写论文过程中对既有材料进行拼凑改造的达83.5%，而引用他人研究成果不加标注更是司空见惯的现象。至于为了规避论文查重，在写作过程中对已有成果作一些技术方面的处理，在高年级的硕士生中也并不鲜见。

其二，雇佣"枪手"是最为便捷的学术道德失范。"枪手"是对为了获取经济利益或其他利益为他人代写论文者的特别称谓。在地方

① 朱华、左志香、朱华杰：《我国研究生学术道德失范的表现及影响因素分析》，《思想教育研究》2012 年第 11 期。

② 《硕士论文抄袭：只有致谢是"原创"》，《南方周末》2009 年 6 月 1 日。

省属院校中，有些硕士研究生为了图省事或者不愿意做出努力，或者水平有限确实写不出来，往往花钱或者采取其他方法，请别人帮忙替自己完成论文，并将这种一手交钱一手交货的方式视为最为便捷、最为直接的方式。无论是雇佣"枪手"还是自己当"枪手"，这都是违反学术道德的行为。这种行为在高校里也比较普遍。"对于'假如有人提出给您3000元的报酬，您是否愿意替他完成一篇论文'，回答不愿意、愿意、不知道的分别占66.5%、13.2%和20.3%，说明相当一部分研究生在学术上经不起金钱的诱惑。"① 地方省属院校有相当多的硕士生在职攻读，"混"学历的不在少数，根据地方省属院校的调研，硕士论文代写率虽然不高，但价格这两年又有所攀升。据了解，目前一篇4万字的硕士论文代写价格已经不下2万元，甚至一篇核心期刊代发的论文收费也高达1.5万元。毋庸置疑，无论是雇佣"枪手"还是自己当"枪手"，都是违反学术道德的行为，都应予以抵制。

其三，"搭顺风车"是最为隐蔽的学术道德失范。"搭顺风车"是在没有参加科学研究的情况下，在他人的学术成果上面署上自己的名字，这种情况是属于"天知、地知、你知、我知，其他人不知"的隐蔽形式。实际上，任何学术产品署名都应当讲究原则，最为基本的原则是将最重要的贡献人放在第一。但是，对于地方省属院校的硕士生而言，即便自己主创也可能会将导师或其他教师的名字署在前面。一是顾及教师的面子问题，二是可能这样更容易发稿。当然也有一部分老师与学生关系相当"和谐"，为了"帮助"学生，在发表文章时将学生的名一并署上；还存在一种情况就是导师将自己的课题分配给学生撰写一部分，而分配之后几乎完全是学生自己组织材料开展研究，但由于课题的主持人是导师，在署名时也需要有所考虑，从而自觉不自觉地导致"搭顺风车"现象。有学者搞过调查，"在问及'未经他人如导师许可不当使用其署名'问题时，认为很普遍的占

① 劳俊华、段利强：《研究生学术规范素养的调查与思考》，《学位与研究生教育》2006年第10期。

5.70%，比较普遍的占9.27%，不太普遍的占25.51%"①。

其四，伪造篡改是最为无耻的学术道德失范。有些学生不愿意严格按照科学规范做实验、搞研究，为了达到学术要求，往往伪造或任意修改实验数据，变更实验程序，这种情况实际上是恶意侵吞别人成果，属于最无耻的学术道德失范。"调查结果显示，'伪造或篡改实验、调研、统计数据等'行为在校园中经常发生的频率达9.2%，有时发生的频率高达25.0%。"② 根据笔者对地方省属院校的调研，省属L院校理工科硕士生中，曾经做过伪造或篡改数据，或曾萌发过这种想法的高达78.5%。有些所谓的"科学实验成果"只能在实验室里产生，无法在实践生活中变成现实，因为这种实验数据早已经注入水分。毋庸置疑，任何论文都有一定的写作逻辑，这种伪造篡改数据的情况往往借用了别人的写作逻辑，或者照搬了别人的思维成果，根本没有进行过相关思考与调研，与临摹样本相区别的只能是人家在调研基础上形成的客观数据。而这种伪造与篡改，不仅是强奸了别人的思维逻辑，而且也抹杀了别人的付出。

其五，一稿多投是最为无奈的学术道德失范。尽管一稿多投是违反学术道德的行为，但面对学校要求发表论文的压力，有些学生为了提高发表的概率，还是比较无奈地选择了直接一稿多投或者变相一稿多投。"一些研究生在投稿过程中未能遵从学术成果发布的相关要求，反而认为'一稿多投'能提高效益，节省时间，甚至变着法子进行一稿多投：一方面，他们将同一篇稿件投往可能被录用的各种学术刊物，以期'大面积撒网，重点收获'；另一方面，他们将同一篇学术论文略加改头换面又拼凑成新的论文，投给不同的期刊；更有甚者，把相同的数据用不同的排列组合或不同表现方式变成多篇论文，巧妙

---

① 郭玉珍、李久贤：《研究生学术道德与学术规范现状探究》，《东南大学学报》（哲学社会科学版）2012年第2期。

② 朱华、左志香、朱华杰：《我国研究生学术道德失范的表现及影响因素分析》，《思想教育研究》2012年第11期。

伪装后进行投稿，或是把中文发表的论文再翻译成英文去发表。"①
在杜金玉的调查中，"在问及'在你的学术论文发表过程中，是否有
一稿多投的行为'，有61%的人承认有过并且是三次以上。在'你的
同学在论文发表过程中一稿多投的现象普遍吗'，有90.3%的人都肯
定这种现象很普遍，如此类现象的行为不逐一列举。可见，研究生的
学术研究行为已经对学术道德构成了严重的威胁"②。

2. 主要原因

正如前面我们论及硕士研究生学术道德的特征时所指出的，它至
少包括硕士研究生对学术道德的主观认识和学术道德评价两个方面的
内容。硕士研究生对学术道德的主观认识受制于他们自身的水平与需
要。目前，在地方省属院校中，硕士研究生的生源质量堪忧，非本科
生、往届生和在职生占大部分甚至绝大部分，他们一方面存在起点低
的问题，另一方面则是时间少，将硕士研究生学习视为工作之余的
事，严重影响到他们的学术道德发展与提升。从总体上看，硕士研究
生在学术道德方面存在的问题是多样的，原因也是多层次的，既有学
校的因素也有社会的因素，既与教育理念有关，也与教育体制联系密
切。究其主要原因，笔者认为主要有以下几点：

其一，教育理念偏差，存在重知识轻道德的现象。从管理研究生
的国家规范文件来看，《中华人民共和国学位条例》的内容对研究生
的学术能力做出了具体的规定，但是对于研究生的学术道德却没有具
体的要求和规定。2004 年教育部颁发的《关于加强学术道德的若干
意见》虽然有具体的规定和措施，但是得不到具体的落实。教育方面
的规范文件缺失或缺失操作性，自然影响了教育理念。唐纳德·肯尼
迪在《学术责任》一书中说："我觉得我们在培养年轻的学术接班人
时偏重于他们各自的学术领域，却忽视了那些让他们成为成功的负责

---

① 黄富峰、宗传军、马晓辉：《研究生学术道德培育研究》，中国社会科学出版社
2012 年版，第 12 页。

② 杜金玉：《研究生学术道德现状调查与问题研究》，西南大学，硕士学位论文，
2010 年，第 18 页。

任的学术公民所必需的其他知识和技能。"① 其实，从小学到初中、高中、大学直至研究生，我们国家比较重视学生的品德教育，但是，这种教育是比较宽泛的，针对性不是很强。尤其在研究生层面，针对学术道德这方面的教育基本没有。有学者认为，我国高校在学术道德教育方面与国外相比，偏重外在化，忽视内在化。"我国高校重外在化，美国高校重内在化。我国高校科研道德教育中常用说服法、灌输法等，学生遵守规范不是出于道德需要，而是迫于外界压力，缺乏道德行为的自觉性和行为主体的责任感；美国高校科研道德教育重视'心灵教育'和'感性教育'，通过调动学生科研道德实践的自主性和积极性，使学生的道德行为成为自觉自愿的行为。"② 正是基于此，目前高校开展学术道德教育成为短板，据相关调查显示，"有22.4%的研究生认为学校能够全面开展学术道德和学术规范教育，71.8%的研究生认为学校的学术道德和学术规范教育是通过相关活动或者课堂展开的，另有5.8%的研究生选择了'不很了解'。在关于研究生学术道德和学术规范教育氛围的调查中，有37.6%的研究生认为自己所在学校形成了浓厚的研究生学术道德和学术规范教育氛围，42.8%的研究生认为学校没有形成研究生学术道德和学术规范教育氛围，另有19.6%的研究生选择了'不很了解'"③。根据对地方省属L大学的粗略调研，各个二级学院虽然也开设了学术道德课程，但是这种课程大多没有得到学生的足够重视，80%以上的学生仅将其作为修学分的必需，而不是为了遵循学术规范；一部分学院设置这类课程相当程度上也只是为了完备课程体系，甚至一些开课老师本身就有一些学术失范问题。

其二，评价体系不完善，易造成学术道德失范空档。在硕士生学术创作的监管过程中惩戒力度不够，违反学术道德的成本较低。在硕

---

① 唐纳德·肯尼迪：《学术责任》，新华出版社2002年版，第4页。

② 李祖超：《中美高校科研道德教育的比较与借鉴》，《高等教育研究》2007年第9期。

③ 王沙骋：《研究生学术道德和学术规范教育的长效机制研究》，《思想教育研究》2011年第1期。

士生评价方面，许多高校强调结果而忽视过程，以发表论文数量作为主要依据，至于论文撰写过程以及论文质量，一般考虑甚少。"从评价的方法来看，表现在重视论文的数量，忽视论文的质量。许多高校都明确规定研究生必须发表多少数量的论文才能顺利通过毕业，同时也把发表论文的数量作为研究生评奖的主要依据，而关于论文的质量怎样却并未做任何要求和查实。"① 在这种评价体系的导引下，不少高校的硕士生盲目追求论文数量，为了追求数量不仅忽视质量问题，甚至出现一稿多投和一稿多发现象。面对这一有违学术道德的现实，不少高校采取置之不理的态度或无可奈何的处理方式。客观地讲，从目前我国的研究生教育现状来看，有关违反学术道德的惩戒制度可以说是比较健全的，但制度的执行力不够，因违反学术道德受到惩戒的学生少之又少。郭德侠的调查显示："学生因平时做论文作业时存在抄袭行为而受到过严厉处分的比例只占4.0%。"② 由于学校对于违反学术道德缺乏有效监管与惩处，客观上纵容了学生在违背学术道德的道路上渐行渐远，甚至在逐利与省心双重心理作用下，不少地方院校的硕士生连自己做假也不做了，而是直接雇佣"枪手"，造成更为严重的学术道德失范结果。制度得不到有效执行，有制度过于严格的原因，有对学生过于怜爱的原因，也有漠视制度传统的原因。制度存在而不去实施不仅会使制度成为一种摆设，也会巩固和强化漠视制度的传统，使制度的权威性与有效性不断减损，制度规范的约束力大打折扣。另外，从研究生学术道德监控机制来看，表面上多方管理的机构和人员已经存在，学术道德的管理和推进正在展开。但实际上研究生工作部门对研究生管理侧重的是宏观管理和专门的业务管理，至于研究生个体的学术道德问题的特殊性，根本无法深入展开有针对性的学术道德管理；作为硕士生导师关心的问题虽然集中在学术论文方面，但"放羊式"的带学生加上本身教研任务的压力，以及学术道德失

---

① 杜金玉：《研究生学术道德现状调查与问题研究》，西南大学，硕士学位论文，2010 年，第 24—25 页。

② 郭德侠：《研究生学术道德失范与制度构建》，《高教发展与评估》2010 年第 1 期。

范的隐蔽性，使得导师在这方面也"无能为力"。

其三，认识水平不足，缺乏规约自身行为的自觉。从哲学上讲，外因是条件，内因是依据。针对硕士研究生的学术道德自律而言，它是指道德主体赖以行动的道德标准或动机，它不是受外力、外在根据的支配和调节，而是出于主体的道德自觉。不过，个体的自我立法，是运用理性的力量，将外在的社会道德规范内化，转化为自身的道德律令的过程。所以，有的硕士研究生之所以违背学术道德，离不开自身认识问题，而且自身认识不清楚、不到位是更为重要的原因。比如，对待"搭便车"署名的问题。有人对一所"985"工程高校的毕业生搞过调查，在被调查的 127 个对象中，"有 15% 的同学曾在未参与工作的研究成果中署名。而让别人搭便车（即把没有参与实际研究工作的人作为学术作品的作者）的同学则相对较多，占调查对象的 28.4%"[①]。无独有偶，2007 年，围绕"研究生学术道德失范行为"有人作了一些调查，结果不容乐观。"对当前研究生学术道德水平实际情况的一次调查，共设计了六道题目，分别列举了在研究生平时的学术活动过程中经常出现的几种学术道德失范行为，如抄袭、剽窃、篡改实验数据、一稿多投、乱署名等。从得出的数据结果来看，在所有参加实地问卷调查的 126 名研究生当中，仅有 14 人表示从没有过问卷提到的任何学术道德失范行为，占总人数的 11%；其余占总人数 89% 的 112 名研究生都表示曾经有过这样那样、或轻或重的学术道德失范行为。可见，在研究生当中确实存在着严重的学术道德水平下滑现象。"[②] 这些调查结果表明，无论是地方省属院校还是部属院校的硕士生，对于学术失范都普遍存在认识不足或者认识不到位的问题，对有些硕士生来说，要么没有认识到，要么认识到了但认为不严重，要么抱着法不责众的侥幸心理。归根到底，从思想上没有真正把遵守学术道德规范放在重要的位置。

---

① 王林：《研究生学术规范教育的调查研究》，《中国高教研究》2005 年第 10 期。
② 李莹：《研究生学术道德水平提升机制的研究》，长沙理工大学，硕士学位论文，2008 年。

总之，规避地方省属院校硕士生学术道德失范是一项系统工程，应注意多方面联动，尤其是注重如下两个方面：一是规避地方省属院校硕士生学术道德失范，不仅要从这些院校着手，而应将其与部属院校硕士生学术道德的规范管理结合起来，并将部属院校硕士生的学术规范管理放在更突出的位置，以发挥其良好的带头作用。二是就地方省属院校而言，规避学术道德失范也绝对不仅仅是硕士生自己的事，导师、学校、社会乃至家庭等都有责任。只有学校层面加强教育，完善管理，制度层面加强监督、强化约束，导师层面身正示范、做好引领，才能形成规约硕士生学术道德的合力，有效提升他们的学术道德水平。

（二）地方省属高校学术道德问题与原因的个案透视

针对高校研究生学术道德的一般分析，我们对 L 高校一年级硕士研究生开展了一次调查分析，针对的对象是一年级下学期的硕士研究生，包括两大类即专业类和学术类。为了方便分析，我们借助了网络设计的问卷，且在两类硕士研究生中运用的问卷是一致的。

1. 借助网络形成的问卷形式原稿

高校硕士研究生一年级第二学期学术道德现状调查问卷

亲爱的同学：

您好！为了全面掌握我校乃至地方省属院校硕士研究生学术道德状况，我们借助网络设计了 50 道有关学术道德的问题，利用课堂时间进行一次全面调研，请您据实回答。我们郑重承诺，以下调查仅用于学术及教育研究，不涉及商业用途，调查结果只做团体性分析，不做任何个别呈现。

说明：

【 　 】填每一问题回答的总人数

（ 　 ）选择某一选项的实际人数

1. 您是否了解教育部颁布的《关于加强学术道德建设的若干意见》？【 　 】

A. 没听说过（　　）

B. 了解（　　）

C. 不关心此事（　　）

2. 您所在的学校是否制定了关于学术道德建设的相关文件及通知？【　　】

A. 是，并阅读过相关通知（　　）

B. 是，但没有了解具体内容（　　）

C. 否（　　）

3. 您是否了解什么是学术规范？【　　】

A. 非常了解（　　）

B. 有些了解（　　）

C. 不了解（　　）

4. 您是否了解什么是学术失范行为？【　　】

A. 非常了解（　　）

B. 有些了解（　　）

C. 不了解（　　）

5. 您认为了解研究生学术道德规范对研究生是否重要？【　　】

A. 非常重要（　　）

B. 一般（　　）

C. 不重要（　　）

6. 您主要通过什么途径了解学术规范？（可多选）【　　】

A. 上过相关的课程（　　）

B. 通过讲座或学术报告了解（　　）

C. 老师在平时课上会提到相关内容（　　）

D. 通过看论文和相关文件了解（　　）

E. 上网看报道了解（　　）

7. 您目前最想了解学术规范的哪些部分？（可多选）【　　】

A. 论文写作格式等内容（　　）

B. 相关法律、政策、规范的内容（　　）

C. 关于处罚的规定（　　）

D. 相关案例分析（　　）

8. 您认为了解研究规范对于研究生的主要意义是？（可多选）
【　　】

A. 规范自己的研究和论文写作（　　）

B. 提升自己的学术道德修养（　　）

C. 摒弃学术不端行为，营造良好的学术环境（　　）

D. 没有什么意义（　　）

9. 您在学习（研究）过程中是否有伪造或篡改实验数据？【　　】

A. 没有过该行为（　　）

B. 有过一次、两次（　　）

C. 有过三次或三次以上（　　）

10. 您是否有过一稿两投或一稿多投的经历？【　　】

A. 没有过该行为（　　）

B. 有过一次、两次（　　）

C. 有过三次或三次以上（　　）

11. 您是否有过论文署名中"搭便车"的经历？【　　】

A. 没有过该行为（　　）

B. 有过一次、两次（　　）

C. 有过三次或三次以上（　　）

12. 您是否有过请人代写论文或为别人代写论文的经历？【　　】

A. 没有过该行为（　　）

B. 有过一次、两次（　　）

C. 有过三次或三次以上（　　）

13. 您是否有过把转引的文献资料改为直接引用，列表虚假参考
文献的经历？【　　】

A. 没有过该行为（　　）

B. 有过一次、两次（　　）

C. 有过三次或三次以上（　　）

14. 您是否有过引用他人成果（包括句子、段落、图表、数据），
而未注明来源的经历？【　　】

A. 没有过该行为（　　）

B. 有过一次、两次（　　）

C. 有过三次或三次以上（　　）

15. 您身边的同学是否存在剽窃、抄袭他人研究成果的行为？【　　】

A. 没有（　　）

B. 有，但很少（　　）

C. 普遍（　　）

16. 您对"天下文章一大抄，只在会抄不会抄"的看法？【　　】

A. 赞成（　　）

B. 无所谓（　　）

C. 不赞成（　　）

17. 如果您身边学术不正之风盛行，您是否会随波逐流？【　　】

A. 不会（　　）

B. 可能会（　　）

C. 一定会（　　）

18. 您对于按时毕业而在论文中有部分违反学术道德的行为，您的态度是？【　　】

A. 赞成（　　）

B. 可以理解（　　）

C. 不赞成（　　）

19. 对于为了获得奖学金或评优而在论文中有部分违反学术道德的行为，您的态度是？【　　】

A. 赞成（　　）

B. 可以理解（　　）

C. 不赞成（　　）

20. 对于为了增加就业竞争力而在论文中有部分违反学术道德的行为，您的态度是？【　　】

A. 赞成（　　）

B. 可以理解（　　）

C. 不赞成（　　）

21. 对于自身科研能力不足，自己不会写而在论文中有部分违反学术道德的行为，您的态度是？【　　】

A. 赞成（　　）

B. 可以理解（　　）

C. 不赞成（　　）

22. 有学校规定硕士研究生必须在指定等级刊物上发表相应文章才允许答辩，您的态度是？【　　】

A. 赞成（　　）

B. 可以理解（　　）

C. 不赞成（　　）

23. 您认为发表论文数量及刊物级别是否可以评定一个研究生的学习成果？【　　】

A. 完全可以（　　）

B. 可以，但不是全部（　　）

C. 完全不可以（　　）

24. 您认为学校对发表论文数量的要求是否对学术失范产生影响？【　　】

A. 没有影响（　　）

B. 有一些影响（　　）

C. 非常影响（　　）

25. 您认为开题、答辩、盲审是否流于形式？【　　】

A. 否（　　）

B. 是（　　）

C. 不知道（　　）

26. 某大学已毕业的一位研究生因其学位论文被发现有抄袭现象而被取消了学位，您对此事件的看法是？【　　】

A. 处罚过重（　　）

B. 处罚合理（　　）

C. 对于已经毕业的学生，学校无权进行处理（　　）

27. 您认为导师在您的学术道德中的表率作用如何？【　】

A. 不好（　）

B. 比较好（　）

C. 一般（　）

D. 很难说（　）

28. 如果您发表文章，导师没有参与任何研究与指导而署名第一作者的情况？【　】

A. 导师每次都署名第一作者（　）

B. 导师偶尔署名第一作者（　）

C. 从来没有（　）

29. 您的导师对您是否有过学术道德方面的指导？【　】

A. 从来没有（　）

B. 有（　）

30. 您认为导师指导研究生的数量是否影响研究生失范行为？【　】

A. 没有影响（　）

B. 一般（　）

C. 很影响（　）

31. 您认为研究生扩招是否影响研究生质量从而导致学术道德滑坡？【　】

A. 没有影响（　）

B. 一般（　）

C. 很大影响（　）

32. 在您的研究生课程中，是否开设有学术道德教育课程（诸如论文写作中的引文规范、注释规范等）？【　】

A. 有（　）

B. 没有（　）

33. 如果学校开设学术道德教育的选修课程，您会？【　】

A. 肯定不去（　）

B. 没事就去听听（　）

C. 很愿意选修（　　）

34. 您认为是否有必要针对学术道德进行专门教育？【　　】

A. 不必要（　　）

B. 必要（　　）

35. 您觉得在学术论文的写作中，如果存在学术不端行为，是否很容易被导师或期刊编辑察觉？【　　】

A. 很容易（　　）

B. 只要不十分明显就不容易（　　）

C. 不容易（　　）

36. 您是否了解被称为学术"测谎仪"的"学位论文学术不端行为检测系统"和"科技期刊学术不端文献检测系统"？【　　】

A. 非常了解（　　）

B. 有些了解（　　）

C. 不了解（　　）

37. 您在平时的学习和科研过程中是否有学术规范的意识？【　　】

A. 总是有（　　）

B. 多数时候有（　　）

C. 偶尔注意（　　）

D. 没有（　　）

38. 您如果发现您自己的文章被人剽窃了，您会感到？【　　】

A. 十分愤怒（　　）

B. 有点生气（　　）

C. 无所谓（　　）

39. 您如果发现您自己的文章被人剽窃了，您会采取什么措施？【　　】

A. 私下谴责对方的行为，没有其他行动（　　）

B. 联系对方，要求对方道歉（　　）

C. 向对方所在单位举报这一情况（　　）

D. 向媒体透露这一情况（　　）

40. 您发现老师或同学有违反学术规范的行为，您会感到？【　　】

A. 十分愤怒 （ ）

B. 有点生气 （ ）

C. 无所谓 （ ）

41. 您发现老师或同学有违反学术规范的行为会怎么做？【 】

A. 装作没发现此事，不跟任何人提起 （ ）

B. 私下跟同学讲讲，但不举报 （ ）

C. 向院系或学校举报这一情况 （ ）

D. 向媒体透露这一情况 （ ）

42. 近一年来，媒体对学术不端行为非常关注，您对此怎么看？
【 】

A. 这是媒体在炒作新闻 （ ）

B. 这是媒体在发挥监督作用，应该支持 （ ）

C. 媒体的关注会造成舆论压力，对不端行为形成威慑 （ ）

D. 媒体的关注有时会影响事件的正常调查和处理 （ ）

43. 您认为造成研究生学术道德失范行为的主要原因是什么？
（可多选）【 】

A. 急功近利的社会不良风气与社会竞争压力 （ ）

B. 研究生评价体系、管理体系以及惩罚机制不健全、不合理
（ ）

C. 学校学风环境以及学校德育教育力度不够 （ ）

D. 导师自身学术道德失范行为的影响 （ ）

E. 研究生自身缺乏道德自律以及科研能力不足 （ ）

44. 您认为如何才能更好地形成良好的社会风气，引导研究生树
立正确的学术道德价值观？【 】

A. 充分利用舆论导向，宣传有益的学术道德行为 （ ）

B. 社会应该调整就业结构，减少就业压力 （ ）

C. 国家应加大对研究生教育阶段的经费投入 （ ）

45. 您认为高校应加强哪方面制度体系更有利于良好学术道德的
形成？【 】

A. 研究生评价体系 （ ）

B. 研究生管理体系（　　）

C. 学术惩戒制度（　　）

46. 您最欣赏什么类型的导师？【　　】

A. 学术水平高，专业知识和能力强（　　）

B. 经济收益高，课题项目多（　　）

C. 与人为善，关怀备至（　　）

47. 您认为什么样的校园文化最有益于促进学术道德建设？【　　】

A. 勇于探索，开拓创新（　　）

B. 态度严谨，科学唯物（　　）

C. 艰苦奋斗，乐于奉献（　　）

48. 您认为学术"测谎仪"技术的推广使用，是否能有效遏制或改变"学术不端"之风？【　　】

A. 非常有效（　　）

B. 有些效果（　　）

C. 没有效果（　　）

49. 您认为通过以下哪种方式更深入具体了解学术规范，效果更好？【　　】

A. 开设相关课程（　　）

B. 讲座或学术报告（　　）

C. 由学校制作并发放相关资料（　　）

D. 自己搜集相关信息（　　）

50. 您攻读研究生的目的？（可多选）【　　】

A. 致力于科学研究（　　）

B. 暂时避免就业压力（　　）

2. 专业类硕士研究生调研情况分析

结合专业类硕士研究生的实际调查结果与上述内容，我们利用课堂调研，对一年级下学期的 84 名教育硕士研究生开展了学术道德调研活动。调研情况可从如下几方面进行分析：

第一，关于了解学术规范的情况。研一教育硕士关于学术规范的了解还不清楚或者至少是不十分清楚。从调研的题目看，表现为两个方面：一是对关于学术道德的规范文件不清楚。如当问及"您是否了解教育部颁布的《关于加强学术道德建设的若干意见》"时，有68位同学回答"没有听说过"；问及"您所在的学校是否制定了关于学术道德建设的相关文件及通知"时，有30名同学回答"是，但没有了解具体内容"。专业类硕士研究生对于学术道德的规范文件了解不够，更谈不上对文件精神的理解了。二是对学术道德规范的界定不清楚。如当问及"您是否了解什么是学术规范""您是否了解什么是学术失范行为"时，各有37名同学回答"有些了解"。这说明，一年级专业类硕士研究生对何谓学术道德规范、何谓学术道德失落以及二者的边界并不清楚，认识不清自然会影响实践活动。

　　第二，关于学术道德失范的原因。地方省属院校硕士研究生学术道德失范的原因是多方面的，从调研情况看，专业类硕士研究生学术道德失范的原因有主观与客观两个方面：一是主观方面，对学术道德失范的重视度不够，认识不清楚。如当问及"您是否有过引用他人成果（包括句子、段落、图表、数据），而未注明来源的经历"时，有29名学生回答"有过一次、两次"；当问及"您对'天下文章一大抄，只在会抄不会抄'的看法"时，37名学生回答"赞成"；当问及"如果您身边学术不正之风盛行，您是否会随波逐流"时，43名学生回答"可能会"；当问及"您对于按时毕业而在论文中有部分违反学术道德的行为，您的态度是"时，37名学生回答"可以理解"。这说明，专业类硕士研究生对于学术道德的关注度不够，主动抵制学术腐败的自觉性比较弱。二是客观方面，学术道德教育不够或不系统。如当问及"您主要通过什么途径了解学术规范"时，0名学生回答"上过相关的课程"，34名学生回答"通过讲座或学术报告了解"，36名学生回答"老师在平时课上会提到相关内容"；当问及"您是否有过论文署名中'搭便车'的经历"时，竟然有半数以上的学生对何谓"搭便车"一无所不知。这说明，至少在一年级专业硕士研究生中，还没有系统开设与学术道德相关的课程，学生没有接受过系统的学术道德教育。

第三，关于对待学术道德失范的态度。地方省属院校硕士研究生对于学术道德失范问题的态度是模糊的，主要是利益问题。当涉及自身利益时态度明确，否则本着事不关己，高高挂起的态度。所以，呈现态度的双重性特点：一是对涉及自身利益的学术道德失范行为态度明确，如当问及"您如果发现您自己的文章被人剽窃了，您会感到"时，三个选项中，16 名学生回答"十分愤怒"，4 名学生回答"有点生气"，仅 2 名回答"无所谓"；当问及"您如果发现您自己的文章被人剽窃了，您会采取什么措施"时，四个选项中，7 名学生选择"私下谴责对方的行为，没有其他行动"；11 名学生选择"联系对方，要求对方道歉"；1 名学生选择"向对方所在单位举报这一情况"；没有人选择"向媒体透露这一情况"。二是对不涉及自身利益的学术道德失范行为采取容忍或无所谓的态度。如当问及"您发现老师或同学有违反学术规范的行为，您会感到"时，三个选项中，有 0 名学生回答"十分愤怒"，13 名学生回答"有点生气"，12 名学生回答"无所谓"；当问及"您发现老师或同学有违反学术规范的行为会怎么做"时，有 3 名学生回答"装作没发现此事，不跟任何人提起"，19 名同学回答"私下跟同学讲讲，但不举报"，没有人选择"向院系或学校举报这一情况"或"向媒体透露这一情况"。

第四，关于如何规范学术道德的策略。对于如何规范学术道德，提升学术能力问题，地方省属院校专业类硕士研究生大致认为需要从以下方面着手：一是导师应发挥示范作用。如在对"您最欣赏什么类型的导师"的调研中，有 24 名学生选择了"学术水平高，专业知识和能力强"，8 名学生选择了"经济收益高，课题项目多"，11 名学生选择了"与人为善，关怀备至"；当问及"您认为导师在您的学术道德中的表率作用如何"时，有 28 名学生认为是"比较好"。二是开设相关学术道德课程。如当问及"如果学校开设学术道德教育的选修课程，您会"时，42 名学生选择了"没事就去听听"；当问及"您认为是否有必要针对学术道德进行专门教育"时，24 名学生选择了"必要"。三是加强学术道德监控。如当问及"近一年来，媒体对学术不端行为非常关注，您对此怎么看"时，23 名学生回答"这是媒体在发挥监督作用，应该支持"或"媒体的关注会造成舆论压力，对不端行为形成威慑"。四是完善学术评判机制。如当问及"您认为高校应加强哪方面制度体系更有利于良好学术道德的形成"时，20名学生选择了"研究生评价体系""研究生管理体系""学术惩戒制度"。五是学术环境的培育。相关问题涉及校园环境建设和社会风气方面，相当多的硕士研究生认为进一步优化育人环境和社会风气，对于提升学术道德修养有重要意义。

3. 学术类硕士研究生调研情况分析

结合学术类硕士研究生的实际调查结果与上述内容，我们利用课堂调研，对一年级下学期 96 名硕士研究生开展了学术道德调研活动。按照同样的逻辑，学术类研究生的情况如下：

第一，关于了解学术规范的情况。研一学术硕士关于学术规范的了解既清晰又模糊。清晰的是，普遍认识到学术规范对研究生的重要性，如当问及"您认为了解研究生学术道德规范对研究生是否重要"时，有 78 人选择了"非常重要"选项。同时，与专业硕士研究生一样，其对学术规范文件与边界不太清楚。一是对学术道德的规范文件不清楚。如当问及"您是否了解教育部颁布的《关于加强学术道德建设的若干意见》"时，有 73 位同学回答"没有听说过"；当问及"您所在的学校是否制定了关于学术道德建设的相关文件及通知"时，有 55 名同学回答"是，但没有了解具体内容"。学术类硕士研究生对学术道德的规范文件了解不够，更谈不上对文件精神的理解了。二是对学术道德规范的界定不清楚。如当问及"您是否了解什么是学术规范"时，有 54 名同学回答"有些了解"。当问及"您是否了解什么是学术失范行为"时，有 57 名同学回答"有些了解"。

第二，关于学术道德失范的原因。从主客观原因分析学术类硕士研究生学术道德失范的原因，大致与专业类硕士研究生相同。一是主观方面，对学术道德失范重视度不够。如当问及"您是否有过引用他人成果（包括句子、段落、图表、数据），而未注明来源的经历"时，有 38 名学生回答"有过一次、两次"；当问及"您对'天下文章一大抄，只在会抄不会抄'的看法"时，有 7 名学生回答"赞成"，有 30 人表达"不赞成"；当问及"如果您身边学术不正之风盛行，您是否会随波逐流"时，有 18 名回答"不会"，有 36 名学生回答"可能会"。以上两点与专业类有较大差别，表明学术类硕士研究生的学术自觉要高一些。但是，当问及"您对于按时毕业而在论文中有部分违反学术道德的行为，您的态度是"时，仍有 44 名学生回答"可以理解"，表明学术类硕士研究生关于学术道德问题的矛盾心态仍然存在。二是客观方面，学术道德教育不够或不系统。如当问及"您主要通过什么途径了解学术规范？"，12 名学生回答"上过相关的课程"，46 名学生回答"通过讲座或学术报告了解"，56 名学生回答"老师在平时课上会提到相关内容"；当问及"您是否有过论文署名中'搭便车'的经历"时，有 6 名学生选择了"有过一次、两次"。这说明，学术类硕士研究生学术道德的习得，主要还是通过教师不系统地提及，专门教育课程的开设仍不足。

第三，关于对待学术道德失范的态度。同专业类硕士研究生一样，学术类硕士研究生对学术道德的态度也呈现双重性特点：一是对涉及自身利益的学术道德失范行为态度明确，如当问及"您如果发现您自己的文章被人剽窃了，您会感到"时，三个选项中，38 名学生回答"十分愤怒"，12 名学生回答"有点生气"，仅 3 名回答"无所谓"；当问及"您如果发现您自己的文章被人剽窃了，您会采取什么措施"时，四个选项中，7 名学生选择"私下谴责对方的行为，没有其他行动"，13 名学生选择"联系对方，要求对方道歉"，16 名学生选择"向对方所在单位举报这一情况"，1 人选择"向媒体透露这一情况"。二是对不涉及自身利益的学术道德失范行为采取容忍或无所谓的态度。如当问及"您发现老师或同学有违反学术规范的行为，您会感到"时，三个选项中，有 2 名学生回答"十分愤怒"，15 名学生回答"有点生气"，21 名学生回答"无所谓"；当问及"发现老师或同学有违反学术规范的行为会怎么做"时，有 20 名学生回答"装作没发现此事，不跟任何人提起"，17 名同学回答"私下跟同学讲讲，但不举报"，没有人选择"向院系或学校举报这一情况"或"向媒体透露这一情况"。对比分析，学术类硕士研究生在维权意识和维权行为方面表现得更突出些，但对无关自身的学术失范行为同样报以无所谓的态度。

第四，关于如何规范学术道德的策略。对于如何规范学术道德，提升学术能力问题，地方省属院校学术类硕士研究生大致认为需要从以下方面着手：一是导师应发挥示范作用。如在对"您最欣赏什么类型的导师"的调研中，有35名学生选择了"学术水平高，专业知识和能力强"，5名学生选择了"经济收益高，课题项目多"，22名学生选择了"与人为善，关怀备至"；当问及"您认为导师在您的学术道德中的表率作用如何"时，有57名学生认为是"比较好"。二是开设相关学术道德课程。如当问及"如果学校开设学术道德教育的选修课程，您会"时，49名学生选择了"没事就去听听"；当问及"您认为是否有必要针对学术道德进行专门教育"时，29名学生选择了"必要"。三是加强学术道德监控。如当问及"近一年来，媒体对学术不端行为非常关注，您对此怎么看"时，48名学生回答"这是媒体在发挥监督作用，应该支持"或"媒体的关注会造成舆论压力，对不端行为形成威慑"。四是完善学术评判机制。如当问及"您认为高校应加强哪方面制度体系更有利于良好学术道德的形成"时，36名学生选择了"研究生评价体系""研究生管理体系""学术惩戒制度"。五是学术环境的培育。因为当问及"您认为造成研究生学术道德失范行为的主要原因是什么"时，有47人选择了"急功近利的社会不良风气与社会竞争压力"。从学术道德建设的角度考虑，优化校园环境建设和社会风气十分重要。

通过学术道德调查发现，地方省属院校专业类与学术类硕士研究生在对待学术道德的态度方面基本一致，在接受学术道德教育方面的缺失性都较为突出，学术道德教育呈现出碎片化而非系统化的态势，整体情况令人担忧。

三　地方省属院校提升硕士研究生学术道德的策略

硕士研究生学术道德提升是一项系统工程。这主要体现在两个方面：一是提升学术道德不能仅从学术道德本身着手，应多方面联动；二是学术道德的提升绝对不仅仅是硕士研究生自己的事，导师、学校、社会乃至家庭等都有责任。具体来讲，学校层面，要加强教育、完善管理；制度层面，要加强监督、强化约束；导师层面，要身正示范、做好引领。只有形成合力，才能从根本上提升硕士研究生的学术道德水平。

（一）学校层面：加强教育，完善管理

学校是育人的地方，对硕士研究生加强教育和管理，是义不容辞的责任。地方省属院校硕士研究生加强学术道德教育和管理，必须立足实际，从静态和动态两个层面入手。在静态方面，主要体现为课程设置、规则设计。在动态层面，主要体现为研究生教学、实践、论文撰写与论文答辩等过程中的教育与监管。

1. 静态层面：设置专门课程与加强规则设计

第一，设置专门课程。从目前我国研究生教育的现状来看，除了必修的思想道德教育之外，专门针对硕士研究生的学术道德教育课程基本没有。"在我国的研究生道德教育中，研究生学术道德修养还没有得到应有的强化，至今还没有广泛开设专门的研究生学术道德教育课程就是一个例证。"[1] 尽管如此，国内还有部分学校开设了相对专业的学术道德教育课程。比如，北京大学就以"才斋讲堂"的形式对硕士研究生进行学术道德教育。"为提高研究生的学术素养和科学精神，学校研究生院从 2010 年秋季起，开设'研究生科学精神与学科素养'公共课程（也称'才斋讲堂'），每学期邀请不同学科领域

---

① 黄富峰、宗传军、马晓辉：《研究生学术道德培育研究》，中国社会科学出版社2012 年版，第 194 页。

的知名学者，举行 10 次学术报告，截至 2011 年 12 月已累计组织 30 讲。"① 但是，国内省属院校之中，这种专设学术道德教育课的情况却十分罕见。与国内形成鲜明对比的是，国外大学非常注重学生的学术道德教育，从本科生就开始培养学生的学术道德意识。"国外很多大学都非常重视在新生入学第一时间进行学术规范教育。在美国，许多高校都利用《新生手册》进行新生学术诚信教育，如哈佛大学在新生入学时会发放《哈佛学习生活指南》，在第一时间就告知学生学术不端行为会受到惩罚；在普林斯顿大学，新生报到时需在《荣誉守则》上署名并承诺信守，否则不得注册入学；宾夕法尼亚大学、阿尔伯特大学等高校每年秋季开学都要举行一次'学术诚信周'活动，督促新生签署保证书时阅读并理解学术诚信条例。"② 而且，国外也有许多大学把研究生学术道德教育作为专门的必修课程。"美国高校历来重视正规的负责任教育的重要性，将《科研伦理入门——ORI 介绍负责任研究行为》《怎样当一名科学家》《科学研究中的负责行为》《科研道德：倡导负责行为》等著作中有关科学研究的规章制度、行为指南及负责任研究行为的职业惯例介绍给学生，用以加强学生自身的道德建设。"③ 比较有代表性的著作是保罗·奥利弗的《学术道德学生读本》，这本著作对研究生学术道德教育的内容作了比较系统的归类，主要包括九个方面的问题：道德与研究、研究开始前的道德问题、研究进行中的道德问题、资料收集完成后的道德问题、回答人的隐私与资料使用上的限制、研究情境差异、研究经费与资助、研究的出版与发布、研究者的角色。这九个方面的内容，涵盖了研究过程的主要方面，能够让学生比较充分地意识到，学术研究不仅注重学术性、专业性，更要注重学术工作的道德性。实践证明，在研究生期间对硕士研究生开设专门的学术道德教育课程，对硕士研究生学术道德

---

① 何峰、贾爱英、郭蕾：《研究生学术道德规范教育体系的探索与实践——以北京大学为例》，《学位与研究生教育》2012 年第 5 期。

② 李文凯：《国外高校学术诚信教育及启示》，《中国教育报》2003 年 12 月 20 日。

③ 李祖超：《中美高校科研道德教育的比较与借鉴》，《高等教育研究》2007 年第 9 期。

观念的形成及其提高具有非常重要的作用。

研究生学术道德专门课程设置要充分考虑学术道德的特殊性，尤其是考虑省属高校自身的层次、在校研究生学术道德状况，不能为了教育而教育，而应当确保实际教育效果。在具体实践中要注意以下几点：

其一，教学内容的科学性与新颖性相结合。从国内外学术道德教育的实际出发，国内高校研究生学术道德教育应广泛借鉴国外成熟的做法和经验，注重向国外相关高校学习、借鉴。在此过程中，不同高校要根据自身实际情况进行消化吸收，防止食洋不化。从国内高中层次高校的实际出发，硕士研究生学术道德教育应分类分层进行，在强调部属院校研究生学术道德教育的同时，地方省属高校硕士研究生的学术道德教育也要跟上。与此同时，学术道德教育要与时俱进，关注硕士研究生因社会的变化而在思想上发生的改变，在教学内容安排上要及时推陈出新，紧跟时代步伐，不能一套内容多年不变。

其二，讲授人员的学术水平与人格魅力相结合。在讲授人员的安排上，要突出讲授人员的学术特点，在条件允许的前提下，尽可能地聘请有较深学术造诣的专家学者来授课。在地方省属院校中，承担硕士研究生学术道德课的教师可以是专职人员，也可以是兼职人员。但是，这些教师应当具有较高的学术水平与人格魅力特征。为此，可请一些道德标兵、齐鲁英才、泰山学者等讲授，以充分展现讲授人员的人格魅力。相反，如果讲授学术道德的教师本身在学术道德方面出现问题，就会出现讲授与实践的脱节，就很难起到道德教育的真正作用与目的，甚至适得其反。

其三，教学形式的多样性与针对性相结合。地方省属院校硕士研究生学术道德课程可以进课表，采取系统讲授的方式，也可以不进课表，设置专题讲座、走访调查或社会实践。在采取多样性教学方式的同时，还要注重教学的针对性。面对不同学科、不同专业、不同研究方向的学生，在具体教学过程中可以选取不同的授课内容。比如，针对理科的学生，可以重点讲解实验数据采用方面应该注意的问题。对文科的学生，可以重点讲解文献引用方面应注意的事项。只有增强针对性，才能激发学生的学习兴趣，让学生学以致用，从而达到教育的目的。

第二，加强规则设计。从宏观层面来看，在学术道德建设方面，教育部、科技部等国家职能部门出台了一系列的文件，比如，《关于加强学术道德建设的若干意见》《高等学校哲学社会科学研究学术规范（试行）》《教育部关于树立社会主义荣辱观　进一步加强学术道德建设的意见》《国家科技计划实施中科研不端行为处理办法（试行)》《教育部关于严肃处理高等学校学术不端行为的通知》《国务院学位委员会关于在学位授予工作中加强学术道德和学术规范建设的意见》，等等。这从制度上对学术道德行为进行了制约。尽管如此，在具体落实中，还需要不同的部门、单位根据职责权限制定具体的实施细则，作进一步细化，增强可操作性。比如，北京大学在规则设计方面，就形成了一整套的制度。"北京大学陆续制定和发布了一系列与学术道德规范相关的规章制度，包括《北京大学学术道德规范建设方案》《北京大学学术道德委员会工作办法》《北京大学研究生基本学术规范》《北京大学研究生学位论文的基本要求与书写格式》《北京大学学位论文抽查制度》《北京大学博士学位论文匿名评阅和导师在答辩中回避评议制度的实施原则》等一系列文件，为研究生学术道德规范教育提供了有力的制度保障和政策依据。"① 地方省属院校既应遵循教育部、教育厅等相关管理部门的要求，也应向部属高校和名校看齐，加强自身规则设计以进一步规范硕士研究生的学术道德。具体来说，在规则设计上可以从"强化责任"入手。

其一，强化导师的责任。学高为师，身正示范。一方面，导师要以身作则，恪守师道尊严，模范遵守学术道德规范；另一方面，在硕士研究生学业的指导上要负起责任，在确保研究生学术道德的基础上提升其学术能力。从目前我国硕士研究生教育的现状来看，随着硕士研究生招生规模的逐渐扩大，多数大学尤其是名牌大学，导师所带的

---

① 何峰、贾爱英、郭蕾：《研究生学术道德规范教育体系的探索与实践——以北京大学为例》，《学位与研究生教育》2012 年第 5 期。

研究生数量也逐渐增多，少则二三名，多则七八名，甚至十几名。在地方省属院校中，这种情况基本上集中于二级学院分管领导或一些相对知名的行政官员及学者身上，由于他们有着较为繁忙的事务性工作，在学业指导上的精力非常有限，更谈不上再对学生进行学术道德层面的教育了。为此，学校在进行硕士研究生招生的时候，要考虑导师的数量与学生数量之间的比例，不能盲目扩大招生规模。由于每个导师的自身情况不一，在指导学生的数量上，学校应充分征求和考虑导师的意见，以便让导师有时间和精力来指导学生。在此基础上，应明确导师在硕士研究生学术道德教育方面负有教育、指导的责任，让导师在对学生进行学业指导的过程中强化对学生的学术道德教育，使学生受到潜移默化的影响。为增强导师的责任心，有学者提出要把学生的学术道德情况与导师工作的考核挂起钩来。"学校也可以把学生的学术道德表现纳为导师的考核指标之一，让导师能够充分认识到学术道德建设的重要性，使导师在每位学生身上能投入更多精力，切实制订学生全过程培养计划，包括课程选修、论文选读、实验选取、论文选题，确保学生每个阶段都有实际的目标去对照完成。"①

其二，强化硕士研究生自身的责任。"学术道德素质是指人在先天素质的基础上，通过自身的认识及实践活动，将环境、教育中的学术道德规范和原则，经过亲身体悟、内化而形成的较稳定的心理状态和行为品质。"② 硕士研究生是学术道德的主体，对自己违反学术道德的行为应该负有主要责任。这虽然是普通常识，但在具体实践中，许多学生并没有认识到违反学术道德行为的严重性，也没有这种责任意识。如前面所作的调查中的第 41 题，当同学被问及"您发现老师或同学有违反学术规范的行为会怎么做？"时，综合学术类与专业类硕士研究生的回答，约 93.6% 的同学选择了"装作没发现此事，不

①　倪瑛：《高校研究生学术道德失范及防范探析》，《浙江工业大学学报》（社会科学版）2013 年第 1 期。

②　江新华：《大学德育应重视大学生学术道德素质的培养》，《教育探索》2002 年第 6 期。

跟任何人提起"；3.6%的同学是"私下跟同学讲讲，但不举报"；只有1.7%的同学会"向院系或学校举报这一情况"；另外1.1%的同学会选择"向媒体透露这一情况"。在这样的环境下，许多学生就会淡化学术道德责任意识。为此，学校应该加强对硕士研究生的学术道德责任意识教育，让他们从思想上真正认识到只要违反学术道德就必然会受到惩罚，绝不能有任何侥幸心理。

其三，强化职能管理部门的责任。职能管理部门的主要职责在于监督和管理，而监督和管理的重点就是要建立行之有效的奖惩机制，让模范遵守学术道德的学生得到鼓励、奖赏，让违反学术道德的学生受到惩戒。"要有规范研究生学术活动的监察制度，以快速有效识别研究生学术不端行为。要出台一套切实可行、便于受理学术道德失范的惩罚机制，真正实行学术失范零容忍。处理学术不端行为需要良好的学术氛围，强有力的行政力量和正确的舆论导向作为辅助。当然，需要慎重考虑学术不端处理的尺度，使执行者能真正贯彻执行。"①从目前的实际情况来看，奖赏不够，惩戒更不够。违反学术道德的"成本"太低，这在一定程度上也纵容了违反学术道德的行为。因此，职能部门应该加强这一方面的调查研究，结合上级有关文件精神，切实制定出行之有效的奖惩措施，让硕士研究生不敢违反、不能违反、不愿违反。

2. 动态层面：过程监督与结果监督相结合

培养硕士研究生主要包括教学、实践、论文撰写、答辩四个方面，其中，教学、实践与论文撰写属于事前监督，而论文答辩属于事后监督。这四个方面贯穿硕士研究生培养的全过程。在这一过程中加强硕士研究生的学术道德教育就显得尤为重要。

第一，教学与实践要突出"春风化雨"。在研究生专业教育的过程中，要融入学术道德教育。除了设立专门的学术道德教育课程之外，专业教师在授课过程中还应注意对学生进行学术道德层面的教

---

① 倪瑛：《高校研究生学术道德失范及防范探析》，《浙江工业大学学报》（社会科学版）2013年第1期。

育。比如，可以讲解学者、大师在学术道德方面的事例，可以是正面的，也可以是反面的，让学生在潜移默化中受到影响。

第二，论文撰写要突出"一针见血"。硕士研究生论文是研究生学术道德行为的集中体现，也是检验研究生学术水平的重要标志。在论文撰写过程中，从选题、设计、开题到撰写、定稿，导师要负起责任，强化对论文写作的指导与监督。一旦发现学生有违反学术道德的行为，应旗帜鲜明地加以制止，一针见血地指出存在的主要问题，责令学生加以改正，争取把违反学生道德的苗头消除在萌芽状态。

第三，论文答辩要突出"奖惩有痕"。论文答辩关系到学生能否顺利毕业，绝大多数高校一般都采取比较宽松的态度，只要符合毕业论文的基本要求，都允许通过。甚至对一些严重违反学术道德的论文，只要没有公开的举报也让其通过。这在一定程度上，也助长了学术方面的不正之风。因此，要彻底改变这种状况，在论文答辩的最后一关，评委会成员应负起责任，敢于对违反学术道德的论文说"不"，做到奖惩有痕，让违反学术道德的学生为自己的行为付出代价。

与此同时，整个过程要突出预警反馈，发现问题要及时处理和解决。对此，有学者提出了一些具体的措施。"学校可以聘用一批学术造诣深厚、关注学术道德教育工作的学者作为评估专家，对研究生学术道德教育全过程进行监督、指导和反馈。除了通过座谈会反馈信息外，还可定期以《督导简报》和会议纪要的形式向全校通报学术道德有关信息；要求校学术道德委员会利用'学术不端文献检测系统'审查研究生学术论文；借助校园网建立学术道德专题网站，进行学术道德规范知识的宣传普及。该系统的建立将有效预防研究生学术失范现象的发生，大大降低处罚研究生学术不端行为的执行成本，从外部强制研究生提升自我约束能力。"①

----

① 朱军、姚志刚、张中伟：《ISO9000 视角下研究生学术道德教育的探析》，《中国轻工教育》2014 年第 1 期。

（二）制度层面：强化约束

制度具有根本性、全局性、稳定性和长期性的特征，规范地方省属院校硕士研究生的学术道德，提升其学术能力，关键还是通过制度建设和加强制度执行力，用制度管人管事。从学术道德的规约来看，主要应健全和实施的制度有论文检测制度、匿名评审制度、学术评价制度和违规惩戒制度。

1. 完善论文检测制度

根据《中华人民共和国著作权法实施细则》《互联网著作权行政保护办法》《国务院学位委员会关于在学位授予工作中加强学术道德和学术规范建设的意见》等有关文件精神，许多地方省属院校都结合自身实际，加强了对硕士研究生论文的监督，实行论文检测制度。针对检测出来的不同情况，采取不同的处理方式。比如，聊城大学在2008年就制定了《聊城大学研究生学术道德规范实施细则》（聊大校发〔2008〕46号），对申请学位的所有研究生的学位论文进行检测，包括全日制硕士研究生、同等学力申请硕士学位人员和专业学位研究生。明确规定，学位论文未参加检测的研究生，不得参加答辩。检测共分为三次，根据检测的结果，处理方式也不一样。第一次检测：（1）全文文字重合率小于等于15%且符合学术规范的学位论文，视为通过检测，由研究生和导师根据具体情况分析判断，自行修改，可进行学位论文答辩。（2）全文文字重合率大于15%但小于等于70%的学位论文，视为未通过检测，需对论文进行修改，参加第二次检测。（3）全文文字重合率大于70%的学位论文，推迟半年或一年答辩。第二次检测结果按如下三种办法处理：（1）全文文字重合率小于等于15%且符合学术规范的学位论文，视为通过检测，由研究生和导师根据具体情况分析判断，自行修改，可进行学位论文答辩。（2）全文文字重合率大于15%但小于等于30%的学位论文，视为未通过检测，需对论文进行修改，参加第三次检测。（3）全文文字重合率大于30%的学位论文，推迟半年或一年答辩。第三次检测结果按以下两种办法处理：（1）全文文字重合率小于等于15%且符合学术规范的学位论文，视为通过检测，由研究生和导师根据具体情况分析判断，自行修改，可进行学位论文答辩。（2）全文文字重合率大于15%的学位论文，推迟半年或一年答辩。[①] 总体来看，根据不同检测结果采取不同处理方式是比较可取的。目前，全国许多高校都实行了论文检测，效果也比较明显。但不容忽视的是，这种检测制度还有待进一步深化与完善。比如，全文文字重合的标准是否科学合理？毕业论文与自己已发文章重合如何评判？毕业论文中的引文重合如何评估？等等。这些都是在论文检测实践中出现的具体情况，需要进一步深化和完善。

2. 完善匿名评审制度

一般来说，匿名评审制度能够保证学术评价的客观、公正，杜绝学术不端行为的发生。对硕士论文实行匿名评审，有助于对学生学术水平的公正评价。对此，许多学生是认可的。"对于学位论文是否应实行匿名评审，研究生选择应该的占58.8%、不应该的占16.6%、不知道的占7.7%、无所谓的占16.9%。说明多数研究生不反对匿名评审。"[②] 但是，在实行匿名评审的过程中，也存在一些突出的问题。比如，参加匿名评审的评委名单提前泄露，学生事先通过导师等其他人员与评委打招呼。有些专业即便参加匿名评审的评委不被泄露，但由于专业人员较少，哪些人参加匿名评审，在学术圈内已经成为公开的秘密。又如，高校之间的匿名评审评委都是相互选择，并且形成一定的模式，基本公开化。在这种情况下，匿名评审在一定程度上就成了"公开"评审。又如，学校在选择论文匿名评审人员时较为审慎，一方面考虑他们的学术素养和职称结构，另一方面也要考虑被评审者或学校的感受。所以，通常情况下匿名评审的论文不会被"枪毙"。这样，这种匿名评审的警示功能就会因其自身推动学术评价的公正性而失去了意义。针对这种情

---

① 参见《聊城大学毕业研究生学位论文检测结果处理办法》，http://yjsc. lcu. edu. cn/ShowArticle. asp? ArticleID =1169。

② 劳俊华、段利强：《研究生学术规范素养的调查与思考》，《学位与研究生教育》2006年第10期。

况，有关部门和单位应完善相关的措施，比如实行匿名评审成员的随机抽取等措施，确保匿名评审制度不断完善，发挥应有的作用。

3. 完善学术评价制度

目前，我国硕士研究生分为不同的类型，有学术型硕士与应用型硕士之分，有在职硕士与全日制硕士之别。在一些综合性的地方省属院校中，硕士研究生的这些类型基本上也齐备了。因为硕士研究生的类型不同，基本情况也不一样，在评价上也应该有差别，不能搞"一刀切"。当前，地方省属院校在研究生学术水平评价方面有许多欠妥的地方，不是很合理。比如，有的高校要求硕士研究生上学期间，必须完成两篇学术论文，甚至要求必须有核心期刊上的文章。这种做法就值得商榷。一般来讲，凡是核心期刊，一般省属院校的老师发文都有一些瓶颈，更不用谈这类院校中的硕士研究生了。就是一般性期刊，省属院校的硕士研究生发文都比较困难，很多都需要借力生力，挂上导师的名字。我们在第一章中论及的地方省属高校 L 高校近年来硕士研究生文章发表情况，得出的一个明确结论是发文难，在核心期刊发文更难，甚至某些学院社科类专业有些年景会出现核心期刊发表文章为零的情况。再则，一般期刊审稿期限少则三个月，多则半年，硕士研究生学制一般为三年，有的是两年。如果去除第一学年的基本学习时间，剩余时间就要准备撰写毕业论文。客观来说，发两篇论文的要求对多数同学来讲时间是比较紧张的。"研究生在三年左右的时间里，尤其是硕士研究生，刚刚学习学术研究，要在较短的时间内发表一定数量的学术成果谈何容易?"[1] 除此之外，目前的学术期刊分类问题也值得商榷。"当前我国学术期刊存在核心与非核心之分，部分高校也制订了一级、二级期刊目录。研究生是如何看待这一现象的呢? 48.5% 的研究生认为这是合理的，有利于形成学术研究的竞争氛围，提高学术档次; 17.2% 的研究生认为这种现象不合理; 还有 18.7% 的研究生选择了'不合理且应该取消'。只有不到一半的研究

---

[1] 黄富峰、宗传军、马晓辉:《研究生学术道德培育研究》，中国社会科学出版社 2012 年版，第 20 页。

生认为合理。"① 针对这些存在的问题，有关部门和单位必须改革和完善目前的学术评价制度。有学者指出，"研究生学术评价制度的建立至少应该注意以下几个方面：第一，制度的制定要合理，要不断根据社会的变化，对某些已经不合时宜的制度进行即时的修订。例如，随着硕士研究生学制由三年缩短为两年，其培养目标也发生了一些变化，过去多是培养学术型人才，而当前不少硕士研究生的培养目标是应用型的。在这短短两年时间里，既要完成课程的学习，又要他们发表一定数量的文章，这就给研究生造成相当大的压力。这种规定也容易使得一些研究生在论文的写作过程中出现违规行为。第二，在研究生的各种考评中，要以论文质量为重，杜绝数量取胜。第三，以多种形式综合考评研究生的学术水平。例如，校内外举办的各种学术交流、学术沙龙、学术讲座、参加学术课题的研究等都可以作为考评的指标。"② 笔者认为，不同的地区、不同的学校、不同的单位应该有不同的措施。但不管怎么改革、怎么完善，总体的思路应该明确，那就是有利于硕士研究生德才兼备的培养，有助于硕士研究生科研能力的提高，根本目的是让硕士研究生把有限的精力放在学业上。

4. 完善惩戒制度

地方省属院校的硕士研究生确实存在"混文凭"的情况，为了有效规避这种"混文凭"情况的发生，必须完善惩戒制度，消除"混"的心理。《国务院学位委员会关于在学位授予工作中加强学术道德和学术规范建设的意见》（学位〔2010〕9 号）第五条明确规定：在学位授予工作中，学位授予单位对以下的舞弊作伪行为，必须严肃处理：（1）在学位授予工作各环节中，通过不正当手段获取成绩；（2）在学位论文或在学期间发表的学术论文中存在学术不端行为；（3）购买或由他人代写学位论文；（4）其他学术舞弊作伪行为。对违反上述行为之一的，《意见》也做出了非常明确的处理规定："对于学位申请者或

---

① 劳俊华、段利强：《研究生学术规范素养的调查与思考》，《学位与研究生教育》2006 年第 10 期。

② 郭德侠：《研究生学术道德失范与制度构建》，《高教发展与评估》2010 年第 1 期。

学位获得者，可分别作出暂缓学位授予、不授予学位或撤销学位授予的处理。"在具体实行过程中，各省市还结合具体实际情况对相关规定作了进一步细化。比如，山东省教育厅在《关于加强高等学校学风建设净化学术环境的意见》（鲁教科字〔2009〕4号）中对"学术不端行为"作了比较具体的规定：（1）抄袭、剽窃、侵吞他人学术成果；（2）篡改他人学术成果；（3）伪造或者篡改数据、文献，捏造事实；（4）伪造注释；（5）未参加创作，在他人学术成果上署名；（6）未经他人许可，不当使用他人署名；（7）夸大研究成果，一稿多投；（8）其他学术不端行为。对这些制度，高校要结合具体情况，完善细化措施，不能简单地以文件落实文件，切实增强针对性和可操作性。尤其在事后惩戒方面，要加大力度。对毕业之后的硕士研究生，如果发现在读期间有违背学术道德的行为，也应该追究其责任。比如，通过学术不端行为获取的荣誉、利益等要给予撤销或追缴。这样，有利于从根本上杜绝"毕业了就万事大吉"的思想。"建立全国反对学术失范和学术腐败的领导机制和监察网络，降低揭发学术失范和学术腐败的执行成本，营造'容易查、愿意查、查了有效果'的激励氛围。尤其要建立独立于学术圈之外的监察机构，让没有利益纠葛的团体和个人客观、公正地进行监察。只有合理应用惩戒措施，加大学术失范的风险成本，才能真正遏制研究生在不对称信息条件下发生道德风险行为的动机，提高自我约束和警示作用。比如一旦发现研究生存有学术失范，应及时清查这些研究生'伪'成果所给其带来的荣誉和各项利益，通过对这些研究生在读期间荣誉和利益的'一收到底'和对毕业后追溯的惩戒和违纪处分，达到强有力的教育效果。"[1]

（三）导师层面：身正示范，做好引领

俗话说："学高为师，身正示范。"作为导师，应该从自己做起，不仅在学业方面当好表率，而且在学术道德方面更应该为学生做好榜

---

[1]　戴雪飞：《研究生学术失范的根源和学术道德教育机制建设的再思考》，《中国高教研究》2009年第11期。

样。根据前面的调研结论，大多数地方省属院校的硕士研究生期盼优秀的导师，也认同导师在学术道德方面的引领作用。

1. 确定平等的师生关系

导师与学生之间应该是一种平等的师生关系。但目前来看，导师与所带的硕士研究生之间存在一些问题，有些导师把自己所带的学生当作廉价的劳动力来使用，地位不平等。"目前，有些研究生将导师的身份定位为'老板'，自身作为'打工仔'在为'老板'打工，这就扭曲了正常的师生关系。"① 在地位不平等的情况下，导师在道德方面就会逐渐失去学生的信任。"研究生导师不应该做'老板'，也不是'老板'。导师不切实际地显示自己的'权势'，会造成人才培养的失误。导师和研究生的关系应该是'相互促进'，学生和教师共同奋斗，而不应该仅是学生为老师工作。'桃李不言，下自成蹊'，其关键在于导师的表率作用。"② 在具体实践中，导师与学生之间的关系应该以"人与人之间的关系"为基础。人与人之间的关系最基本的就是地位平等、相互尊重。这也是学生信任导师的前提。"当意识到彼此既是老师又是学生这种深刻的人与人的关系来互相接触时，友好也会结出极其丰硕的果实。没有人在一切方面都是老师，也没有人在一切方面都必须作为学生来学习。在这里会无意识地出现彼此既是老师又是学生的人与人之间的关系。"③

2. 用心去指导学生

导师用心指导学生，不仅是职责所在，也是自身价值的体现。因为只有用心指导学生，才能最终赢得学生的尊重与信任，精神上得到最大的愉悦。看到"桃李满天下"，应该是老师最大的成就。"这些年指导研究生的经历，使自己越来越感到研究生的培养是一个需要用心去做的事业，是一个用心付出才可以收获心灵与精神的事业。同其

---

① 黄富峰、宗传军、马晓辉：《研究生学术道德培育研究》，中国社会科学出版社2012年版，第99页。

② 巩守柳：《研究生教育大家谈》，中国石油大学出版社2007年版，第37页。

③ ［日］池田大作：《人生箴言》，中国文联出版社1995年版，第141页。

他教师一样，研究生指导教师这个职业是一个让人自豪、给人带来莫大精神慰藉的事业。"①

3. 公正、公平地对待学生

一般来讲，包括不同年级的学生，每个导师都有数名在校的学生。不可避免的是，这些学生之间会存在不同程度的竞争。比如，课题组成员的选拔、奖学金的评定、荣誉称号的评选等。在这种情况下，导师的做法就显得尤为重要。有的导师往往会根据个人的喜好对待所带的研究生，自己认为好的，百般呵护，反之，则不管不问。这种不公正的对待，往往会对学生的身心形成压力，不利于学生的长远发展。"公正在于正直和诚实，公平则在于平等，它们是教师为人师表的前提条件，也是学生非常在意的地方。大学和中小学阶段是这样，研究生阶段更是这样。学术活动的价值在于获得真理，表现为对真善美的追求，这就要求从事学术活动的人具备正直和诚实的品质，才能求真、向善、成美，从而远离虚假和虚伪，导师在学生心目中才具有权威性。"② 在公正的基础上，导师应该公平地对待每一个学生。尤其是在关系到学生长远发展的名誉评选上，导师更应该慎重对待、公平行事。"所谓公平地分配名誉，就是将名誉给予该给的人，不将名誉给予不该给的人，做到相应相称，恰如其分。"③ 只有公正、公平地对待每个学生，导师才能最终赢得学生的尊重与信任，才能有利于学生学术道德的培养。

---

① 巩守柳：《研究生教育大家谈》，中国石油大学出版社 2007 年版，第 227 页。

② 黄富峰、宗传军、马晓辉：《研究生学术道德培育研究》，中国社会科学出版社 2012 年版，第 54—55 页。

③ 卢风、肖巍：《应用伦理学导论》，当代中国出版社 2002 年版，第 253 页。

第三章

地方省属院校硕士研究生的学术能力提升的科研制度保障机制

从事学术研究是研究生培养的重要环节，也是研究生教育区别于本科教育和其他类型教育的本质特征。然而，随着研究生扩招，特别是硕士研究生数量的迅猛增加，其科研活动状况成为特别值得关注的事情。尤其是对于地方省属高校而言，由于在硕士研究生的招生结构中，在职的研究生占有相当大的比例，因此科研状况更是令人担忧。制度带有根本性、全局性、稳定性和长期性的特点，影响研究生学术能力提升的重要原因是科研制度滞后。如何在这样一个研究生数量规模不断扩张，而教育资源有限的背景下，保障研究生的学术能力是摆在研究生培养单位以及科研管理部门面前一个亟待研究的重大课题。

一　学术能力与科研制度相关性的一般理论分析

制度主要指的是用来指导和约束个人或组织的社会行为，用来调节人与人之间、组织与组织之间或人与组织之间的社会关系的规则；科研制度则是指为了指导和规范学校有关的组织、机构、人员参与教育科研活动而制定的成文的规章体系，以及一些无形的习惯、约定、规范等。科研制度的建立和实施，能有效规范学术行为，推进学术能力的提升。在地方省属院校健全科研制度，对于提升硕士研究生学术能力有重要的保障功能。

（一）制度的内涵、生成及功能

制度即行为规矩。在人类社会中，任何个人、任何组织、任何社团，都生存在特定的制度网络中，受其制约。没有制度，人类就无异于动物，将永远处于茹毛饮血的时代。人类之所以制定制度，其主要因由是通过制度来设定特定领域和特定时代的人的行为约束，避免人的非理性行为，调节人与人之间的相互关系、调节人与自然的关系，推进秩序化建设。制度是历史的，也是多方面的，它随着历史发展和社会分工而不断调整变动和日益精细化。制度调整的推动力主要是组织，制度框架也往往决定组织的生存和发展机会。

制度是一个历史的概念，它应是与环境相适应的，随着人类社会的诞生而诞生，随着人类社会的发展而发展。由于环境是不断变化的，制度也应随着环境变化而不断变革。制度作为社会规则，总是用来调整人与人之间的关系。随着社会的发展，各种各样的社会关系变得越来越复杂，制度必须适应这种日益复杂的关系及时跟进，否则就会出现制度的滞后性。从一个社会发展的角度看，制度滞后就会影响社会进步。因为从一般意义上讲，先进的制度会促进社会的发展，而落后的制度会阻碍社会的进步。在市场经济条件下，在利益最大化的驱使下，人们的交易行为并非都是理性的，可能会突破道德等的约束而对社会造成危害，这时就需要制度来规范制约人们的行为，因此制度是实现市场经济的重要保障，制度与市场经济是相互联系和互相促进的。

制度功能体现在许多方面，董建新曾详细分析过制度功能[1]，他指出制度具有约束功能、激励功能、认识功能、传递功能、资源配置功能和保障功能。制度具有约束功能，规定着人们的行为并决定了人们行为的特殊方式和社会特征，具有普遍性、强制性，要求一定范围的社会成员毫无例外地都遵守它的规定，否则就要受到谴责或惩罚。制度的规则约束功能使人们循规蹈矩地进行思考和采取行动，减少因没有制度而产生的那种个人的肆意妄为和社会的混乱不堪，从而使众多个人的行为构成全社会的和谐。没有制度、规则，人类社会的任何一项事业都不能顺利发展，乃至人类自身都不能生存。制度具有激励

---

[1]　董建新：《论制度的功能》，《现代哲学》1996 年第 4 期。

功能，好的制度能激励人的积极性的，发挥人的创造性。当然，制度的激励功能是以追求自身利益最大化为前提的，激励效果的大小、强弱一般应与处在制度活动中当事人的努力与收益接近。所以，具有激励性、有效性的制度不是否定或遏制人们对自身利益的追求，而是要承认和适应他人的利益动机。激励有奖励性的正面激励与惩罚性的负面激励之分，并且一般都是以正面激励为主，以负面激励为辅。制度具有认识功能，是社会的认识定势和行为定势，以强有力的力量把社会成员的认识和行为统一到社会制度上来，迫使人们以社会制度的眼光认识和观察事物，解决和处理问题。合理的、先进的社会制度把合乎历史前进要求的眼光传递给人们，使人们站在历史必然性的基准上来观察和处理问题。制度具有传递功能，包括信息传递与文化传承，合理的、科学的制度必须保证信息真实、充分、及时、全面地上下左右传递，一个国家的文化传递同样是在一定制度规定的实践中进行的。制度具有资源配置功能，通过制度可以有效配置资源达到人尽其才、财尽其利、物尽其用、地尽其力，而制度的保障功能不仅在于科学制度实现资源有效配置，还可以使人产生稳定的预期，避免短期行为，实现制度和社会的稳定。

从制度内涵与功能中，我们可以得出科研制度的内涵与作用。可以讲，完善的科研制度不仅是保障科研有序化的重要保障，也是催生学校科研数量与质量提升的激励手段。因为制度带有根本性、全局性、稳定性和长期性的特点，良好的科研制度会激励师生正视科研与学术发展，将对科研的理解转化为从事学术研究的正能量，不断提升自身的研究能力与学术水平。对于地方省属院校的硕士研究生而言，更需要制度的规约功能，通过科研制度来扭转他们忽视学术提升的倾向或强化他们从事学术研究的动力。如果没有起初带有强制性的制度规约，就很难有从事学术研究的自觉。

（二）科研制度建设的意义

从社会发展的视角看，我们已经进入了一个尊重制度、重视制度建设的新时期。制度的功能与作用越来越为人们认识并达成共识。制度存在于一切领域和行业，在高校教育系统内部，重视制度和注重制度功能的开发，也越来越重要。在高校教育科研领域中，如何规范科研制度以促进学术道德建设和提升学术能力，对于师生而言十分重要。在地方省属高校中，科研制度是否健全和完善关系到高校科研硬实力的提升，关系到整个学校在日益激烈的竞争中处于一种什么地位和呈现何种发展趋向。所以，地方省属高校科研制度建设意义重大。

1. 科研制度建设是推进高校制度建设体系的重要组成部分

高校在国家与社会发展中具有重要地位，是实现科教兴国和人才强国战略不可或缺的重要支撑力量。自我们党和政府提出了科教兴国和人才强国的战略以来，教育在国家与社会发展中的重要性越来越为人所关注。无疑，若要高校在国家与社会发展中真正发挥出主力军的作用，必须不断完善和推进高校制度建设，将高校的功能定位、目标设定、发展路径的选择等方面通过制度体系确立下来，以减少高校变革特别是高校主管领导的改换带来的不确定性，真正使高校的使命不以领导人的改变而改变，不以领导人看法的改变而改变。不仅如此，从现有高校制度本身来分析，我们要完成时代赋予的教育使命，教育制度必须要应对时代的挑战不断进行制度调整与制度变革，使高校制度体系更加符合现代教育规律，更加符合社会发展要求，更加符合国家发展战略，真正使制度体系体现现代教育管理的特点。探索现代高校制度建设，就是为了推进高校现代化进程，目的在于以制度创新为突破口，拓展学校的发展空间，激发学校的办学活力，提高学校的人才培养质量，使高校在人才培养、科学研究、服务社会和文化传承中发挥越来越大的功能。学校内部制度体系的构建是学校现代化水平的重要标准，制度的配套性决定制度的有效性与高效性，影响到整个学校的办学机制是否鲜活和富有生机。所以，推进高校制度体系建设涵盖的内容十分丰富，而科研制度建设是高校制度建设的重要组成部分。一方面，科研制度承载了学校的重要职能——科学研究，健全和完善的科研制度能够确保科研的方向性、稳定性与发展性；另一方面，科研制度健全与完善与否，实际上也影响着人才培养质量、文化传承的成效与服务社会的能力问题。一般而言，没有较高的学术能力和科研水平，教学方法的创新与教学内容的更新就成问题，就难以将前沿理论与知识传授给学生，便无以开阔学生视野和提升人才培养质量；没有较高的学术能力和科研水平，就无以研判文化的精华与糟粕，在文化传承过程中就难以做出正确和科学的抉择；没有较高的学术能力和科研水平，就难以推进科学技能的发明与创造；没有较高的科技水平正如没有开阔的思路一样，同样难以更好地服务社会。而较高的学术能力和科研水平，离不开科研制度的保障与制约。

2. 科研制度建设是科研管理现代化的有力支撑

高校科研管理现代化是教育现代化的重要基础，也是学校教育管理现代化的一个重要环节。教育科研管理现代化要以现代化的制度体系和制度环境为支撑。所以，高校科研制度建设是否融入鲜明的现代化的元素，如制度建设的科学性、前瞻性、民主性、开放性，制度运用的信息化、简约化、高效能等，高校是否始终围绕调动人的积极性，开发人的潜能，促进人的发展的核心问题，进行制度的创新，决定和影响着高校科研制度建设的水平，影响、制约着整个学校教育管理是否能够实现现代化。在教育现代化的发展进程中，部属院校较地方省属院校在发展水平与质量方面占有明显的优势，多成为后者仿效的对象。从发展趋势方面看，低层级的高校借鉴与仿效高层次的高校是无可厚非的，从某种意义上也是发展很难规避的一个阶段与环节。但是，如何借鉴、能否借鉴得好则是另外一个问题。目前，地方省属院校在科研制度供给方面存在的问题是多方面的，不仅包括供给不足的问题，也存在制度供给不当、既有制度不科学等方面的问题。所以，地方省属高校科研制度现状与科研管理现代化尚存较大距离，这种状况成为制约地方高校管理现代化的重要瓶颈。一方面，在制度缺失的情况下，地方省属院校在科研管理方面存在"人治"特点，往往只是凭借学校领导和科研主管人员的经验来推动科研工作的运行，决定科研奖罚条件的设置；另一方面，在制度科学化水平不高的情况下，科研制度的规范、引导、激励、规约功能受到影响，再加上制度执行方面存在的问题，导致制度形同虚设的情况也或多或少地存在。当制度受到漠视的时候，制度存在的合法性受到挑战的时候，制度就应当进行变革，否则，还不如没有制度。没有制度可以通过建设来健全，健全科学的制度就会发挥制度的功能；而有制度但缺失科学性，就会使师生对制度内容的怀疑提升到对制度本身的怀疑上来，再来健全完善制度可能会有执行难的问题。事实证明，高校科研制度的健全与完善，科研制度导向功能的发挥不仅可以有效地提升高校学术能力与学术水平，还可以有效地促进科研管理的科学化水平，进而有效地推进学校现代化进程。

3. 科研制度建设是学科发展方向与质量的保障

学科是在科学发展中不断分化和整合而形成和发展的，学科的规范从某种意义上讲必然要通过科研制度来保障。科学发展决定学科的建设和发展。科学研究是以问题为基础的，只要有问题的地方，就会有科学和科学研究。而学科是科学研究发展成熟的产物，并不是所有的研究领域最后都能发展成为学科。科学研究发展成熟而成为一个独立学科的标志是有独立的研究内容、成熟的研究方法、规范的学科体制。科研制度是完善的科研体制的重要组成部分，只有按照科学自身规律来构建的科研制度才有利于推进学科的发展。学科划分是学术性的，往往采用学术的标准，而学科设置是行政性的，它更多考虑管理的需要，由管理者其或行政领导来完成。由此，作为学科设置的行政管理，是否能有效地推进学科划分和学科发展，关键的因素就是建立和健全科研制度。虽然学科设置基于科学自身发展的规律性，但学科的发展与学术能力的提升则取决于是否建立、健全反映科学规律的科研制度。科研制度建设的内容涵盖面是很广的，诸如成果发布制度、职称评聘制度、知识产权制度、学术交流制度、科研奖惩制度，以及包括基金制度在内的拨款筹款制度等，都是科研制度建设的重要内容。科研制度有效推进学术发展，是指科学的或完善的科研制度，而这种科研制度应具备学科边界明确、科研制度针对性强的特点。学科有明确的边界，学科的发展必须是符合学科自身规律的，如果科研制度不针对学科实际，就无法引导学科发展和提升学术水平，达不到保障学科发展方向和质量的目标。总的来看，我国高校特别是地方省属高校科研制度落后已经成为制约学术能力和学术水平提升的重要瓶颈，这种状况如不加以改变，势必制约甚至阻碍我国科学事业的发展。为此，一方面应要求各级学科管理机关认真清理学科目录，对学科的发展做出整体规划；另一方面则要通过完善科研制度，规约学术发展中的随意性，推动学科建设与学术研究的同步提升。

（三）硕士研究生学术能力与科研制度的相关性

研究生教育是我国教育体系中高层次的教育，目标是培养高级科学、技术的专门人才。需要在培养过程中注重在基本素质培养的基础上激发学生的原发性创作。这个过程将不再是单一基础知识的传授过程，而是涉及如何发现问题、探索问题以及解决问题的综合能力提高过程。从本质上来说研究生教育就是一个从事科学研究的过程。可以说提高研究生的学术科研能力是保证研究生培养质量的关键。而在研究生培养阶段，科研制度在提高研究生科研能力，以及约束研究生的学术不端行为，保障研究生科研质量方面起着根本性作用。

1. 不同科研制度对硕士研究生学术能力有不同的功能

从科研管理制度的管理属性与价值取向来看，大体上可以分为两类，即正向的激励机制与负向的约束机制。正向的激励机制主要以培养研究生的研究动力和研究兴趣为价值取向，其制度设计主要有两种措施。

第一种方法是通过设置科研项目鼓励研究生积极申报，以科研项目立项为抓手带动学生围绕科研方向展开研究。目前，国内许多高校为加强对研究生教育和研究生科研创新意识与创新能力的培养，挖掘科研创新型拔尖优秀人才，稳步提升研究生培养质量。有的省份设立了类似"研究生教育创新计划项目"等基金，以鼓励和支持从事研究生教育的教师积极推进教育科研工作，如《山东省研究生教育创新计划项目管理暂行办法》第一条就规定，为有效实施研究生教育创新计划，切实加强研究生教育创新计划项目管理，推动山东省研究生教育事业健康发展，大力加强研究生创新能力的培养，不断提高研究生培养质量，调动各研究生培养单位和人员参与研究生教育改革与创新活动的积极性。有的省份设立了类似"研究生科研创新基金"等项目，以鼓励和支持具有科研潜质的优秀研究生从事科学研究和发明创新，如《湖南省研究生科研创新项目管理办法》第一条明确指出了此类基金的目的与宗旨：第一条规定，为进一步规范湖南省研究生科研创新项目管理，保证创新项目的良性运行，促进学位与研究生教育的发展和研究生培养质量的提高，高效发挥项目效益，制定本办法。第二条则是实施创新项目的目的，即加强研究生科研创新意识和创新能力的培养，鼓励在校研究生积极参加各种创新活动，引导研究生选择创新性强、富有挑战性的基础研究或应用研究课题进行研究，提高研究生培养质量，促进拔尖创新人才成长。

第二种方法是通过科研成果奖励进行表彰，使学生树立科研信心与从事科研工作的荣誉感，从而增强进一步探索的动力。这种方法最典型的就是研究生奖学金的设立与发放，目前各高校根据不同的经费来源设置了数额不等的奖学金来激励研究生加强科研能力。2012 年10 月，财政部、教育部联合下发《关于印发〈研究生国家奖学金管理暂行办法〉的通知》。中央财政出资设立研究生国家奖学金，用于奖励普通高等学校中表现优异的全日制研究生。通知规定，研究生国家奖学金每年奖励 4.5 万名在读研究生。其中，博士研究生 1 万名，硕士研究生 3.5 万名。博士研究生国家奖学金奖励标准为每生每年 3 万元；硕士研究生国家奖学金奖励标准为每生每年 2 万元。山东省在2014 年实施研究生收费制度，但同时大幅度加强了对研究生的奖学金资助力度，以促使研究生将更多的精力用来从事学术科研活动。应该说，建立研究生国家奖学金制度，给广大硕士、博士研究生提供了适当的财政支持，不仅有利于激励研究生"学习成绩优异，科研能力显著，发展潜力突出"，而且有利于国家为各行各业培养大量高素质的研究生人才，从而为"科教强国"战略的实施提供新的有力支撑。

负向的约束机制是指科研管理单位运用批评、处罚等手段，对研究生在科学研究中的主观过错做出相应的惩罚，旨在约束学生的学术不端和懈怠行为，培养学生形成良好的学术道德和学术习惯。如公开发表的论文有抄袭剽窃、弄虚作假等情况并被认定；在科研工作中造成重大事故及损失等，这些主要通过各种论文审查和惩罚制度进行落实。这些惩罚措施主要包括：研究生奖学金予以停发；助研岗位年度考核不合格；推迟开题或答辩，甚至取消学位。① 在目前的研究生科研管理制度中，由于此类制度对研究生的利益影响较大，因此在研究生的科研管理制度中占有较大的比重。

2013 年年初，教育部等三部委公布了《关于深化研究生教育改革的意见》，意见提出，我国将加大研究生考核与淘汰力度，实行严格的中期考核和论文审核制度，建立学风监管与惩戒机制，对学位论文作假者取消学位申请资格或撤销学位，研究生发生学术不端行为的，导师应承担相应责任。该规定进一步强调了导师在学生科研规范和科研道德方面的责任，将责任落实到人，以督促导师对学生的监管。

2. 科研制度与学术能力的正相关取决于其执行力

从整个研究生培养管理的情况来看，对于研究生学术能力培养的制度规范已经制定了不少，但目前的主要问题是培养单位对犯错误的研究生处理普遍不严，导致许多研究生产生了投机取巧的心理。长远来看，这样的姑息行为对研究生的成长非常不利，无法有效地促进研究生养成严谨的科研规范思维与科研道德。因此，在研究生教育、管理过程中要充分重视各项制度的实际落实与执行，对研究生的错误行为不能迁就，必须进行严肃认真的处理。这样做不仅可以让当事人受教育，而且对其他人也是一种警示作用，具有深刻的教育意义。实践表明，现实教育活动中有不少研究生导师或授课教师对学生严格要求，有错必罚，起到了良好的效果，在激发了一批人的同时也挽救了一批人。

严师出高徒。对于研究生的严格要求，确实有积极作用，对于扭转学风有重要意义。根据新华网 2013 年 9 月 2 日消息，开学伊始，云南大学新闻系教授郭建斌就网晒了学生的"零分论文"，引发广泛关注。郭建斌指出，"由于在批改学生期末作业时屡次看到抄袭论文，

---

① 《湖南大学研究生奖学金管理实施细则》，http://www.100exam.com/WebSpecF/EnrolDetail.aspx? id=57411。

十分气愤，因此将 3 篇抄袭论文判为零分，并分别贴在博客上，有学术打假兴趣的可以一看"。在郭老师看来此举是"对事不对人，借助网络公开平台，遏制这种无视学术规范的抄袭行为"。同时，这位教师介绍，上一个学期研一学生《社会研究方法》课程，部分学生选择论文写作完成考试。考试要求为：从发展传播学有关文献中找一个小切点，阐述归纳前人的研究成果，并最好提出自己想法。而事实上"这 3 篇论文就是拼贴，要么找两三篇文章各取几段，要么将一篇长文章改头换面。"这种"赤裸裸"的抄袭行为突破了学术规范的底线，放任这种恶劣行径，只会助长不良学术风气，对认真完成论文的同学也不公平，因此自己坚持"格杀勿论"。[①]

　　但是，在现实教育活动中不容否定的事实是，存在不少导师对硕士研究生的学术造假不闻不问，甚至听之任之。他们对校院关于硕士研究生学术道德与学术能力的要求采取放纵的态度，不积极助力推进，不及时对硕士研究生加以指导和引导，导致许多研究生在学术道路方面走捷径、走极端，心思根本不放在研究上。如第一章中所列 L 大学 Z 学院科研统计情况，可以得出这几届硕士研究生选择文章发表的刊物级别都相对比较低，基本上没有在核心期刊发表的文章。文章集中度高的刊物，基本上都是下三烂的刊物，甚至是给钱就发文的挣钱期刊。如果不通过有效的科研制度加以规约，或者对科研制度进行合理诠释，这种发文层级低的现实就很难改变，硕士研究生的学术素养就很难提升。所以，提升地方省属院校硕士研究生的学术能力，不仅需要建立健全科学的制度体系，更为重要的是应积极推进和落实制度，真正发挥制度的正能量而不是让其流于形式。

　　3. 科研制度本身的科学化是提升学术能力的关键

　　针对硕士研究生的科研制度可以有效提升研究生的科研动力，为研究生进行科学研究提供各种必要的科研环境和条件，从而达到提高研究质量的目的。但如果这样的制度缺乏科学的设计或者单纯追求数量而不注重其执行力，就会导致硕士研究生投机取巧，难以保障他们

---

① 《云南大学教授网晒学生抄袭论文》，《京华时报》2013 年 9 月 3 日。

潜心研究，从而产生许多言之无物的学术垃圾，既耽误了时间，又不利于研究能力的提升，可以说起到了负面的作用。例如，当前高校硕士研究生科研活动从研究生选题、开题到答辩的科研阶段普遍采用的是以导师为主导的管理模式。这种管理方式的优点是使导师拥有较大的自由度，充分尊重导师的学术兴趣与培养方式。缺点是受导师质量参差不齐以及对研究生培养的投入程度不同的影响较大，有时由于导师的精力有限，难免会对学生研究中的某些环节产生疏忽。① 由于研究生规模的不断扩大，有的导师带的研究生数量能达到两位数，根本无暇顾及对学生的系统培养。因此导师制这种管理模式由于相应条件的变化，已经失去了原本的目的，不能从根本上起到形成师生良好互动的效果。

同样具有典型性的是科研论文发表考核制度。有不少地方高校为了督促研究生从事科研活动，规定研究生除了要完成毕业论文外，还要在学术期刊上发表文章。很多高校还提出了论文发表篇数、发表期刊级别等作为研究生在校期间的考核指标之一。为了顺利毕业，很多学生开始偷取他人成果、弄虚作假，借助网络的便利粗制滥造、抄袭剽窃。这种功利性行为，严重扼杀了研究生的创新精神，打压了研究生的科研兴趣。② 此外还有各种各样的量化考核与评价机制也同样抑制了研究生的科研创新能力，这些复杂的考核制度大多数针对"数量"而非针对"价值"，是"评量"而非"评价"。一味追求论文数量，像大炼钢铁那样搞科研、进行"论文运动"，产出数量巨大而质量低下的论文，不但浪费国家的科研经费和资源，而且还会对现实生活产生不良影响，其危害不言而喻。因此，今日的评价机制不仅不支持而且成为抑制研究生创新的一种有效手段。可以说，正是由于考试、论文量化考核导致今日研究生教育中对"量"的重视超过对

---

① 崔秋灏：《在校硕士研究生科研训练的问题与建议》，《科学学与科学技术管理》2002 年第 1 期。

② 李晓波、王文帅：《科研方法教育与研究生科研能力相关性分析》，《煤炭高等教育》2010 年第 3 期。

"质"的重视，对确定性知识的重视超过对不确定性知识的重视，对维持性学习的重视超过对创新性学习的重视，致使研究生导师创新能力受到抑制，进而使研究生的创新能力受到抑制。由此，产生了评价机制与整个研究生教育之间的冲突。

事实上，科研制度对于提高研究生的科研能力来说其作用是有限的，或者说只是起到一种辅助作用。因为对于研究者而言，科研能力的高低虽然与个体的智力与知识结构有密切的关系，但更取决于研究生本人的志向和兴趣。不少高校和科研机构为了加强对研究生科研能力的培养，建立了各种科研立项鼓励研究生申报，然而，学生自身参与的动机却有些不尽如人意。浙江大学一份有关大学生科研训练计划（SRTP）的调查显示，当被问及参加该科技项目的主要目的时，选择最多的是获得第二课堂学分，占46.3%；其次是锻炼科研能力，占40%。该项目组分析，近一半的学生把获得第二课堂学分作为参与科技项目的主要目的，体现的是学分对活动的激励，但更是科技项目自身过多依赖外部激励而非内生兴趣的表现。[①]

相比科研制度的激励作用，学术兴趣和志向更能激发研究生持久的研究动力。如果研究生自身对于某问题具有很强的兴趣，或者有志于成为一名出色的学者，那么他其实根本就不用关注科研管理制度问题。2013年2月22日，一位声明退学的北大硕士在新日志《反省一下》中也不再谈"苦力问题"，而是表示自己之前偏激了，老师对他还是很好的，自己最大的问题是在当初研究生选方向时信息不对等，这不是他感兴趣的专业。他认为，如果把每个专业研究的具体内容让本科生了解得更清楚，并在制度上对学生选择科研方向和转换科研方向上更加开放，可能更有利于真正解决类似他与实验室之间产生的矛盾。显然，科研工作不是自己的兴趣所在，是困扰他的最主要问题，而据记者随后的调查了解，与他有同样困惑的研究生还有不少，这多少能够反映出科研兴趣与科研方向一致性对于激励学生从事科研活动的重要性。同样的道理，科研管理制度的作用对于那些缺乏学术兴趣

---

① 《研究生科研作假根源在学术生态》，《中国青年报》2013年1月30日。

或者根本没有学术志向的学生而言所起到的激励作用也是极为有限的，因为科学研究是一个需要靠研究者主动创造的过程，而不是一个被动的强迫过程，可以说自主性、独立性与能动性是研究者从事科研活动的主观条件。对于研究者而言，外在的压力固然能够在一定程度上起到一定的促进作用，但并不会从根本上影响研究质量。所以科研管理制度的主要功能应当在于防止学术腐败以及促使其形成必要的学术规范。因此科研管理制度的设计应当充分考虑到学生之间的差异性，不易做一刀切的量化考核，否则过密、过多的量化考核管理制度反而会影响到那些潜心研究的学生，使其疲于应付，反而无法专心从事科学研究。

中国科学院院士、北京理工大学校长胡海岩分析，现在大学决策层重视建章立制，规范教育，查处各种失范问题，院系层面也重视学术导向。但这样一些举措的效果目前还不太理想——教师对规则都是熟悉的，但急功近利的态势并没有根本扭转。① 在大多数地方省属高校中，教师对研究生的学术不规范行为采取睁一只眼闭一只眼的迁就态度，制度落实不严格，导致许多研究生形成了侥幸心理，抱着对科研得过且过，只要不影响毕业就无所谓的消极态度。因此，科研管理制度只是对研究生从事科研活动的一种规范和约束，并不是最终目的。培养研究生的科研兴趣以及帮助其树立科研志向对其科研能力的提高以及良好科研道德的形成才是最重要的，因为科学研究本身不是一个被动的、强制的过程，而是需要学生的主动创造和积极探索，并在这个过程中提高科研能力。换言之，科学创新不是靠外在的强迫，而是需要研究生自身的动力。因此，科研能力是培养出来的，而不是审查出来的。要保证研究生科研质量，不仅限于严格评审、严格答辩环节，还必须从源头做起，从研究生培养的各个环节入手，注重加强对学生科研志趣的培养。

---

① 《研究生科研作假根源在学术生态》，《中国青年报》2013 年 01 月 30 日。

二　地方省属高校硕士研究生的学术能力
及科研制度供给情况

研究生科研能力指的是研究生在独立、顺利完成一项科学研究活动过程中所必须具备的个性心理特征①。一般而言，研究生的科研能力主要包括以下几个方面的能力：发现问题的能力、从事科学实践（实验、调查）的能力、研究性论文的写作能力。这些科研能力具体而言主要可以分解为如下五个方面的基本要素：问题发现能力、资料搜集和整理能力、理论分析能力、理论创新能力、动手操作或田野调查能力。研究生科研能力的形成与提高，虽然与个体智力具有较为直接的关系，但确实可以通过后天的教育和训练而得以培养。随着我国研究生教育规模明显的扩大，在研究生培养过程中，科研管理制度更新不及时，导致我国研究生的科研能力在整体上呈现出不容忽视的下降趋势，尤其是地方省属院校的硕士研究生，科研能力不高的确成为亟待解决的问题。

（一）地方省属院校硕士研究生学术能力现状分析

从近年来研究生教育发展的情况看，研究生的研究能力和学术水平并不如意，尤其是地方省属高校的硕士研究生，其学术能力与学术水平由于受制于生源与环境等多方面影响，更是不尽如人意。总的看来，硕士研究生学术能力的不高，主要体现在以下几个方面：

1. 科研质量整体上不高

研究生的科研质量与科研水平既是一个学校人才培养质量的标志，也反映出学校科学研究水平和创新能力的高低。虽然在目前的研究生中有不少孜孜不倦的求学上进者，但从整体上看，目前我国研究生的培养质量，尤其是科研能力正在严重下滑。最近，北京大学公布

---

① 李晓波、王文帅：《科研方法教育与研究生科研能力相关性分析》，《煤炭高等教育》2010 年第 3 期。

了一项教育研究成果，研究者对全国 97 所普通高校、20 个研究所的千余名硕士研究生导师、博士生导师进行了问卷调查，结果显示，56.9% 的硕士研究生导师和 47.8% 的博士生导师认为研究生质量在下降。① 由于科研能力是培养研究生的主要目标，因此研究生的质量下滑主要体现为科研质量不高。西南大学高等教育研究所的一项实证调查研究对 1077 名硕士研究生科研活动现状进行了抽样调查，结果表明：硕士研究生对科研活动目的的认识普遍模糊，相当一部分硕士研究生科研活动目的具有明显的功利性；硕士研究生科研活动意愿普遍不强烈；在科研活动时间上存在知易行难现象；科研活动成果数量不多、质量不高。② 这两项权威机构的实证调查所反映出的研究生科研能力质量问题，佐证了国内对研究生培养质量的基本判断，同时也给研究生的培养单位提出了警示。这种现象在地方省属高校培养的硕士研究生方面最为突出，而部属院校情况要好很多。如山东大学作为国家重点院校，本校学生的学习风气要比一般本省内的省属院校好一些。同时，由于其拥有丰富的图书资料和阅览资源，也为硕士研究生的学习与研究提供了良好的环境条件。但是，对于省属院校而言，无论是其拥有的图书数量与质量，还是学校硬件设施，都没法与部属院校相比。再加上，省属院校生源质量明显要低于部属院校，真正在省属院校培育起良好的学习习惯，确实面临很大的困难与挑战。结果是，省属院校硕士研究生的学术能力普遍较低，科研质量普遍不高。以 L 大学为例，2011 届硕士毕业生科研论文统计结果表明毕业生三年共发文 525 篇，全部第一作者的有 452 篇，其中 SCI 有 71 篇，EI 有 8 篇，中文核心有 40 篇，专利有 1 项。2012 届硕士毕业生发文情况稍有改善，共公开发表论文 874 篇，全部第一作者的有 723 篇，其中 SCI 有 57 篇，EI 有 15 篇，ISTP 有 5 篇，中文核心有 78 篇。而在

---

① 李晓波、王文帅：《科研方法教育与研究生科研能力相关性分析》，《煤炭高等教育》2010 年第 3 期。

② 王亚青：《当前高校硕士研究生科研活动现状调查》，《华北电力大学学报》（社会科学版）2009 年第 1 期。

此之前的情况，更差一些（2004—2008 年情况见表 3 - 1）。在这种情况下，就需要科学的科研制度创设足够的激励、约束机制，以鼓励研究生的科研动力。

表 3 - 1　　　　2004—2008 年 L 大学硕士研究生论文发表情况

年级 期刊级别	2004 级	2005 级	2006 级	2007 级	2008 级
EI	1	1	2	2	8
SCI	39	46	61	53	71
ISTP	0	5	5	6	0
CSSCI	0	2	9	2	0
核心期刊	21	37	53	75	40
合计	61	91	130	138	119

注：1. 统计时间截至 2008 年 5 月 30 日；2. 统计结果以第一作者署名 L 大学为准。

2. 科研道德问题近年来日益严重

与研究生科研能力的下降相比，更为严重的是科研道德的滑坡。近年来，科研道德素质问题日益严重，学术不当行为和学术欺诈行为已经引起了全球科研教育界的重视。而且"科研道德问题正呈现年轻化、高学历化趋势，青年科技工作者尤其是在读研究生成为科研道德问题最为严重的人群"[1]。中国科协关于贯彻实施科技进步法情况的书面汇报透露了这一消息。中国科学院于 2007 年 2 月发布了《关于加强科研行为规范建设的意见》，提出科学不端行为是指研究和学术领域内的各种编造、作假、剽窃和其他违背科学共同体公认道德的行为；滥用和骗取科研资源等科研活动过程中违背社会道德的行为。有学者认为当前科研道德失范最典型的、较严重的问题为科研不端行为，主要表现为：低水平重复研究以及科研成果的虚报造假、剽窃、抄袭等方面。当前，研究生面对严峻的就业压力，很多人根本无心科学研究，科研不端行为主要表现在伪造数

---

[1]　《科研道德问题呈年轻化趋势学术、行政权力难厘清》，中国新闻网，2010 年 3 月 30 日，http://news.163.com/10/0330/10/6311OK8Q000146BD.html。

据、故意错误引用、夸大其词和自我吹嘘、窃据他人成果，更有甚者，花钱请"枪手"代写论文，在论文署名中"搭便车"等。根据重庆工商大学思想政治理论学院的调研数据可以得出，硕士研究生学术道德亟待加强。

重庆工商大学思想政治理论学院调研情况如表3-2。

表3-2　　　您在学习（研究）过程中是否有以下行为（%）①

题目	没有	偶尔	经常
伪造或篡改实验数据	67.1	29.6	3.3
一稿两投或一稿多投	65.7	25.1	9.4
发表论文时署名"搭便车"	65.7	29.3	5.0
请人代写论文或为别人代写论文	80.4	17.4	2.2
把转引的文献资料改为直接引用；列表虚假参考文献	47.2	43.9	8.8
引用他人成果（包括句子、段落、图表、数据等），而未注明来源	48.3	39.2	12.4

虽然不敢确保这一调研的准确性及普遍意义，但根据本课题组对相关省属院校硕士研究生学术道德的大致了解，这一情况也大致反映了事实。如L大学Z学院中硕士研究生发表的论文质量总体上的确不高，不少文章所发表的刊物与本专业毫不相关，大多属于简单的拼凑加工，学术价值不大，在CNKI清华学术期刊有关论文引用下载的统计中，这些文章的下载与引用数量都极少，可以说缺乏学术贡献，造成了较大的资源浪费。这种现象在省内其他高校可以说较为普遍，这种状况不仅严重影响到研究生本人的学术规范的形成，而且会对研究生整体的学术道德造成消极的后果，乃至造成社会对研究生的消极评价及降低对其培养单位的认可度。

3. 研究生创新能力严重缺失

创新能力是研究生不可或缺的素养，培养创新能力是研究生教育

---

① 贾佳、邓一凡、王晶晶、刘忆：《硕士研究生学术道德现状分析》，《东方企业文化》2012年第5期。

的重要任务。但从当前的研究生科研论文来看，无论是发表的学术论文，还是毕业论文都存在创新能力不足的问题，尤其在地方省属院校所培养的硕士研究生中更为严重，主要表现为低水平的重复。在不少硕士论文中，一个较为普通的现象就是，尽管经过论文检测系统检测，没有发现抄袭现象，但是内容多是新瓶装旧酒，即按照自己的思路设计一个论文框架结构，然后再用自己的语言叙述或论证，这种现象被一些研究生称为"合理规避"。但事实上这些内容在理论创新方面实在是乏善可陈，甚至毫无学术价值。有些导师组在论文开题和答辩时已经不再将创新作为硕士研究生毕业论文评价的主要衡量指标。更为可悲的是，有些研究生自己没有做好足够的文献检索，在缺乏广泛阅读和调研的前提下，经过短时间的苦思冥想就形成所谓的自己的观点，进而完成构思，自以为是创新，其实是闭门造车的结果，有如井底之蛙，不知井外的世界。这种现象在省属高校的硕士研究生开题答辩中尤为突出。许多研究生根本不重视对研究现状的阐述，或许根本就没有做好相关的工作，甚至有些研究生的毕业论文竟然都没有文献综述，可见其思想中压根就没有这个概念。创新是在前人研究的基础上的进一步探索或提高。在没有充分了解前人的研究工作的基础上就断然下结论，这必然会导致资源的浪费，影响科研质量。应当说，导致上述研究生科研能力低下的原因是多方面的。首先，长期以来应试教育的结果正在影响着研究生教育。传统的应试教育模式束缚了学生创造力的发展，导致学生们相对缺乏独立思考的能力和创造性的思维。一些学生已经习惯于找一本或几本教材，按照教材编写的模式来写论文，从不少研究生的论文开题中，都能够发现类似论文结构教材化的现象。其次，我国现行的研究生招生入学分数在某种程度上取决于考生的外语成绩，或者是考生的记忆能力。导致在本科生阶段，大部分学生在英语考试方面花费了大量的时间，真正花时间去查阅和研究专业资料的人很少，致使部分研究生缺乏深厚的理论基础和必要的知识结构，"高分低能（科研）"的现象非常普遍。最后，攻读研究生学位的动机多样化。有些学生的确是缘于对科学研究热爱的内在行为，这些学生具有较强的学习主动性，也愿意与老师交流，注意知识的积累与对问题的发掘。而有些则是为了消极回避社会就业压力，甚至也有不少学生是迫于家庭压力等外在因素而被动攻读学位的。这些学生的学习态度与价值取向则不容乐观、参差不齐。一项专门针对研究生科研态度的问卷调查统计表明，热爱、喜欢科学研究的研究生比重分别为 15.3% 和 26.8%，占所有研究生的比例为 42.1%；而态度一般的比例为 46.4%；甚至还有 11.5% 的研究生对科学研究存在厌倦态度。① 此外，研究生培养模式不合理、管理体制陈旧等因素都不同程度地限制了我国高校研究生自身科研素质的提升。

4. 研究生的科研兴趣扭曲

研究生的科研兴趣是其科研能力提高的主要动力，但目前的研究生培养中，出现了许多导致研究生科研兴趣扭曲的现象。许多研究生将科研任务当作为导师干活。随着国家对科研工作的日益重视，各种科研立项与科研基金逐渐增多。2013 年 2 月 18 日，北京大学某工程类专业的一名硕士研究生在人人网上发出的退学声明称，他就读的实验室老师们总是把烦琐枯燥、自己都不想做但又必须做的工程收尾环节扔给他，他对此很不满："如果这样毫无意义的'苦力'劳动也好意思号称科研，本人的确没有参加这样的科研，也不可能参加。""搬砖"是研究生们对科研工作的戏称，从字面上来看，这是调侃科研工作中存在着大量的重复劳动。一位曾在同一个实验室就读的北大毕业生表示理解这名硕士研究生发出退学声明的举动，因为几年来情况一直如此。在这个实验室，导师不允许学生自主选课，并且要求大家在没有课的时间都必须到这里继续打卡做工。② 对于地方省属高校而言，这种现象近年来也日益凸显，尤其是在理工科，随着国家科研经费的日益增多，导师中的各种各类项目也在不断增加，有些导师承担了多个项目，但自己又没有足

---

① 信忠保、张雯、关立新：《高校研究生科研态度调查与激励措施研究》，《中国林业教育》2010 年第 6 期。

② 王庆环、冯颖：《北大硕士退学声明引发研究生科研该不该"搬砖"热议》，《光明日报》2013 年 2 月 25 日。

够的精力完成，好多项目申请下来就根本无暇顾及，为了完成项目任务，应付检查和顺利结项，只好将那些自己不愿意做的、学术意义不大的项目交给自己带的研究生来完成。而对于研究生而言，承担这些项目对提高科研能力的确能够起到一定的提高效果，但由于科研兴趣和研究方向的不一致，又会分散研究生的精力，甚至打消从事科学研究的积极性，使得学术研究日益功利化。

（二）地方省属高校科研制度现状分析

现代科研制度在国际上也称作现代科研院所管理制度，主要包括组织、人事、分配、业务管理制度等方面的内容。在组织制度方面，实行理事会决策，监事会监督，院长、所长负责日常管理的领导体制。如法国国家的科研中心，其最高决策机构是理事会，其职责包括确定科研方向，审议预算和经费，审议年度工作报告和财政决算报告，任免科研中心主任。在人才制度方面，遵循以人为本的原则，采用灵活的用人机制，包括固定人员与流动人员相结合，专职人员与兼职人员相结合，以促进人员的合理流动。一般只有研究室主任及其主要助手、专职工程人员等可考虑长期工作。在分配制度方面，采用公务员或参考公务员的工资制，如美国政府部门直接管理的国家实验室，采用公务员工资制，行政工资分18级，每级分10档；日本理化所科研人员工资参照国家公务员标准制定，一般均高于同级公务员工资标准。在业务管理方面，明确科研院所的研究方向，采用同行评议式的业绩考核制度和院所评估制度。在经费来源方面，国家研究机构的科研经费大部分来自政府财政预算拨款，大学科研经费则主要来自各科学基金项目合同，企业科研机构的经费主要来自企业科研预算。在科研机构的人员管理方面，不少国家采用国家公务员式的管理制度，采用任职年限制。如美国国立卫生研究院采用的制度是连续评议11年的淘汰机制，大约只有5%的人能最终成为固定科研人员。我国与国外一样，也越来越重视科研制度建设。相比而言，国内大学"缺乏完善的科研制度文本，国内很多大学都有教师手册，却较少有大学印发了科研手册，大部分院校只有一些简略的科研管理条例"①。地方省属高校作为高校的重要组成部分，与部属高校一样日益认识到科研制度的重要性，并遵循科研制度建设的规律与原则不断推进科研制度建设，凸显科研制度的特点与功能。但是，总的来看，地方省属高校科研制度现状更令人担忧，主要存在着供给不足、制度滞后与执行不力等方面的具体问题。

1. 地方省属高校科研制度建设的原则性不强

从高校科研制度建设的应然原则讲，至少应包括以人为本原则、合法性原则、科学性原则、因校制宜原则等。但是，从目前地方省属院校科研建设的现实情况看，这些方面存在明显问题。首先，科研制度建设中以人为本原则贯彻不力。人是社会活动的行为主体，也是科研活动的主体。学校科研制度建设中应提倡以人为本的原则，从满足教师成长发展需求出发，提出的制度要求和规则合乎学校的实际并为学校师生员工所接受，让科研制度真正体现出尊重人、关心人和爱护人的人文关怀，而不是用制度来控制人、操纵人和管理人。而目前地方省属院校的科研制度基本上还停留于如何管人、压人这种方式来激励科研活动层面。其次，科研制度建设中合法性原则没有得到很好的遵循。科研制度建设一定要在国家有关教育的法律框架下进行，要以《中华人民共和国教育法》《中华人民共和国教师法》等相关的法律和法规为法律依据，不得与其他具有法律效力的规范性文件相抵触。但是，有些地方高校在这方面仍然存在缺憾，如自实施限额申报课题以来，有些学校对青年教师申报加大了审核力度或附加了苛刻的条件，使得青年教师很难脱颖而出；有些学校则在学术交流方面对青年教师做出多方面限定。这实际上违反了竞争的公平性，也违反了《教师法》第七条教师享有的权利的相关内容。对学生科研的管理，就更谈不上公平了，甚至连相应的制度都不健全。再次，科研制度建设中的科学性原则缺失。科研制度的科学性体现在它要体现科学精神，制度文件要科学严密，制度之间不能冲突，制度要尊重实际等。但是，

---

① 李剑：《美国大学科研制度对我国的启示》，《科技创业》2007 年第 10 期。

从目前有些地方省属院校看，有些科研制度体系或制度实施明显违背了科学性。如有些学校在科研制度建设方面不断翻新，存在老制度与新制度并行期，而且如何解释主要取决于领导。如科研经费匹配制度，有些学校老制度规定国家课题学校进行1∶2匹配，有些师生是在这一文件存续期间获得的课题，但新文件却规定不进行匹配了。由于匹配是事后性的，往往在获得课题之后一年甚至两三年后才进行，而此时新文件出台了，匹配就泡汤了。最后，科研制度建设中没有很好地贯彻因校制宜原则。作为地方省属院校可以借鉴部属院校的科研文件和科研制度，但是不能盲目照搬，因为学校层级不同，条件不一样。比如上面提及的科研经费匹配问题，部属院校完全可以不匹配、不奖励，因为作为部属院校的教师都应当有能力申报，而对于地方省属院校匹配也是常理，可以使制度的激励功能很好地发挥。照搬部属不匹配、不奖励政策，对引人进人留人都会产生一定的影响，不符合地方省属院校实际。

2. 地方省属院校科研制度的体系化水平不高

科研制度实际上是学术科研机构对科研活动进行规划和组织，进行权力分配和资源分配，确定科研规范、行业道德和晋级标准，实施奖惩的一整套制度体系，包括科研法律制度、科研评价制度、科研奖励制度、科研惩处制度等。从制度体系的角度看地方省属院校科研制度建设，整体而言就是体系化水平不高，主要体现为四方面的冲突与矛盾，即既有制度内容之间的矛盾与冲突、新旧制度之间的矛盾与冲突、制度定性与定量间的矛盾与冲突、科研制度与相关制度的矛盾与冲突。从制度体系的内容方面来看，这些矛盾与冲突又突出地体现在科研法律意识淡薄、科研评价制度偏颇与科研惩处制度不力三个主要的方面。一是科研法律意识淡薄。目前，从整体上看，科研制度中缺乏的是科研诚信制度建设，科研中存在的道德失范问题较为突出。比如，对于学术论文或学术观点的抄袭，虽然有《中华人民共和国著作权法》《中华人民共和国知识产权法》《中华人民共和国专利法》《中华人民共和国科学技术进步法》等国家相关法律的规约，但实际上只是对少部分"大家"有约束，无名小卒根本不会在乎。法律有规定难以落实，而利益相关者也没有追惩意识，导致这种抄袭屡见不鲜。另外，学术大家们占据着重要期刊，他们的言论充斥了整个学术界，进一步挤压了地方院校一般师生的学术空间，与"大家们"一稿多发、重复发稿相比，地方省属院校的师生是苦于发稿无门。二是科研评审制度不完善，主要体现在对科研成果的评审标准把控不严，评审过程不透明和缺少监督。比如，虽然评奖规则在不断完善，但既往山东省社科评奖无论是著作还是论文仍存在标准不清晰的问题。就著作而言，作品的出版社级别、反响基本上显示了作品的价值，但是有些著作即使有海内外的引用、权威专家的书评和国家级的出版社，同样也未必能够获奖，因为必须通过专家的审查才行。而专家的评审过程是不公开、不透明的，整个评奖如何操作只有主管部门较清楚，有些奖确实是跑下来的。这种情况在各省都或多或少地存在，网络上有不少控诉，但在实际学术生活中根本没有起到作用，评审过程依然如故。很明显，在整个评审过程不公开的前提下，无法监督，也不可能做到监督到位。三是科研惩处制度不健全，对于有违科研制度或科研道德的人没有相关的处理措施。如北京大学对社会学系王铭铭教授抄袭事件的处理（仅被处以停招一年博士生）就被广大学术界人士认为过轻，没有达到惩戒作用。2005 年汕头大学长江新闻与传播学院胡兴荣教授因情节轻微的抄袭而主动辞职，是他个人"希望能更加光明磊落一点"，而非汕头大学的制度使然，中国政法大学教授杨玉圣就认为这样的情况在国内高校并不多见。确实，对于名校名人的处理源于社会压力和自身觉悟，而对于一般院校触犯学术道德和科研精神的人，由于社会压力小与自身觉悟低，基本上处于不处理状态。

3. 地方省属院校科研制度的执行落实力不足

学校科研制度的建设不仅在于形成一些文本条例，更为关键还在于制度的实施和有效地发挥作用。然而，目前地方省属院校中科研制度存在的突出问题不在于科研制度本身不完善或不科学，而在于有制不行、行制不严、违制不究的问题，即制度的落实力不足。比如，L大学某学院在职称评聘过程中经教授委员会制定了严格的量化标准，这些指标中自然包括了科研工作的各个方面。但是，在职称评聘的过程中，由于受到各方面利益关系的影响，此标准根本没有执行，本院参与教师的量化分数根本就没敢公布。自然，职称评聘的结果完全没有按照这一经教授委员会一致通过的文件，而是临时另行一套。这种情况在其他省属院校也时有发生，这就是制度落实力方面的问题。科研制度执行落实力不足的原因是多方面的，其一是科研制度本身缺乏稳定性。有些地方省属院校非常注重向更高层次院校的学习，这是难能可贵的，但在如何结合自身实际方面表现出明显的不足。如有的地方院校今天学习这个部属文件，明天学习那个部属文件，眼睛一直向外但却忽视了自身内部具体情况，在制度体系方面难以保持相对稳定性，制度变换太快致使制度执行有了更多的选择余地，从而导致选择者无所适从或造成选择的随意性。其二是制度执行的监督机制不到位。有些地方省属院校在科研制度的制定和落实中，没有强调造就良好的执法环境。一方面是如上面所言的制度体系本身出现问题，各种冲突与矛盾使得制度执行与落实受到严重的影响；另一方面在科研制度制定出来之后没有跟进舆论与宣传，师生对科研制度本身的认识与理解不足。最为重要的是，在科研制度的执行与落实过程中，缺乏始终如一的监督与控制，对职能部门与师生是否执行和落实了科研制度，执行与落实的情况如何缺乏考核，使有些科研制度有名无实。其三是对执行制度精神理解得不透。制度是死的，人是活的，如何执行制度不能离开人的因素，尤其是人对制度精神的理解，对抽象条款的具体化。说制度是死的除了强调制度的硬性之外，并不否定制度的弹性，而制度的弹性必须是在理解制度精神的基础上，否则就会造成制度的滥用。地方省属院校在落实科研制度的过程中，往往强调一些硬性的、量化的规定，对于科研制度建设的目的，对于以人为本的原则把握还不太到位，将科研制度单一地变成约束人而不是激励人的工具。其四是制度落实环境不力。从制度落实的环境方面分析，有些地方院校整个法治意识还存在一些问题，人治色彩过浓，导致法律制度在实施中受人主观因素的影响过大。如上面所言，制度是死的，人是活的。但有些地方在理解这句话时，强调人是活的，而且是置制度精神于不顾，变通地钻制度空子。所以，没有法治教育和法治思维，任何制度的执行落实都会打折扣。

三　健全地方省属高校硕士研究生科研制度的策略分析

根据上述对研究生科研能力与科研质量现状以及科研制度的分析，可以看出当前研究生培养质量的下滑是在研究生扩招的政策背景下，由于研究生的学缘结构、生源质量以及报考动机等发生变化，科研制度不能与之相适应的一种必然趋势。因此，如何调整和完善现有的研究生科研制度，是确保研究生的科研能力能够得到稳步提升的重要方略。

（一）有效嫁接科研制度与招生制度

硕士研究生招生学校在选拔考生阶段应当重在考察学生的综合素养，尤其是对学生从事科学研究潜力方面的考察。我国在本科教育以及研究生入学考试的初试阶段，主要还是一种应试教育，考试得分主要是看知识点，考察的主要是学生的记忆能力。只要学生在考前努力背诵就能得到较高的分数，而这些学生是否能够从事科研工作则是很难确定的。不容否认的事实是，在地方省属院校的硕士研究生招生中，虽然有不少学生考试分数很高，但并没有从事科研的能力，或者科研潜力不大。因此在硕士研究生招生阶段必须重视对学生科研能力的考察。由于硕士入学的初试是笔试，主要考察学生的基础知识和知识结构，所以可以充分利用复试阶段，加强对学生的考察。当然，一个人是否具有研究潜力，虽然需要长时间的考验，但对于长期从事科研工作的研究生导师来说，大体上可以从其言谈举止以及回答问题的角度、阐述问题的层次性和逻辑性以及观点的独到性方面进行判断。例如，美国各大学招录研究生，只是将 GRE 和 TOEFL 考试作为最基本的要求。除此之外，研究生招生单位通过研究生入学申请材料上填写的考生感兴趣的研究方向、科研获奖情况、本科阶段的学习成绩、教授推荐信、自我陈述等对申请者进行综合评定，考察学生的创造性、思辨性、写作能力、研究水平和潜力等综合能力。这种考察综合素养的招生机制有利于选拔出优秀生源，为高层次人才培养奠定了良好的基础。同时，美国的招生制度给予申请者很大的自主权，学生可以同时向多家研究生院提出申请，优秀学生往往会被多家院校同时录取。

需要注意的是，美国学校对教授的推荐信是非常重视的。教授对推荐信的写作非常重视，一般情况下都会实事求是地描述被推荐人的实际情况。教授作为学术专家，他们对考生的学术能力、科研方向、学术基础以及优缺点都有长期的观察，其推荐信具有较强的参考价值。这种推荐信往往对于招生单位与导师的选拔具有较强的影响力，因此，研究生招生单位和导师都非常重视，而且作为一种学术信任已经成为一种重要的学术传统。在我国的研究生招生制度中，也有这种教授推荐的制度，主要是博士研究生的推荐。但是，从目前的状况来看，这种推荐也大多数流于形式。一方面，很多教授并不熟悉被推荐人，而是由于人情关系的压力，只是在推荐信上写一些称赞性的话语，根本不能实际反映被推荐人的学术能力到底如何，是否符合招生单位和导师的科研要求。另一方面，推荐信都是被推荐人本人事先写好，然后打印出来或由他人代笔写好，然后再由推荐人签字而已。正是由此，一些招生单位与导师对于这些所谓的推荐信并不看重，更多的是出于对推荐者的所谓尊重。

借鉴国外研究生招生制度与科研制度，提升硕士研究生的学术能力应积极推进科研制度与招生制度的结合，实现招生制度与科研制度的有效衔接，将科研管理和创新能力人才培养的一些具体要求向招生制度延伸，在招生制度上充分体现对科研能力的考察，从而通过在研究生的招生源头上进行控制和筛选，将那些确实有志于从事科学研究并具有科研潜力的考生选拔出来。值得欣喜的是，从近年来一些"985"工程和"211"工程重点高校的招生制度对科研能力的考察力度来看，这一现象已经有所改观，主要体现在制度上的规范与细致，在教授推荐信的要求上更加严格，例如，要求填写导师联系方式，以防止学生私自造假的行为发生，但省属高校中这一问题尚亟待加以规范和改进。

（二）明确规范导师岗位责任制度

当前，我国地方省属院校硕士研究生培养大多实行的是导师负责制。导师负责制是"研究生培养制度中的重要内容，即由导师对研究生的学习、科研、品德以及生活各个方面进行个别指导并全面负责的教学管理制度"[①]。导师负责制源于英国牛津大学和剑桥大学的本科生教育。其目的是让"大学生依其专攻，随指定导师研究，课业品性均由导师负其全责"[②]。后来随着研究生教育的发展，导师负责制成为世界各国研究生教育的通用模式。这种制度在一定程度上对把好研究生生源质量关、培养高水平的人才起到了积极作用，但也存在着弊端。所以，加强导师对研究生科研工作的指导，加强硕士研究生导师管理岗位责任制度的建设，以规范和约束导师对研究生科研的指导和管理行为，对于提升硕士研究生的学术能力有很大帮助。由于导师自身指导水平不同、对学生的要求不同，相应的也影响着研究生的招生和培养质量。学校也要采取有力措施，严把导师质量关。导师资格的获得要以德才为标准，使品德高、学术能力强的教师加入到导师队伍中来。有些导师主要精力不是用在教学、科研和指导研究生上，而是花在拉项目赚钱上。在现实中，导师治学不严占有相当的比例。

改善研究生导师管理机制，完善研究生导师岗位责任制，应加强如下几方面建设，以确保研究生培养质量的长效机制。一是改变导师聘任终身制。创新导师遴选机制，实行导师上岗遴选制度，改革传统的和变相的导师终身制度，建设一支能上能下、富有开拓创新精神的导师队伍。二是建立研究生导师上岗培训制。重视和发挥科研管理部门以及富有师德与经验的导师在学术承传等方面的传、帮、带作用，加强新任导师的上岗培训，通过介绍指导研究生的经验，了解新时期研究生培养的宗旨和目标、导师的基本职责、与学生相处的经验、对

---

① 秦惠民：《学位与研究生教育大辞典》，北京理工大学出版社1994年版，第241页。

② 裴克安：《牛津大学》，湖南教育出版社1986年版，第81页。

学生的要求与责任、因材施教的经验等，了解关于研究生招生、培养及学位授予等方面的有关规定。通过培训，使年轻导师明确自身的责任与使命，提高教书育人的水平。三是加强导师组制度建设。研究生教育在强调导师负责制的同时，要借鉴美国协作式的研究生培养模式，利用科研团队的人才梯队，对研究生进行集体指导，改变单一导师制带来的弊端。美国研究生的培养采取集体培养和个人指导相结合，集合学科师资的集体力量对研究生提供指导和帮助。研究生入学后除了有 1 位导师外，还应有 4—6 位本学科相关方向的教师组成的指导委员会。指导委员对研究生修读的课程、研究方向的确定、综合考试以及最后的论文答辩，负有指导、咨询、组织和把关的职能。这种机制把导师个人作用和本学科师资集体的力量有效地结合起来，发挥了智力资源的最大效益。研究生与不同的指导教师轮番进行交互式接触，可以博采众长，形成多学科的交叉融合。因此，研究生、导师、指导委员会之间互动的质量、深度和广度很大程度上决定了研究生教育的质量。

在一个成熟的科研团队中，可以同时建立由多位导师组成的导师组对研究生科研进展进行把关和建设性指导。通过建立"导师—导师组"一体化的研究生培养模式，完善研究生培养和管理的制度，更利于对研究生的全面培养。因为在这种模式下，"导师个人将对学生的日常学习督察、读书效果监督、开题报告初稿和论文初稿写作进行具体的指导。同时，导师组将通过开设课程、学术报告会、开题报告会和论文答辩会等集体活动的形式就学生的学习效果进行评估和补充，并引介其他导师或非导师的资深副教授参与论文指导工作"①。

此外，尤为重要的是，这种导师组制度实现师生比例较小的个别化指导。美国每名导师所带的研究生仅为 2—3 名，师生之间通常是亲密、平等、自由、民主的关系。低师生比使导师有精力对学生进行个性化指导，也保证了导师和学生之间能进行充分的交流，学生也才

---

① 《中国人民大学国际关系学院试行导师组来培养研究生》，人大新闻网，http://news1.ruc.edu.cn/102392/42622.html。

能更深刻地了解自己的优势、兴趣，在论文选题上作出合适选择。①

但是，对于当前我国的硕士研究生而言，目前这种师生比已经出现严重的失衡。这种失衡状态又加重了硕士研究生培养各方面的疏漏。中国农业大学教授、长江学者李宁指出优秀的导师数量不足是制约因素的关键。研究生扩招带来的突出问题就是导师数量不足，带来的现象是一个导师带的研究生过多，对此应该采取两种有效的方法进行改进：一是大力支持和协助优秀导师，提供好各种后勤服务，使他们能够专心于研究生的培养；二是改变研究生的培养模式，倡导以小组式和团队型的模式进行研究生的培养模式改革。只有优化师资结构和资源配置，才能满足社会发展的多元化需求，才有利于解决研究生扩招和师资力量不足的矛盾，才能够集中精力完善、加强研究生的自主创新，以及学术科研的创新。② 对于地方省属院校而言，这种师生比失衡现象就更为突出，学科之间的差异较大，优势学科，由于报考人数较多，权威导师往往多捞多占，而一般学科或普通导师却门可罗雀。

（三）不断完善研究生科研质量保障机制

研究生学位论文的质量是研究生整体素质的集中反映，它标志着学生对本学科基础理论和专门知识的掌握程度，标志着学生综合运用本学科专业知识独立从事科学研究、解决实际问题的能力。依据ISO900－200 版的质量标准对质量概念的定义，可以将科研质量的概念表述为："科学研究的过程、体系和产品的特性满足顾客与相关方要求的程度。评判一个科研项目的质量水平的标准在于科研顾客与科研相关方的要求的满足程度，从宏观层面看，衡量一个科研项目的质量水平，最终体现在其对科技进步和社会经济发展的特定领域的理论

---

① 方丽、杨晓明、杨超华：《美国研究生的创新能力培养途径》，《科学时报》2010年 5 月 22 日。

② 李宁：《要培养研究生创新能力》，武汉大学研究生新闻网，http://www.gs.whu.edu.cn/newscenter/readnews.asp？NewsID＝2631。

或现实的需求的满足程度"① 国外研究生培养论文环节非常严格，要以导师的名誉做担保；在我国尽管也不乏相关的制度规定，但是由于缺乏制度的硬性约束，换言之，制度落实并不严格，导致论文质量的高低对学生和导师的利益都没有实际的影响。在硕士研究生的论文答辩组织过程中，答辩委员大多数都由导师去找，或者导师之间相互心照不宣地给对方面子，在人情关系的作用下，一些硕士论文的答辩并没有真正地做到应有的规范性和严格性，为了学生能够顺利毕业，不影响学生找工作，只要不出现严重抄袭等恶劣违背学术规范的现象，即便是某些学生的论文达不到硕士论文的要求，也会让学生顺利通过答辩，致使硕士论文答辩在某种程度上流于形式，这也使得学生对毕业论文的重视程度进一步降低，进而严重影响硕士论文质量。

毕业论文是研究生教育的成果总结，提高毕业论文的科研水平也是研究生论文管理的重要内容。有鉴于此，目前各研究生培养单位都针对科研水平不高的问题，制定了相关的措施：

第一，严格控制论文的选题和开题，论文选题要有创新性或开创性。现在研究生论文选题一般比较重视所选的题目能否完成，而不重视选题的质量。选题好可以开创出新的研究方向或发现新的问题，是创新能力的体现。当然选题的创新性也要以有资料为基础，不能盲目乱选。开题是研究生论文总体思维的表述，要严格控制。首先要审查选题是否有创新性，是否用新的思路和方法解决学术问题。其次要检查文献综述，考察研究生是否把握了国内外的研究成果，是否有自己创新的设想。对此，可以建立一个开题质量的评价体系，包括文献查阅情况、写作情况等方面，对论文写作过程进行综合评价，并以评价得分决定答辩权的申请资格。

第二，加强对毕业论文答辩的管理。毕业论文答辩是确保论文质量最关键的一个环节，广义的论文答辩程序包括论文评阅、预答辩、正式答辩三个阶段。而论文评阅又分为学术不端行为检测、盲评和通

---

① 周文泳等：《论科学研究的质量概念与质量改进途径》，《同济大学学报》（自然科学版）2005 年第 6 期。

讯评阅三个子环节；预答辩属正式答辩的预选和预演，主要涉及预答辩委员会的组成、预答辩决议的结论（即能否获得正式答辩资格）和实际效力；正式答辩则包括答辩资格的确认、答辩委员会成员的遴选及狭义答辩程序（答辩人阐述论文内容、答辩委员会提问、答辩人回答问题、答辩委员会评议并做出决议）。

第三，保障硕士论文答辩的公开透明。正式答辩全过程的公开透明是保证论文质量、答辩过程严肃公正的必要条件。《中华人民共和国学位条例》要求答辩委员会必须有外单位的有关专家参加，各学位授予单位制定的答辩办法均明确规定答辩必须公开进行，甚至具体规定了公开方式。如规定提前几天公布答辩的时间、地点等信息，以便广泛吸纳校内外有关人员列席旁听。另外，答辩办法一般还会规定就答辩过程进行记录，包括录音、录像、一定的列席旁听及音频、视频、文字材料记录，既可以防止答辩过程流于形式，也可以防止由于人际关系而导致对论文给出不公正的结论。[①] 一次答辩过程不仅是对研究生科研能力的公正公开的评价，而且也是对其他旁听研究生的很好的教育过程。通过旁听答辩，学生可以了解到导师对论文的要求，可以起到有效地激励和鞭策作用。对此国外许多高校对研究生的答辩过程极为重视，设置了各种庄重和严格的程序和仪式使学生感到压力，从而产生对科研学术的敬畏之心。

在省属院校硕士研究生的科研管理方面，严格规范的学位论文答辩制度是确保研究生科研质量的重要保障机制，因为答辩过程的严肃性可以塑造出一种庄严的程序力量和学术环境，这种程序和环境会让学生充分感受到压力，从而督促其认真对待科研能力的提高。

（四）严格实施学位论文违规审查制度

学位论文违规审查制度是防止研究生剽窃、抄袭的重要管理机制。这一阶段的程序设置大多分为两部分：第一部分是学术不端行为

---

① 李广民、丁金光、欧斌：《试析学位论文答辩对论文质量保证的作用》，《黑龙江教育》（高教研究与评估）2011 年第 5 期。

检测，或称机评。这部分的主要作用是防止学位论文出现抄袭、伪造、篡改等严重学术不端行为，是对论文最低层次的审核。第二部分包括盲评、通信评审、校内专家评审、答辩专家评审等，这几种评审也可能交叉进行，主要由专家从专业的角度审核论文是否符合相应学位论文的要求，是否具备答辩的资格。学术不端行为检测是过程检测和检查的重点，也是针对近年来抄袭、剽窃、伪造、篡改等学术不端行为愈演愈烈、对过程进行处置和改进的结果，当然也是由于科学技术发展为这种监测和检查提供了条件，学术不端行为检测是由公共文献数据库开发的快速检测此类不端行为的系统。目前使用范围较广的是学位论文学术不端行为检测系统（简称"TMLC"），它以《中国学术文献网络出版总库》为全文比对数据库，初步实现了对抄袭与剽窃、伪造、篡改等学术不端行为的快速检测。

落实学位论文违规审查制度，需要严格执行研究生学位论文匿名评审制和导师回避制，从而保证评阅人对论文评价的客观性，避免人情因素的干扰。通讯评审制度，特指由培养单位以外的专家对论文进行评审。与盲评不同的是，通讯评审要有针对性，所聘专家一定要对提交论文的领域有较深的研究。通讯评审专家可以由培养单位论文指导教师推荐，本专业负责人确定。通讯评审应在盲评的基础上进行，重点应集中从更专业的角度发现论文的亮点和不足。校内专家评审，一般由同专业其他导师进行。由于他们对本单位条件和论文撰写的过程比较熟悉，一般能更具体地提出论文的亮点和不足。通讯评审和校内专家评审是对论文第三层次的把握，对进一步提升论文的质量具有重要意义，其意见应及时反馈给论文导师和作者，以便他们对论文进行进一步修改。

到目前为止，客观地说，我国内地的硕士研究生整体科研能力已经远逊于我国台湾、香港地区的硕士研究生，尤其是地方省属高校所培养的研究生更是如此。这种现象的发生与内地缺乏严格的论文评审制度有关。国外许多知名科研杂志，都要求论文作者严格注明资料来源、研究目的、设计环境，一篇文章的发表从投稿到被编辑提出修改意见，再到修改和递交，反反复复要经过多次。与之相比，尽管我国绝大多数期刊都秉承了相对严格的评审制度，但依然不乏依靠人情、疏通关系、缴纳金钱就可以发表论文的现象。在硕士论文答辩阶段，由于整体质量不高，导师习以为常，为了保证大部分研究生能够顺利通过答辩，也主动降低要求，不能做到严格的规范。这使得许多研究生不在提高论文质量、提高自身科研能力上下功夫，而是投机取巧通过和导师搞好私人关系等手段来获得老师的认可。因此必须加强对硕士研究生的论文审查，这种审查不能仅仅局限于是否抄袭的层面上，而是应当切实做到对论文创新性和科学性的全面审查。

（五）不断拓展研究生学术交流研讨制度

学术的本质是探究、创新。学术交流活动是研究生培养过程中不可或缺的重要环节，是研究生相互交流的有效平台，是扩大研究生学术视野，提升学习能力、创新能力、合作协调能力的有效途径。科学学创始人贝尔纳认为："现代科学的最伟大的发现有一些有赖于不同来源的思想的相互作用。只有当吸收了不同中心的思想的工作者聚集一堂的时候，才会产生这样的发现。这种交流的价值是再大也不过了。"[①] 积极参与学术交流活动可以帮助研究生在学术活动中培养探究能力，在广泛交流中碰撞出智慧的火花；有利于研究生及时了解本专业领域的前沿学术动态，掌握学科发展趋势。从国际、国内的发展趋势来看，建立系统的、制度化的研究生学术交流体系或平台是培育研究生学术氛围、提高研究生学术水平的必要前提。鼓励研究生积极参与各类学术活动。校内外组织的各类学术报告会、专题讲座、各类学术会议等均属于学术活动的范畴。可定期或不定期地举行学术研讨会，鼓励优秀研究生成果通过学术报告会方式组织建设"研究生导师论坛会""研究生论坛会"等各种学术沙龙活动，让学生有机会发表自己的学术观点，让更多的专家和导师参与指导。

研究生管理部门有必要给研究生参加学术会议、扩大学术交流创

---

① ［英］J. D. 贝尔纳：《科学的社会功能》，陈体芳译，商务印书馆 1982 年版，第412 页。

造机会，并在制度上予以保证。根据《中国矿业大学研究生科研基本素质基本要求及考核工作规定》，硕士研究生至少应参加20次学术活动，若参加1次国内外学术会议按10次学术活动计入。一方面，把学术交流纳入研究生培养计划，构建了所有研究生均可以自主交流，导师能够深度参与，跨专业师生能够共同研讨的普及型的校内学术交流平台。另一方面则应采取"刚性规范"与"柔性管理"相结合的方法，鼓励研究生参与学术交流活动。所谓"刚性规范"，是指对于研究生参加学术交流活动的次数应有一定的硬性规定，并将其与研究生的评优等荣誉活动相挂钩，但对于活动内容的选择，应给予研究生充分的自主权。只要能够保证最低限度的活动次数，就认定其学术考勤合格，给予其参与研究生评优的资格。

根据中国矿业大学的相关规定，研究生的学术专题研讨一般由指导教师（或指导组成员）组织进行，研究生作专题报告，并由研究生就报告的主题展开讨论。为充分发挥指导教师的集体指导作用，各学院可以选择按研究方向或课题组的形式分组进行（以下称"专题研讨组"），每组导师和学生人数由各单位自定。而且硕士研究生在毕业答辩前至少应完成2个学期的专题研讨考核，在参加考核的每学期内每人至少应完成1次专题报告，考核通过每学期计1.5学分，累计3学分；博士研究生的要求则更加严格，在毕业答辩前至少应完成3个学期的专题研讨考核，在参加考核的每学期内每人至少完成2次专题报告，考核通过每学期计1.5学分，累计4.5学分。各专题研讨组每学期至少应安排15次的专题研讨会。专题研讨组指导教师应根据本组内研究生人数（要求硕士和博士一起进行）和研究生每学期必须完成的专题报告次数，制订出本学期详细的研究生学术专题研讨计划，并在开学后2周内将计划报所在学院研究生教学秘书备案。专题研讨计划包括专题报告会主持人、报告人、主题、时间和地点。可见，如此详细的管理制度使得专题报告制度得到学生充分的重视，这一点特别值得省属高等院校的硕士科研管理单位学习，许多科研制度只有做细，才能有效地得到落实，否则就可能流于形式。

（六）科学构建科研管理激励机制

当前我国研究生的创新能力不足、科研能力较低、积极性不够等现象受到社会的普遍关注。科学研究态度对研究生科研能力的发展起到至关重要的作用，可以说，在一定程度上科研态度决定了研究生对科学研究的积极性和进取性，进而影响到科研效率和潜能的发挥。因此，在当前研究生科研积极性不高的背景下，如何提高研究生科研积极性的问题，是研究生教育和科研管理的重要命题和重要任务。

一是需要建立研究生科研项目管理制度。虽然许多研究生已有很好的科研思路，但有些由于得不到经费的支持而无法得以落实。因此，学校、导师应当给予这些学生适当的经费支持。这种支持应当是多样性的、公正的，以确保学生的积极性与创造性能够得到必要的支持。比如，高校可以设立研究生科学研究创新基金或者校级科研项目专项基金，鼓励研究生在校期间进行科学研究并取得重要成果，鼓励研究生自由选题和申报，培养和锻炼研究生的科研能力。让研究生的科研思路得到及时的孵化和培养，避免他们的科研思路和学术火花停滞于想象之中，进而影响他们的科研积极性。给予他们适当的科研经费支持，为他们创造必要的科研条件。这势必点燃他们的科研梦想，激活他们的科研激情，从而带动其他学生的学习热情。

二是需要建立对研究生学术成果的表彰机制。通过"学术之星"或"青年学子学术报告"等形式的制度，展示研究生良好的学术风貌，形成模范力量，使广大研究生能够潜心向学，勇攀科学高峰，这也是学术活动长效机制得以发挥的重要保障。评选"学术之星"和"学术标兵"的关键在于评定标准的制定以及各院系名额的分配。笔者认为，应遵循宁缺毋滥的原则，将在研究领域中取得丰硕成果的研究生推选出来，还要考虑专业、学科分布的合理性，确定最终人选。

三是结合研究生的正面激励作用，还需要利用负向激励约束机制，针对研究生的科研不规范与违背科研准则行为严格依照管理规定进行相应的处罚，扶正祛邪，以形成良好的科研风气。从整个研究生科研管理的情况看，一个较为突出的问题是，研究生培养单位对犯错误的研究生处理普遍不严，不能做到有错必纠。执法不严的状况导致有些学生产生麻痹心理，学习懈怠，得过且过，对科研工作马马虎虎，应付了事，这样做对研究生的成长非常不利。因此，在研究生管理过程中要充分发挥负向激励的价值和作用，对研究生的各种科研违规行为不能迁就，更不能以照顾研究生顺利毕业为理由使其逃避责任，必须根据其违规的具体情况进行认真处理，这样才能保证科研管理制度的严肃性，达到科研制度的原本目的。

（七）建立健全研究生科研记录制度

科研记录是指研究生在进行科学研究的过程中，应用实验、观察、调查或资料分析等方法，根据实际情况直接记录或统计形成的各种数据、文字、图表、图片、照片、声像等原始资料，在进行科学的实验过程中对所获得的原始资料的直接记录和对这些记录的相关分析，可作为不同时期深入进行相关研究的基础资料。

科研记录主要是为了加强对研究生科学研究工作的规范化管理，保证科研记录真实、规范、完整，保证研究生学位论文水平和培养质量，其主要内容通常包括课题名称、研究目的、实验（调查）设计方案、实验（调查）时间、实验材料、实验（调查）方法、研究过程、观察指标、研究结果和结果分析等内容。

研究生科研记录检查是预防研究生学术不端、加强研究生培养的必要手段，学校可制定检查框架，形式要灵活，便于实施。研究生每次参加完学术活动后应在《研究生个人学习备忘录》上进行详细登记，其内容主要包括学术活动的组织单位、时间、主题、学术内容及主办单位负责人签名。当然，科研记录的设计必须注意的是需要注意学科之间的区别，尤其是人文社科与自然科学具有不同的特点。人文社科研究生注重思维发散性培养，科研记录检查内容不能等同于自然科学研究生，形式应多样化。应该充分注意到这种学科间的差异，有针对性地设计科研记录内容和记录方式。

对于省属高等院校的研究生科研管理而言，做好研究生的科研记录是非常重要的，由于省属高等院校跟"211"工程、"985"工程等国家重点高等院校相比，在研究生人才培养和科研管理方面，经验不足，较为滞后一些，如果能够合理地利用科研记录加以总结、归纳，寻找差距，加以提高，则可以弥补管理失误，提高管理质量，达到事半功倍的效果。因为这些科研记录记载着研究生在各个阶段所遇到的问题，因此，可以起到档案记录的作用，对这些档案记录加以细心整理就可以有效地发现研究生科研管理工作中存在的得与失，因此合理地利用研究生科研记录进行归纳总结，必然会起到及时发现制度中存在的问题，以进一步提高科研管理质量的作用。

　　总之，研究生科研能力的培养是一个取决于多方面条件和措施共同推进的复杂过程，以上七个方面的方法和途径是结合了研究生科研管理中的主要环节而提出的，经过实践的检验，在研究生科研能力培养中具有可行性，并能收获良好效果。在研究生的科研管理过程中，我们应当正确认识科研管理与研究生科研能力提高的互动关系，正确认识科研管理制度所能够发挥作用的范围和局限性，在此基础上不断地结合省属高等院校自身的办学特点和经验，积极改进硕士研究生科研管理模式，寻找和探索新形势下研究生科研管理的规律，善于运用激励机制来激发研究生的主动性和积极性，从而保证研究生科研管理制度真正落到实处，进而稳步提高研究生的培养质量。

第四章

地方省属院校硕士研究生学术能力
提升的培养模式保障机制

硕士研究生的培养模式是影响硕士研究生学术能力的重要因素，从一般意义上讲，教师传授知识必须要通过一定的方式和方法，借助一定的平台和手段。而这一切都必须依赖于培养模式。地方省属院校硕士研究生本身的学术环境就不乐观，如果不自觉地通过完善培养模式，他们提升自身学术素养的前景就会受到很大影响。所以，着眼于培养模式的改革与创新来助力硕士研究生学术能力的提升是种必然的选择。

一 研究生培养模式的理论界定

研究生培养模式内涵丰富，主要包括培养目标、课程体系与培养方式三大要素。这三大要素在相互作用与相互影响中形成了研究生培养模式的系统性、规范性与操作性三大基本特征。

（一）研究生培养模式的内涵

模式是现代科学研究中普遍采用的一个术语，指从生产经验和生活经验中经过抽象和升华提炼出来的核心知识体系，尤其是指解决某一类问题的方法体系、范式体系、结构体系等，简单地讲即把解决某类问题的方法总结归纳到理论高度就是模式。模式的意义在于生成良好的行动指南，有效地完成特定任务，达到事半功倍的效果。培养模式，顾名思义是关于人才培养方面的模式。1994 年，原国家教委全面启动和实施的《高等教育面向 21 世纪教学内容和课程体系改革计划》中就提出了"培养模式"一词，但截至目前，学者对于这一概念的认识仍存在分歧。

学者对培养模式认识的主要分歧集中在其外延与属性规定方面。一方面，对培养模式的外延有两种不同观点：泛化论者将培养模式的外延扩大到整个管理活动的范畴内进行界定，如"人才培养模式可以认为是为实现一定的人才培养目标的整个管理活动的组织建构方式"[1]；狭义论者则将培养模式的内涵缩小到教学活动或教学过程的范畴进行诠释，如"培养模式是教育思想、教育观念、课程体系、教学方式、教学手段、教学资源、教学管理体制、教学环境等方面按一定规律有机结合的一种整体教学活动，是根据一定的教育理论、教育思想形成的教育本质的反映"[2]。另一方面，学者对培养模式的属性认识同样存在两种不同观点：结构范畴论者认为培养模式应该是由若干个与培养人才有关的要素组合而成的一种结构，如李硕豪、杨峻等认为"培养模式是为实现人才培养目标而把与之有关的若干要素加以有机组合而成的一种系统结构"[3]，"培养模式是在一定的教学思想、观念的指导下，根据培养目标的要求，构成人才培养系统诸要素之间的组合方式及其运作流程的范式"[4]。过程范畴论者对培养模式的研究本质上是一种系统动态特性分析，认为培养模式是对培养过程质态的一种总体性表述，这种状态随外界条件变化而变化。如阴天榜等人认为，培养模式"指在一定的教育思想、教育理论和教育方针的指导下，各级各类教育根据不同的教育任务，为实现培养目标而采取的组织形式及运行机制"[5]，"是一种对于培养过程的谋划，一种对于培养

---

① 陈世瑛、张达明：《工程本科生培养模式的研究》，《江苏高教》1997 年第 1 期。

② 刘红梅：《21 世纪高教人才培养模式基本原则探析》，《齐齐哈尔医学院学报》2002 年第 5 期。

③ 李硕豪：《高校培养模式刍议》，《吉林教育科学·高教研究》2000 年第 2 期。

④ 杨峻、刘亚军：《面向 21 世纪我国高等教育培养模式转变刍议》，《兰州大学学报》1998 年第 2 期。

⑤ 阴天榜等：《论培养模式》，《中国高教研究》1998 年第 4 期。

过程的设计，一种对于培养过程的建构，一种对于培养过程的管理"①。

王运来、李国志认为要界定人才培养模式应把握五点：一是人才培养模式是施教者（主要指学校）为受教育者（主要指学生）所做的一种教育计划与方式的安排是预先设计好的，具有一定的稳定性和普适性并经得起时间的验证；二是人才培养模式的选择、设计受教育管理者的教育理念的影响，受自身的人才培养目标和人才规格所制约；三是人才培养模式的施行需要学校内部和外部可利用的一定条件做支撑，必须在特定的时间内完成；四是人才培养模式的形式与内容在人才培养过程中具有系统性和完整性；五是成功的人才培养模式对于其他院校或专业具有可仿效性，甚至是可复制性，并且这种仿效或复制在同等条件下能够得到与之相同或相近的结果。②

可见，人才培养模式指的是人才培养目标、培养规格和基本培养方式，它是在一定的现代教育理论、教育思想指导下，以社会需求和培养目标为导向，按照特定的培养目标和人才规格，以相对稳定的教学内容和课程体系，管理制度和评估方式，实施人才教育过程的总和。研究生人才培养模式则是针对研究生这一特定群体实施的人才培养模式，同样涉及培养目标的制定、培养课程的构建和教学模式的选择等方面的内容。对于地方省属院校而言，大部分没有博士授予权，它们研究生的培养模式主要是针对硕士研究生。

（二）研究生培养模式的构成

研究生培养模式的针对性自然是社会的需求，科学的培养模式是在对社会需求准确把握的基础上，以按照现代教育理念建立科学的培养目标为直接依据确立下来的。就其本身结构而言，不仅包括课程体系的设计，也涉及培养方式与培养制度的内容。

①　龚恰祖：《论大学人才培养模式》，江苏教育出版社 1999 年版，第 14 页。

②　王运来、李国志：《高校教学质量评价与保障》，南京大学出版社 2010 年版，第 222 页。

1. 培养目标

目标是指主体根据自身需要，借助于观念、理念、意识等中介形式，在行为活动之前预先设定的行为目的或结果，反映了主体对客体的实践关系。人才培养活动源于主体的兴趣和需要，培养目标则为人才培养活动指明了方向，是人们在活动前于头脑中对人才培养活动结果的一种预见和构想，是人才培养的标准和要求，是人才培养模式构建的核心，对人才培养活动具有调控、规范、导向作用。[①] 马克思曾对人有意识的活动做过精辟的阐述："蜘蛛的活动与织工的活动相似，蜜蜂建筑蜂房的本领使人间的许多建筑师感到惭愧。但是，最蹩脚的建筑师从一开始就比最灵巧的蜜蜂高明的地方，是他在用蜂蜡建筑蜂房以前，已经在自己的头脑中把它建成了。"[②] 人才培养活动自然也是个有意识的过程，培养目标规定了人才培养活动的预期结果，为整个人才培养活动确定了发展方向。

需要指出的是，人才培养目标既是在教育理念指导下制定的，也是教育理念的具体化。一方面，培养目标要以一定的教育理念作为指导依据，人类的行为是依据既定目标做出的，既定目标的制定是受既定理念支配的。教育理念是人才培养活动所尊崇的教育观念和原则，它规定人才培养活动的性质和发展方向，是一定人才培养模式建立的理论基础和依据。[③] 同样，教育理念作为人才培养目标的依据，影响、决定了人才培养目标的科学性与完整性。没有教育理念的指导，人才培养目标必定是片面的，整个培养活动和进程必然也有失科学性和系统性。当然，如果没有人才培养目标对其进行的具体化，教育理念只能是空谈。即便是先进的教育理念，如果不细化为科学的人才培养目标体系，也会使整个人才培养进程缺少明确的指标控制，而没有明确指标控制的教育活动是短视的，也难以达到人才培养质量的要求。

通俗而言，研究生的培养目标就是将研究生培养成什么样的人的

---

①　张相乐：《关于本科专业人才培养模式改革的思考》，《石油教育》2004 年第 1 期。

②　《马克思恩格斯全集》第 23 卷，人民出版社 1972 年版，第 201—202 页。

③　张相乐：《关于本科专业人才培养模式改革的思考》，《石油教育》2004 年第 1 期。

问题。作为地方省属院校的硕士研究生，培养目标的定位决定着其课程体系的架构和培养方式的选择。在整个地方省属院校硕士研究生培养模式当中，培养目标的定位是否准确，对于其学术能力的培养和提升以及其自身素养的全面发展都起着决定性的作用。

2. 课程体系

"课程"一词在我国始见于唐宋期间，在《朱子全书·论学》中曾多次提到这一语词，其含义是指功课及其进程。[①] 目前，人们对于课程的认识角度不同，内涵与侧重点也不尽相同。罗尧成在其《研究生教育课程体系研究》一书中，罗列了如下关于课程的定义："一种学习计划"；"学习者在学校指导下所学得的全部经验"；"一种预期学习结果的结构化序列"；"一种文化发展与创造的过程，是师生共同参与的探究活动中意义、精神、经验、观念、能力的生成过程"；"一种预期教育结果的重新结构化序列"；"人的学习生命存在及其优化活动"；"一种发展的课程是育人的媒体"；"课程即过程"。继而得出，课程的本质内涵，是旨在使学生在教育环境中所获得的促进其全面发展的教育性经验，是学校借以实现教育目标的主要手段和媒介。[②] 根据这一本质内涵可以得出，研究生课程是旨在使研究生获得利于培养目标实现的教育性经验，并为此而建构的学习科目及其教育、教学活动系统或学习者共同体的总称，它不仅强调课程对于培养目标实现的目的性，研究生获取教育经验的课程参与性，还关注课程系统的完整性——课程体系问题。

体系是指若干事物互相联系而构成的一个整体，是从整体来看待一个事物。课程体系是一个具有特定功能、特定结构、开放性的知识、能力和经验的组合系统，研究生教育课程体系表现为静态的内容要素和动态的过程要素。课程体系的内容要素，主要是指课程体系的组成成分、课程的联系方式、组织形式以及各类课程之间的比例关系

---

① 陈侠：《课程论》，人民教育出版社 1989 年版，第 12—13 页。

② 罗尧成：《研究生教育课程体系研究》，广东高等教育出版社 2010 年版，第 18—19 页。

等。对于研究生教育课程体系而言，主要包括基础课程、专业课程、跨学科课程、理论课程与实践课程、必修课程与选修课程等课程构成及结构比例关系。课程体系过程要素具体包括课程体系实施和课程体系评价两个部分。研究生教育课程体系的实施主要是通过学科课程的教学与活动课程来开展的，而作为起反馈作用的课程体系评价，其重大意义在于能促成科学合理的专业层面和个体层面课程体系的最终形成，是培养目标得以实现的有力保障。

作为地方省属院校的硕士研究生，若要提升自己的学术能力与学术水平，自然离不开学术锻炼，但硕士研究生课程设置与课程体系的构架对于开拓他们的思维有重要的意义。如果课程设置与课程体系构架科学，他们不仅能从中获得知识，更重要的可能是获得认识和分析问题的方法。在信息时代，知识的习得方式是多样化的和快捷的，但思维方式的锻炼相比而言更显重要。所以，推进地方省属院校课程体系建设科学化，对于提升这些学校硕士研究生的学术能力的作用重大。

3. 培养方式

培养方式也可以从静态与动态两个方面加以考量，从静态方面看应包括培养方案、培养制度。培养方案是指为实现人才培养目标的要求而制定的一系列静态的培养措施和培养计划，它是人才培养活动的规划和计划，除了包括前面提及的人才培养目标之外，还应包括教学计划、课程设置、教学大纲的设计和非教学途径的安排等。其中，教学计划是培养方案的实体内容，一般由课程的设置、学时学分结构和教学过程的组织三部分组成，具体地规定着一定学校的学科设置、各门学科教学顺序、教学时数等多种教学活动[1]。制度是指"稳定的受到尊重的和不断出现的行为模式。"[2] 同样，培养制度是人才培养行为得以稳定存在并受到尊重和不断出现的行为模式，它是人才培养活

---

① 《中国大百科全书·教育卷》，中国大百科全书出版社 1985 年版，第 153—154 页。

② ［美］塞缪尔·亨廷顿：《变动社会中的政治秩序》，华夏出版社 1988 年版，第 12 页。

动得以延续和不断再次发生的根本。人才培养活动之所以能够得以持续和延续的原因就是相关制度的存在，只有通过制度化了的人才培养活动，人才培养模式才能够形成和存在。具体而言，培养制度表现为有关人才培养的重要规定、程序及其实施体系，是人才培养得以按规定实施的重要保障与基本前提，也是培养模式中最为活跃的一项内容。培养制度包括基本制度、组合制度和日常教学管理制度三大类。①

从动态上看，培养方式应是方案、制度与措施的组织手段与落实方法。从培养主体划分，主要是围绕"需要什么样的研究生"和"怎样培养所需要的研究生"的决策权，划分为如下几种：其一是用人单位主导型培养模式，这一模式中社会用人单位在整个研究生培养过程中处于主导地位，而其他参与研究生培养的主体则处于次要地位。其二是导师主导型培养模式，这一模式中导师在整个研究生培养过程中处于主导地位，导师是研究生培养的主要决策者，其他参与研究生培养的主体处于次要地位，又可分为单一导师决定式和导师组决定式。其三是研究生主导型培养模式，这一模式中研究生在整个研究生培养过程中起主导作用，而政府、高校、导师等其他因素处于次要地位。其四是学科专业单位主导型培养模式，这一模式中学科专业单位在研究生培养过程中处于主导地位，而参与研究生培养的其他主体处于次要地位的一种研究生培养模式。其五是政府主导型培养模式，这一模式中政府在整个研究生培养过程中处于主导地位，起到最终决策作用，而高校、学科专业单位、导师、研究生和社会用人单位等因素处于次要地位。其六是研究生培养单位主导型培养模式，这一模式中高等学校在整个研究生培养过程中处于主导地位，而参与研究生培养的其他因素处于次要地位。除按培养主体分类之外，笔者认为还可以从以下两个方面分类：从培养载体划分为课堂面授培养式与网络在线培养式；从培养进程划分为培养过程监控式和终极目标考核式。

地方省属院校要提升硕士研究生的学术水平，不仅应在培养方案和培养计划中体现科学研究的要求，而且更重要的是采取有效措施落

---

① 文汉：《人才培养模式探析》，《高等农业教育》2001 年第 4 期。

实这一方案和计划。从动态方面认识培养方式，实际上就是如何落实培养方案和培养制度的问题。作为地方省属院校研究生的培养，在制度建设方面有很多借鉴空间，但这并不意味着制度建立健全后就能培养出学术水平高的研究生。实践表明，落实方案与制度的手段更为重要。

（三）研究生培养模式的特征

从研究生培养模式的内涵与结构可以得出，研究生培养模式主要涉及培养目标、课程体系和培养方式等要素，而这些要素内部及要素之间的相互联系、相互影响使研究生的培养模式至少有以下三个方面的突出特征。

1. 系统性

研究生培养过程是一个有明确目的、按一定方向运行的复杂的系统工程，包含培养目标、课程体系、培养方式等系列要素，要素与要素之间必须存在目标取向上的内在逻辑联系，彼此协调运作，形成一个完整统一的系统结构。强调研究生培养模式的系统性，具有以下深层内蕴：首先，研究生培养模式应当是一个系统结构，如果仅仅涉及培养过程中的某一种要素，或虽然涉及几种要素，但是要素与要素之间并未形成目标取向上的内在逻辑联系者，便不称其为培养模式；其次，研究生培养模式强调的不是某一个要素、方法、程序的单一功能，而是整体优效性，即所有要素之间基于目标取向上的内在逻辑联系而达到的优化组合，合理构建，和谐运转，是一种对整体功能大于部分功能之和效果的追求和谋划。研究生培养模式所具有的系统性启示人们，在建构或改革研究生培养模式的时候，要将教学、管理、课程协调统一，将理论教学与实践教学协调统一，将培养目标、教学内容、施行途径、质量评价、人才规格和教育观与价值观协调统一，使之相互联系、相互作用、相互促进，形成一个有序整体，从而避免单一化、片面化的模式出现。

2. 范型性

所谓范型性，就是标准性、典型性、规范性。研究生培养模式是对研究生培养过程的更本质、更深刻、更准确的理论概括，对于研究生培养过程具有普遍适用的典型指导意义，是一种使教育主体可以方便地照着去做，并且肯定可以收到相应的教育效果的标准范式。任何国家或地区的教育实践都是统一性与多样性的结合。一方面，多样化是高校适应社会发展，适应社会各行各业多层次、多类型、多规格、多样化的人才需求的必然选择。任何一种人才培养模式都会打上时代的烙印，实现多样化的人才培养目标需要依赖多样化的人才培养模式。对于研究生培养而言，没有哪一种特定的培养模式能够完全适用于不同的院校和不同的专业。另一方面，标准模式并非可有可无的东西，存在既定培养模式对研究生培养具有重要意义。因为模式具有相对稳定性，进而具有一定的示范性，有些高校的人才培养模式不仅适用于某一届或某个专业的人才培养，甚至适用于多届和多个专业的人才培养，如德国的"双元制"模式、澳大利亚的"TAFE"模式、日本的"企业本位"都是以稳定性著称并得到认同的。人才培养模式的相对稳定性可供人们仿效，甚至照搬，在同等条件下其他院校也可以得到相同或相近的结果。

3. 操作性

研究生培养模式来源于研究生培养实践并应用于人才培养实践，无论是一个学校自我构建的模式，还是模仿来的模式，都要能够付诸实践检验并能经受实践检验。从以上关于研究生培养模式的三方面主要内容来看，研究生培养目标定位是否准确、课程设置体系是否科学、培养方式是否适用，都是可操作性的重要体现。在研究生培养目标方面不准确，如果定高了则达不到，自然是违背了可操作性；如果定低了则使研究生培养本科化，自然也称不上是研究生的培养了。同样，在课程体系设置方面无论是违背研究生本身的层次，还是不符合本校研究生的实际，抑或是课程间配置不合理，都会影响到研究生教育教学过程，使培养方案不易操作，培养目标难以达成。实践是模式形成的基础，只有经过实践证明了的模式，才是行之有效的，才具有生命力，才具有推广价值。所以，在构建研究生培养模式或仿效人才培养模式的过程中，不能只局限于学校的一厢情愿和理论价值上的设计与推演，而应与研究生的培养层次相结合，与本校研究生的实际及要求要结合，与课程体系建构的科学化相结合，在总结自己和别人实践经验的基础上，努力探索和形成符合自身实际的培养模式。

二　研究生培养模式的实践演进

研究生培养模式的实践演进实际上涵盖了两个层面的内容，一是研究生培养模式在世界范围内的探索与发展；二是中国在研究生培养进程中借鉴发达国家培养模式，结合中国实际进行新探索与新发展。

（一）国外研究生培养模式的历史类型

研究生教育由中世纪行会中的师徒关系演变而来，经过百年演变和发展，国外教育体系开发了多元化的研究生培养模式，其典型培养模式可归纳为：学徒式、专业式、协作式和教学式四种。

1. 学徒式培养模式

学徒型硕士研究生培养模式产生于德国，是德国大学讲座式的产物，此模式强调导师在研究生培养过程中的作用，师生间的关系类似中世纪密切的师徒关系，因此得名学徒型硕士研究生培养模式。该培养模式的核心在于科学研究，其目标是以一带一或一带多的方式培养研究型人才；主要环节是研究生以科研助理形式，在导师亲自指导下进行相对独立的科学研究和论文写作。学徒式研究生培养模式的特点是：没有专门的入学考试，教授掌握研究生的录取权，师徒关系亲疏直接影响研究生的培养，导师个人能力对研究生的培养至关重要，组织管理上导师具有绝对权威，研究生直接参加科研教学实践活动。在培养学生的过程中，教师往往充当的是技艺娴熟的工匠的角色，希望通过对学生进行全程辅导，使其成为所在领域的专业人才，并能够做出一定的贡献，使硕士研究生像学徒一样获得本专业的高级知识与实践技能，为学生毕业后在其所在领域工作打好基础。此外，教师也会为学生提供机会，使其多多参与科学研究，帮助他们找到自己的兴趣所在，并鼓励学生多进行自我探索。在课程设置方面，既有理论知识课程，也有实践课程，但侧重点会因专业以及学生自身情况的不同而有一定的差异。对于那些想走学术道路、有攻读博士学位打算的学生，教师则注重对其进行理论知识的培养；对于那些硕士毕业后想直接工作的学生，教师则注重培养其对实践技能的掌握。相应的，在培养过程中，对于理论知识的讲解会采用传统的课堂教学的方法以保证学生拥有在实际工作中所必需的知识结构；就实践课程而言，教师一般都会要求硕士研究生参与到学术研究与实验室研究的过程之中，通过锻炼提高学生的实践能力。毕业前都要求学生进行一次总结性的汇报，但结合不同专业要求不尽相同，有的专业要求完成一篇实验研究论文；有的专业则要求上交某一项目的研究报告。学生完成任务后，由学校为其授予硕士研究生学位。学徒式培养模式的优越性体现在学生与导师的共同研究活动过程中，能更好地学习和掌握导师个人所具有的实践经验和理论知识。但也因该模式缺乏系统性研究、工作规模小、学术视野相对狭隘及欠缺科研协作等不足，不利于基础理论的掌握，从而难以进行基础性学科、前沿性新兴学科以及交叉学科的科学研究。

2. 专业式培养模式

这一模式产生于 19 世纪下半叶的美国研究生教育，是在学院制基础之上建立的教学—科研型培养模式。专业式培养模式是在德国学徒式培养模式的基础上发展起来的，在培养模式上汲取了本科教育中的部分优势，其创新之处是研究生院的建立，研究生院的设立使得通过教学与科研结合培养高层次人才的研究生教育得以规范化、规模化，形成了研究生教育的专业化模式，体现了教学与科研的有机结合。该模式强调全面而系统地学习基础课程专业知识，教学与科研并重是其重要特征，培养目标有两个方面：一是培养大量社会需要的高层次专门人才，通过科学探索来促进知识的更新，从而促进科学的发展与进步；二是通过教学与科研来为社会提供智力服务，促进整个社会政治、经济的发展。在这两种培养目标定位下，专业式研究生培养模式在对研究生进行培养的过程中既关注理论性和基础性的科学研究，又注重以应用性和功利性去满足广泛的社会需要，通过培养大批的科研和教学人员，以实现知识的创新和发展，并实现高等教育服务社会的功能。专业式培养模式中有专门机构负责管理研究生的培养，对研究生的培养起到管理、协调和指导的作用，对研究生的课程、学分、科研、论文都有明确要求，研究生培养的专业化导致了研究生管理的分层化和组织机构设置的等级化。专业式培养模式比较注重科学知识本身的创新与发展，课程的设置也是基于学科课程理论的基础，以学科知识体系为框架进行构建。在这种培养模式下，课程体系包括公共基础课、专业基础课、专业课以及选修课，四者按照一定比例组合成有层次、相关联的课程体系。研究生院对课程学习有比较高的要求，每门课程都对应相应的学分，并有严格的考试与考查制度。专业式培养模式的突出特点是研究生院的专业化管理、以学科为基础的系统的课程设置和对知识的创新与发展的追求。但是这种培养模式仅以大学为培养主体，培养主体比较单一，导师队伍结构的单一化，不利于多学科特别是交叉型学科的发展，同时，在这种培养模式下，教育重心偏向学术型学科致使导师队伍结构有很大缺陷，这些都使这种培养模式对外部需求无法及时做出回应。

3. 协作式培养模式

协作式培养模式又叫产学研结合模式，在被称为"硅谷之父"的斯坦福大学副校长特曼的努力和领导下，1951 年 11 月世界上第一个科学园在美国硅谷形成，并且由于"硅谷"的巨大经济成就以及大学与企业的互动关系，极大地促进了斯坦福大学的学术水平和学术地位的提高，斯坦福大学一时成为具有使大学与工业合作以及把社会服务与达到最高学术水平结合起来的典范。后来又出现的日本大学与企业相互配合、补充的工程教育模式，是对之前美国模式的进一步发展，形成了产学研合作培养研究生的典型模式。协作式培养模式的培养过程不仅注重科学知识的学习，更强调研究与生产实践的高度结合，致力于产学研一体化。该培养模式通常采用双导师培养制，大学与企业共同制订培养计划，联合培养人才，更加侧重教学、科研与生产实践的相互关联，强调对学生运用理论知识解决实践过程中实际问题的能力进行考评。这一培养模式又可分为以学校为主体的培养和以企业为主体的培养，以学校为主体的培养对象面向合作企业的员工和其他人员，以企业为主体的培养对象只面向本企业的员工。协作式培养模式的突出特点是培养计划的制订具有针对性，科研训练具有实用性，对企业的发展具有适切性。从培养进程看，一般实行宽进严出，同一学位同一标准，导师团队在研究生培养中起重要作用，重视研究方法和第一手调查研究，信息化的教学管理，学分制下灵活的学习安排，注重科研能力的培养。协作式培养模式的优势在于：一方面，建立起研究生教育与产业界之间的密切联系，实现了研究生教育与社会生产之间的高度结合；另一方面，所培养出的人才主要是流向企业，其培养过程的科研任务也主要是为企业进行开发研究，从而满足了信息社会对高素质人才的需求。但是在这种培养模式下，由于课程设置的功利性会导致学生的系统知识匮乏，因为协作式培养模式以修课式为代表，通过修读课程而获得学位，研究与论文写作在这一培养模式中不重要。我国这种培养模式尚处于起步阶段，缺乏相应的经验会在大学与企业的共同管理过程中出现一些责、权不明晰的现象。

4. 教学式培养模式

该模式注重专业人才的实际工作能力培养，更加关注课程和案例教学效果，实践意识很强，实用性是其主要特征，目标是培养实用的职业型人才。教学式培养模式主要应用于日本研究生的培养。其特点是：招生考试具有自主性，严格控制研究生的入学质量，课程设置注重基础理论和教育目标的结合，以讨论带动学生自学的教学方式，通过参加实践课题提高研究能力，以研究室形式对研究生进行过程管理，鼓励研究生参加学术会议，通过严格的评估制度对研究生质量进行监督，组织管理上实行产官学一体化。结合我国研究生培养的实际，有的学者提出对于专业学位的研究生应坚持以理论和实践结合的教学式培养模式，认为当前我国应用型研究生培养中必须注意的是教学式的培养模式同样是通过研究进行人才培养的，但它主要是对实际问题的研究，研究生入学前已经具备了"应用"所必需的理论基础，运用理论研究和解决实际问题是应用型研究生教育的核心,把"教学型"理解为课堂的理论讲授与这种培养模式是不一致的。①

(二)新中国研究生培养模式的演进历程

现代意义的中国研究生教育是近现代中国与世界不断交流影响,并吸收传统教育中的优点而逐渐融合的产物。关于研究生培养模式的演变历程,不同学者从不同的角度都有不同的注解,例如,《中国研究生培养模式的理论与实践》("研究生培养模式创新的理论与实践研究"课程组)认为,自改革开放以来,我国的研究生培养模式大致可划分为三个阶段,即学术型为主的阶段(1978—1985年),类型拓展阶段(1986—1991年),学术型、应用型共同发展阶段(1992年至今)。② 李盛兵教授在《研究生教育模式嬗变》中提出我国的研究生培养模式历程大致经历了三个阶段:第一阶段(1902—1949年),我国的研究生培养模式主要是学徒式和专业式;第二阶段(1949—1986年),主要是专业式培养模式;第三阶段(1986年至今),我国的研究生培养模式趋于多样化。③ 从学者研究发现,很明显,我国研究生培养模式自五四运动以后,受美国和德国教育体制的影响,主要采用教学培养模式和学徒式培养模式。新中国成立以后,中国教育制度深受苏联之影响,转而主要采取苏联模式。自新中国成立以来,我国研究生培养模式的发展大致经历了三个阶段:④

1. 研究生培养模式的创建与渐进发展

新中国成立初期,我国深受苏联的影响,研究生教育可谓是苏联模式的再版。1949年12月,由教育部主持召开的第一次全国教育工作会议上确定的教育改革方针是:"以老解放区新教育经验为基础,吸收旧

---

① 杨小平:《高等教育学》,重庆出版社2006年版,第280页。

② "研究生培养模式创新的理论与实践研究"课程组:《中国研究生培养模式的理论与实践》,高等教育出版社2013年版,第4—6页。

③ 冯美玲:《全日制硕士研究生培养模式改革研究》,西南大学硕士论文,2011年。

④ 段爱军、郭绪强:《中外研究生培养模式演化及启示》,《大学教育》2013年第11期。

教育有用经验，借助苏联经验，建设新民主主义教育"。教育部先后颁布了《关于高等学校1950年度暑期招考新生的规定》《1951年暑期招收研究实习员、研究生办法》两个文件，标志着我国研究生招生录取实行国家统一的计划招生制度。1950年北京大学、清华大学、中国人民大学开始正式招收第一批研究生。1953年，由教育部颁发实施的《高等学校培养研究生暂行办法》中提出，研究生教育的根本目标是培养专门人才和高等学校师资，培养方式采用以苏联专家为主体的导师负责制。这一时期，我国研究生教育的发展与当时的政治经济形势和国际关系密切相关。1958年兴起的"大跃进"，使我国的教育事业不免产生了质量下降等一系列问题。与此同时，伴随着1959年后中苏关系的起起伏伏，我国开始注重总结办学经验，逐步走上了独立的研究生培养道路。《中华人民共和国教育部直属高等学校暂行工作条例（草案）》《高等学校培养研究生工作暂行条例（草案）》《高等学校制订研究生培养方案的几项原则规定（草案）》《高等学校研究生外语学习和考试暂行规定（草案）》《关于高等学校培养研究生的经费、人员编制和研究生助学金及其他生活待遇问题的几点规定》《关于高等学校研究生学籍处理问题的几项暂行规定》《高等学校培养研究生工作条例》等文件的相继出台，对我国研究生培养目标、研究生招生工作、培养工作、领导与管理、待遇与分配工作以及建立研究生院等问题都做了明确规定，标志着新中国研究生教育制度和研究生培养制度已逐步形成，标志着我国研究生培养工作正式步入了制度化和规范化轨道。1961年，中共中央印发了《教育部直属高等学校暂行工作条例（草案）》，对研究生培养工作做出了具体规定，这标志着新中国研究生教育开始向着逐步完善的道路迈进。

2. 研究生培养模式曲折破坏与变革调整

十年"文化大革命"波及面之广、破坏力之大是难以估量的，我国高等教育事业也未能幸免，高校的招生工作搁浅，硕士研究生的招生被完全取消，教学秩序混乱，我国本已初步建成的研究生教育体系几近于崩溃。粉碎"四人帮"之后，我国的经济社会发展重新步入正轨，研究生教育开始得到恢复和发展。1977年10月，国务院批转了教育部的《关于做好 1977 年高等学校招生工作意见》，由此研究生教育迎来了新的篇章。1978 年 1 月，教育部下发了《关于高等学校1978 年研究生招生工作安排意见》，将 1977 年和 1978 年两年研究生招生工作一并进行，统称为 1978 届研究生。此阶段的研究生还没有硕博之分，学制有两年制、四年制两种类型，研究生的培养模式同以前基本一样。至此，我国研究生招生工作重新步入正轨。十一届三中全会以后，我国研究生教育的发展获得了大好契机。《关于高等学校1978 年研究生招生工作安排意见》确定研究生培养目标为培养具有系统而坚实的基础理论、专业知识和科学实验技能，能够独立进行科学研究工作的科学技术人员和马列主义理论人才。同年，教育部研究生培养工作会议讨论和修订了《高等学校研究生培养工作暂行条例（草案）》《关于高等学校制订理工农医各专业研究生培养方案的几项原则规定（草案）》《关于高等学校研究生政治理论课的规定（草案）》《高等学校研究生外国语学习和考试的暂行规定（草案）》《关于高等学校研究生学籍处理问题的几项规定（草案）》《关于高等学校培养研究生的经费、人员编制和研究生的助学金及其生活待遇问题的几点规定（草案）》六个文件。这些文件总结了我国高等学校培养研究生的工作经验，包括研究生培养目标、培养方式、专业设置、外语学习和考试、政治思想教育以及研究生学籍管理等诸多方面。1980年 2 月国务院颁布实施了《中华人民共和国学位条例》，标志着我国学位制度的正式确立及与国际接轨，就此我国研究生教育步入了现代化进程。这是硕士研究生培养模式从单一学术型开始走向学术型与应用型双元培养模式的萌芽期。在改革大潮的极力推动之下，我国研究生教育快速发展，招生规模不断扩大，同时也带来了研究生质量下降等一些问题。为此，国家教育委员会提出了"稳步发展，保证质量"的总体方针，并在 1986 年发出了《关于改进和加强研究生工作的通知》，科学地分析了当前研究生教育存在的问题，要求研究生培养单位，既要培养大学教师和科研人员，也要注意培养应用部门的高层次人才，打破了我国研究生教育学术型的单一培养模式，学术型与应用型并行的、适应社会多元化人才需要的培养模式逐步建立起来。

3. 研究生培养模式的不断突破与创新发展

1990 年，国务院学位委员会通过了《关于设置和试办工商管理硕士学位的几点意见》，从而开启了我国专业学位研究生教育的先河。国务院学位委员会针对经济建设和社会发展对不同行业背景、不同类型、不同规格高级专门人才的需要，先后批准设置了包括工商管理硕士（MBA）等 18 种专业学位。专业学位的设置，是我国学位制度改革的一项重要内容，改变了我国学位类型单一的状况，有力地推动了复合型、应用型高层次专门人才的培养工作。1992 年以后，我国的研究生教育进入新的快速发展时期，1993 年 2 月，中共中央、国务院颁发了《中国教育改革和发展纲要》，将"教育为本""科教兴国"的战略思路具体化为行动纲领。该纲要提出应基本稳定基础学科规模，适当发展新兴学科和边缘学科，重点发展应用学科，同时完善研究生培养和学位制度，大力培养经济建设和社会发展所需的应用人才。同年，《关于学位与研究生教育改革和发展的若干意见》颁布实施。这份文件对研究生培养的改革和发展，提出了几个方面的总体要求，要求积极改革研究生培养规格和类型单一的状况，从而对原有单一的培养模式提出了严峻的挑战，研究生培养模式多样化发展的趋势开始形成。1995 年国家教育委员会发出了《关于进一步改进和加强研究生工作的若干意见》，1998 年国务院学位委员会颁布了《关于授予具有研究生毕业同等学力人员硕士、博士学位的规定》，1999 年教育部发布了《关于加强和改进研究生培养工作的几点意见》等文件，确立了继续深化研究生教育改革的基本方针，并将素质教育引入研究生教育质量保证体系。从 1991 年第一个专业学位即工商管理专业学位出现到 2000 年止，我国的专业学位研究生教育一直保持快速发展的势头，已经批准设置了 16 种硕士专业学位。此时，我国硕士研究生教育已初步形成了学术型和应用型两种研究生培养模式。2000 年以后，我国研究生规模连续 4 年以 25% 以上的速度递增，研究生教育规模扩大了近 3 倍，到 2004 年已增加到了 32.63 万人。与此同时，我国的研究生培养模式日趋多样化。从培养经费的来源上看，主要分为计划招收研究生、委托培养研究生和自筹经费研究生；依据在校与否划分，主要分为全日制研究生、在职研究生、远距离教育等开放式教育研究生；从就业趋向上看，主要分为自主择业研究生、定向培养研究生、委托培养研究生；从培养机构上看，主要分为高等学校培养的研究生、科研机构培养的研究生以及两者共同培养的两段式研究生等。研究生培养模式的多样化不仅可以较好地提高在职人员的学术水平和工作能力，还可以解决经费不足、设备短缺等一系列问题，尽可能满足社会对高级专门人才的巨大需求。

三　地方省属院校研究生培养模式存在的问题

通过以上对研究生培养模式的一般解读，我们可以认识到研究生的培养模式主要涵盖了培养目标、课程体系和培养方式三个层面的内容。结合地方省属院校的实际，这三个方面都普遍存在一些问题。正确认识和分析这三个方面的问题，是实现研究生培养模式创新与发展的重要抓手。

（一）培养目标方面的问题

培养目标方面存在的问题是多方面的，概括起来主要体现在三个方面，即培养目标的层次不清、培养目标的界定不明和培养目标的定位不准。

1. 培养目标的层次不清——模糊化

培养目标的层次不清主要体现在纵向层次方面的混淆与横向层次方面的混淆两个方面。就纵向层次混淆而言，主要体现为两个方面：第一，将本科生与硕士研究生的培养目标混淆。比如，由于"教育理念过于贫乏，模糊了教育的阶段性""价值取向的过分功利，遮蔽了研究生教育的实质"等观念因素，导致将硕士研究生培养等同于本科生培养，在培养目标定位方面出现了本科化倾向。① 第二，将硕士

---

① 刘鸿：《我国研究生培养模式"本科化"的成因分析》，《江苏高教》2003年第5期。

研究生培养目标与博士生培养目标混淆。有学者指出，随着我国研究生教育的大发展，博士和硕士的培养也在快速发展，并已逐渐成熟，培养的博士研究生基本能满足理论界对人才的需要，同时硕士研究生却不能满足国家对理论科研的需求。因此，我国的硕士研究生培养应回到培养应用型人才的轨道上来。① 就横向层次方面而言，主要是学术型与应用型学位培养目标混淆。主要体现在专注于学术类研究生的培养，专业型研究生没有独具特色的目标设定和培养方案，导致学术类"非学术化"与专业类"本科化"。目前，大部分省属院校研究生仍以学术型研究生为主，专业型只占很少的一部分，并且大部分专业型又局限于教育硕士这一类。但是，顺应硕士研究生的发展趋势，地方省属院校专业类研究生将成为主流，如不突出其"专业性"，整个硕士研究生培养的本科化倾向将更为凸显。另外，在培养模式方面，许多省属院校出现同一学科专业研究生培养方案趋同，未能体现细分培养的要求。由于我国专业学位教育还很不成熟，在招生方式、课程设置、导师组成、论文要求等方面都与学术型研究生培养模式雷同，是带着"学术化"影子的应用型研究生培养模式。如在招生方式上，学术型人才的选拔与专业学位人才的选拔都以考试分数为唯一指标，没有突出对专业学位研究生综合素质的考察；课程设置上，两类学位教育都以系统理论课为主，课程教学特色不鲜明；导师组成来源上，专业学位研究生导师基本都来自学术型学位的导师，基本上都是以学术水平为特长等。两种培养目标混淆的结果是研究生既未掌握本学科专业的基本理论和基础知识，又缺乏应有的科研或实践能力训练。

2. 培养目标的界定不明——宽泛化

教育部规定：研究生的培养目标必须贯彻德、智、体全面发展的方针，特别是要加强研究生综合素质和创新能力的培养。具体要求是：高等学校和科学研究机构招收攻读硕士学位研究生，是为了培养热爱祖国，拥护中国共产党的领导，拥护社会主义制度，遵纪守法，品德良好，为社会主义建设服务，掌握本学科坚实的基础理论和系统

---

① 谭立章：《硕士研究生培养目标的定位》，《理工高教研究》2007 年第 3 卷。

的专业知识，具有创新精神和从事科学研究、教学、管理或独立担负专门技术工作能力的高级专门人才。单纯从教育部硕士研究生培养的目标界定看，主要包括两方面内涵：其一是政治素养，其二是业务素养。政治素养自然是首要的条件，但这方面与对本科生的要求，甚至公民/国民的要求都没有太多的差距，体现不出是对硕士研究生的要求。业务素养坚实的基础理论和系统的专业知识，以及技术能力问题，也用弹性化的语言，难以形成真正的目标硬约束。不仅如此，在教育部规定的基础之上，各硕士研究生培养院校对于本校硕士研究生的培养目标定位，基本上都是搬用教育部的相关规定与表述，也体现不出学校与专业特色。对于省属院校，从某种意义上处于硕士研究生培养的末端，面对教育部的宽泛化规定以及其所借鉴与参考的部属高校对硕士研究生培养目标的定位，也只能照着葫芦画瓢，更难有所突破。比如，鲁东大学要求学术类研究生培养方案中的培养目标符合五项基本条件：（1）坚持四项基本原则，努力学习并掌握马克思主义基本原理及中国特色社会主义理论。热爱祖国，遵纪守法，品德良好，具有为中国特色社会主义现代化建设事业努力奋斗的献身精神。（2）掌握本学科坚实的基础理论和系统深入的专门知识，具有从事科学研究工作或独立担负专门技术工作的能力。（3）掌握一门外国语。能够比较熟练地运用一门外国语阅读本专业的外文资料。（4）有较高的科学素养和优良的学术道德。（5）身心健康。[①] 从内容上看，这五项条件与教育部的别无二致。当然，学校也要各学院结合专业制定具体目标，体现专业要求。其他省属院校也大致如此。可见，总体上看，我国硕士研究生教育目标宽泛而模糊，省属院校更为突出，而且在实践中随意性大，缺乏特色。

3. 培养目标的定位不准——单一化

就硕士培养目标而言，有据可依的是 1981 年颁布的《中华人民共和国学位条例》。该条例规定硕士学位标准为"具有从事科学研究工作或担负专门技术工作的初步能力"。研究生培养目标定位在从事

---

① 参见鲁东大学学位与研究生教育网，http://www.grad.ldu.edu.cn/。

高深的科学理论研究以及为高校提供合格师资。但当前，我国社会政治、经济发展呈现由"单一结构"向"多元结构"转变的特征，社会对高层次专门人才的需求日趋多样化，必然要求硕士研究生培养目标重新定位。硕士研究生教育培养的人才不应再是一个模式、一张面孔。如上所述，目前我国研究生培养分为学术型研究生与应用型研究生两种类型。学术型主要培养从事基础理论或应用基础理论研究的人才；应用型则主要培养适合于技术开发、推广、经营管理、社会服务等高层次的应用型技术人员。我国在研究生教育的恢复之初，培养了一大批学术型人才，解决了我国各高等院校师资和科研机构科研人员严重青黄不接的问题。但随着改革开放的不断深入，催生出大量技术含量较高、技术综合化的职业岗位，社会不仅需要学术研究型人才，对实践性、应用型专业人才的需求更加迫切。而我国现有的研究生培养目标无一例外都是重学术轻应用，这样的培养模式显然不适于当今社会发展的需要，这就亟须改变以培养学术型人才占主导的研究生培养模式，加大应用型和复合型人才培养的比重，以适用多样化的人才需求。但是，长期以来，我国教育发展受意识形态的影响，打着鲜明的苏联烙印。改革开放以后，西方的教育思想涌入国门，但只限于研究层面，政策调整相对滞后。20世纪90年代以后，以培养高层次应用型、实践型人才为主要目标的专业学位从无到有逐渐发展起来。尽管如此，专业学位在研究生教育中所占的比例仍然很小。相对经济的国际化步伐而言，中国教育对于经济发展需求的反应还不灵敏，特别是与发达国家相比，在培养目标方面还存在差距。比如，在美国研究生教育目标很明确：一种是学术教育，目标是使研究生做好某一学科深入研究的准备，毕业后通常都留在大学或研究机构从事科学研究工作；另一种是专业教育，目标是针对某一职业领域进行深入研究，带有终结性特点，虽然也有少部分继续从事博士研究，但专业硕士研究生培养主要以职业实践为目标，指向培养各种应用型职业人才。基于这种分开招生、分类培养的教育模式，美国研究生培养目标和社会需求有效地结合在了一起。总之，社会对高层次人才的需求是多样化的，研究生的培养目标定位也应符合社会形势发展日益多样化之需。

当然，研究生培养目标定位多样化，不仅要体现在大力发展各种类型的专业学位上，而且在每一种学位中也要根据社会需求灵活制订。

（二）课程体系方面的问题

就目前我国研究生教育课程设置体系来看，一般由四大部分组成：公共必修课程、基础课程、专业课程和选修课程。每一部分都明确了学生应该修读的相应学分和各类课程的具体要求。许多高校对原有培养方案中的课程设置进行了深入分析，如南京大学研究生院通过组织中外研究生课程设置的比较，发现研究生课程设置存在着如下主要问题：一是在课程内容上，经典的基础理论课程不够完善，缺乏方法论课程，涉及学科前沿、学科交叉的内容比较少。二是在培养研究生创新能力上，知识性课程多，技能性（思维和行为训练）课程较少；讲授型课程多，研讨型课程少。三是在教学手段上，利用网络和多媒体技术进行形象、生动、直观的教学普及性不够。① 无疑，这些情况在省属院校中更为突出。笔者结合省属地方院校硕士研究生培养实际，认为在课程体系方面存在的问题主要有四个：

1. 课程设置单一化

我国研究生课程设置体系一般分为学位课程与非学位课程，学位课程主要是公共课、基础课、专业课；非学位课分为专业选修课、补修课。在实际应用中，我国研究生课程设置主要表现为必修课程过多且弹性不足，选修课少且选择面窄，一些跨专业、跨学科的交叉学科课程选修难，很少鼓励学生跨专业听课，除非一个学院中包括不止一个学科的情况下，基于师资等方面的有限性，拓展了一些边缘性和交叉性的课程。如聊城大学政治与公共管理学院本科包括哲学、思想政治教育、政治学与行政学、行政管理、公共事业管理五个专业，与此对应研究生教育也包含政治学、马克思主义理论、管理科学与工程、哲学等学科门类，并且涵盖了学术类与专业类两种不同类型的研究

① 南京大学研究生院：《瞄准国际前沿培养创新人才——南京大学研究生课程体系改革与实践》，《学位与研究生教育》2005 年第 1 期。

生。师资力量少且分散，全校甚至校内外资源共享的难度比较大，很大程度上是通过模糊学科边缘、增强不同学科之间（包括学位课与非学位课）的交叉重合来解决师生比的矛盾。但是，对于理工科而言，这种现象要少得多。因为一方面理工科的学科边界比较清晰，另一方面理工科实验类课程多，交叉容易造成学生学习时间与实验时间方面的冲突。所以，从一般意义上讲，省属院校研究生的课程设置方面确实普遍存在单一化的情况，这样单一性的课程设置不利于打破学科间的界限，不利于学科的融合和学术资源的整合，不利于推动学科进步。这种单一性也体现为课程的单门化，"各高校非常重视建设有自身特色的品牌课程，但对整个课程体系统筹建设方面的探索很少"①。同时，由于课程设置不够灵活，不能针对学生的学习背景、来源不同而进行相应的课程设置，难以满足学生的需求，也在很大程度上影响了研究生培养质量。比如，有些省属院校只设置有关基础知识方面的课程，没有设置训练基本技能和实际操作技能方面的课程，不考虑学生的兴趣、能力倾向和择业意向及实际需要；再如，不少省属院校研究生的专业课程是按照二级学科设置的，甚至不同程度地存在因人设课的情况，造成了研究生的知识结构单一，学生对本专业的基础理论知识掌握不透彻，知识面偏窄，严重阻碍了学生对新知识和新问题的适应能力与科研能力的培养，更谈不上学术创新能力的形成和发展。

2. 课程体系本科化

研究生课程体系是研究生培养模式的重要组成部分，而研究生培养方案则与静态的研究生课程体系紧密相关。目前，我国硕士研究生的课程设置一直无法避免面临知识的系统性与研究的前沿性的矛盾，脱离不了本科生课程设置的内容，从而显现层次性、深度、广度的严重缺乏，无论是学位课程，还是非学位课程，都与本科生课程的内容存在着大量的重复现象，甚至在难度和广度上都没有实质性的差异，对于研究生教育应有的高深层级性是一种严重的阻碍。姚利民等调查

---

① 章丽萍、金玺、顾建民：《研究生课程建设：从理念到方略》，《中国高教研究》2013 年第 7 期。

发现，"导师认为研究生课程内容与本科课程内容部分相同或重叠的高达77.67%，研究生的相应比例更高，达79.71%"①。这种本科化的倾向主要体现在三个方面：第一是教学理念方面，没有将研究生与本科生区别开来，没有关注研究生之研究的特性，尤其是对于学术性研究生而言，没有凸显其比本科更高的层次性。第二是教学内容方面，同一学科门类基本课程的设置基本上与本科一致，仍然开设一些基础类课程；教师课堂教学内容的选择忽略了知识的时效性，从而无法反映相关课程的前沿成果和研究热点，最终严重阻碍了学生知识的形成和思维的发展；虽然有些省属院校设有专业前沿课，但受制于其师资力量与学科发展，其前沿性仍然受到质疑。第三是教学方法方面，基本上沿用本科生大班教学的方式组织，部分授课老师用一个PPT行天下，讲述内容多年不更新，缺乏针对研究生本身特性的讨论课，研究性课堂少。课程体系本科化的原因主要有两个方面：一是受制于苏联教育体制。我国高校无论在专业划分还是课程设置方面都深受苏联的影响，基本以专业课为主，课程设置单一化，课程体系传统化，普遍存在窄、专、旧的问题。不仅如此，由于学校实行以学年制为主的教育制度，课程体系模块也还是学年制的，课程结构仍存在模式化、僵化的问题，全国相同专业的课程体系在各校之间相差不多，省属院校基本上是参照部属院校设置，课程体系缺乏灵活性与针对性，自由变化小，专业必修课过多，基本上以专业课为主。二是硕士研究生的增长数量过快，研究生课程教育无法实现小班上课，现实方式多为大班授课，硕士研究生导师在教学过程中多采用传统填鸭式教学方法，没有更多关注研究生问题意识的形成，缺乏培养学生发现、分析和解决问题的能力，忽略培养研究生的学术能力与创新能力。

3. 课程要求标准化

各高校的研究生院或者研究生部（处）对于学校不同专业研究生的课程制定标准化的统一要求，省属的、只有硕士培养权的高校尤其

---

① 姚利民、朱黎旻：《研究生培养现状调查与分析》，《高等教育研究》2013年第11期。

如此。一方面，这样的院校在师资力量方面确实稍逊一等，体现在教师总体数量与质量并不能完全满足广设选修课的需求；另一方面，这样的院校学生来源质量相对差一些，好多需要在本科阶段解决的认识问题仍然需要在这样的院校中，在硕士研究生的培养中加以解决。问题不止于此，在承担具体硕士研究生培养工作的各个专业学院中，同样受制于师资与学生，以及多方面条件的限制与约束，在不同研究生的培养方案方面也是基本雷同，从而造成各专业无法彰显自身的专业特色，更谈不上满足不同学生个体依据自身发展的个性需求的现象。我国省属院校课程要求标准化的现实，确实需要考虑中国特色，尤其是中国地方省属高校的特色，以及中国式本科生与中国式研究生如何衔接的问题。我国高校 4 年的本科教育，总课时在 2500 小时左右，学生课余学习、活动的时间比较少，培养自己兴趣和发展自己的能力的机会不多。在硕士研究生阶段，学校应针对本科培养存在的问题，在研究生阶段加以克服，比如，通过加大选修课的比重，让学生自主地选择学习内容，自我组建知识结构，养成自我学习、自我研究和自我提升的习惯。另外，与国外知名高校相比，我们省属高校在硕士研究生培养进程中，在课程要求方面的滞后性就更加凸显。比如，麻省理工学院有完善的教学计划，全校共同基本要求的主课 17 门，涉及基础科学、人文、艺术、社会科学、科技、实验等领域，选修课比例大，重视强调跨学科学习。相比而言，我们省属院校还过于强调基础教育，在专业口径拓展与打破学科课程之间的壁垒方面还有很长的路要走。不仅如此，由于课程要求标准化，也使得课程学习与科学研究很难紧密结合。课程学习是系统、高效的获取专业知识的重要方式，但这种学习只有通过与研究性学习结合，才能够更好地提高研究生的科研素质。然而，当前的研究生课程要求单一化从某种程度上制约了学生发散性思维的养成，阻碍了他们研究能力的提升。

4. 课程内容陈旧化

从目前省属高校硕士研究生的培养情况看，在课程内容方面的陈旧化主要体现在如下几个方面：一是硕士研究生课程本身存在陈旧化问题，不少研究生课程内容陈旧，专业课和选修课的教材及课件沿用多年、内容滞后，未根据学科前沿发展进行更新，根本体现不出研究生课程的前沿性与研究性，甚至有些教师的教案和课件沿用多年不变，使得不少研究生课程变成了"古代史"。二是硕士研究生课程体系陈旧，课程设置缺乏科学性。有些专业硕士研究生的课程设置中选修课数目有限，课程设置与变动的随意性较大，存在着不少因人设课的情况。因为高校教师的流动性比较大，教师培训与充电的机会也比较多，这就为课程设置与变动带来很多的问题，有时一旦一位专业课任课老师因公长期外出或发生调动，对应课程可能无法继续开设。三是硕士研究生课程内容没有充分考虑硕士研究生本身的专业分类，也没有充分考虑不同性质的硕士研究生要求的不同。比如，全日制专业学位研究生课程与学术学位研究生课程设置应有所区别，以进一步凸显其应用性或学术性。但是，目前省属院校师资力量不足，区别后的上课成本会大大增加，所以更多的省属院校只作表面的或部分性的区分，使得两类硕士在课程设置与课程内容方面没能凸显出各自研究生培养的目标和本质。四是硕士研究生课程延续了本科生课程的基本架构，甚至在难易程度方面也没有太大的差距。当前的研究生教学中，研究生课程与本科生课程在学习内容范围及学习难度、深度上差别较小。研究生教育部分课程内容的高深层级性只是体现为对本科生课程内容在横向层面上做平面式的扩展，并没有凸显研究生教育在课程内容上的要求和特色。而实际上，硕士研究生课程教学应与本科生阶段课程衔接，逐步深入。而我国有些高校目前的硕士研究生课程设置，有的缺乏应有的宽度和广度，有的缺乏应有的深度，这就造成要么无法反映交叉学科、边缘学科和新兴学科领域内的一些最新知识和科研成果，要么导致研究生知识结构不尽合理，影响创造力的发挥，直接导致学生对研究生课程兴趣和积极度不高、精力投入不足，很大程度上是为了获得学分而学习。

（三）培养方式方面的问题

如前所述，培养方式可以从静态和动态两种视角来看。静态方面主要涉及的是培养方案与培养计划的设定，动态方面则是在什么样的价值观指导之下如何选择具体的培养方法加以培养，以达到培养方案和培养计划所要求的目标。目前我国研究生培养方案的设计也存在着许多问题，谢安邦教授列举了其中的四个主要方面：（1）以二级学科设置课程来培养研究生，导致研究生知识结构过于专门化，适应能力较差；（2）研究生课程设置在体系上缺乏层级性，与本科生课程拉不开档次；（3）部分内容陈旧，研究性、前沿性不够；（4）选修课程、学术讲座和学术讨论性质的课程质量较低，无法实现这些课程的应有功效。[①] 在培养方案的设计及运行过程中，我们可以清楚地看到研究生如下三个方面权力的缺失：自主选择适合于自己学业完成进度的权力缺失；课程选择权力的缺失；选择授课教师与硕士研究生导师的权力的缺失。[②] 也有学者从有效性的角度论述了目前我国研究生培养方案中存在的主要问题，认为目前高校研究生培养过程中存在着培养需求与培养目标不一致、培养产出与培养目标不一致、培养方案与培养计划在管理过程中不协调，以及研究生培养行为方式欠科学等问题。[③] 由于培养目标与培养方案、培养计划以及培养制度的相通性，不再单独从静态方面展开论述。对于培养方式方面的问题，主要关注培养价值、培养主体与培养方法几个方面的问题。

1. 培养价值的单向性

省属地方院校在硕士研究生培养方面存在的不足，在培养价值方面的单向性体现在如下三个方面：第一，重视以扩充投资和扩大规模为主要表现形式的外延式发展，忽视以提高教育质量和核心竞争力为重心的内涵式发展。由于过去相当长的一段时间内，省属院校对学术型硕士研究生教育外延式发展的过度偏爱，其发展规模的扩大颇见成效，已经远远超过社会所需求的程度，同时，过度的外延发展致使对内涵发展的忽略，硕士研究生培养的师资滞后，研究生教育质量下降

---

① 谢安邦：《构建合理的研究生教育课程体系》，《高等教育研究》2003 年第 5 期。

② 郭德侠：《研究生的课程权力亟待加强》，《学位与研究生教育》2007 年第 1 期。

③ 周彬、王子成：《浅谈研究生培养方案与培养计划的有效性》，《学位与研究生教育》2007 年第 4 期。

已经是不争的事实。同样，由于近年来国家强调专业研究生的培养，这又一次吸引了省属地方院校对专业研究生培养的关注。从国家层面看，经过二十年的探讨摸索与发展，专业学位研究生教育已初见成效，但总体来讲，我国专业研究生的培养数量不足，培养规模偏小，培养类别还不能充分满足社会发展的需求。在这种情况之下，省属院校专业学位研究生教育应逐步增加招生幅度，增加研究生培养机构和学位授权单位的数量。但是，应当规避走像学术研究生一样单一外延发展的老路。第二，重视校内学位点分布的均衡性，忽视了学位点在发展方面的非均衡性。这一价值的单向性实际上是受制于国家或省在学位点布置方面思维的影响，目前，不少省份的学位点在安排方面或多或少地存在讲平衡的思想。而伴随着硕士研究生招生规模的扩充，不少新上本科院校也纷纷准备冲点，而有点的单位则纷纷扩点。在硕士点的分配与扩张方面，虽然学科和专业实力是最主要的凭借，管理部门仍然有很大的权限。另外，对于一个学校而言，从本科专业的布置来看基本上存在着大而全和小而全的现象，即便是省属高校也像名校一样，几乎涵盖了所有的专业。与本科专业的设置相适应，硕士点的分布基本上也有数量上的诉求。而结果是，在追求平衡与多点的过程中内耗和分散了自己的实力，使得一些省属院校在学科与专业特长方面不突出，使得自己的任何学科都有丧失比较优势的可能性。第三，重视学术专业类型的培养，而忽视专业类型的培养。长期以来，省属院校挣扎于上硕士点和布硕士点方面，而这种上与布主要是学术类硕士研究生。随着社会需求的变化以及在此基础上国家学位培养导向的变化，一些省属院校很难较快地完成这种转变。一方面是由于省属院校本身培养学术类硕士研究生的师资并不充足，有些一级点下设的二级点甚至根本没有师资，更难考虑其专业方向的设置了；另一方面，虽然地方省属院校看到了专业学位的发展是国家与社会所需，为了抓住机遇必须跟上同类院校上点与布点的步伐，但上点了以后的培养却成了问题。所以，很多专业学位的培养基本上还是按照学术类的方案与计划进行的，谈不上应用性。

2. 培养主体的单一性

传统上，我国研究生的导师制为单一导师制，这在早期高水平教师数量和研究生数量都不很多的情况下是可行的。但是，随着本科生就业的压力以及硕士研究生的扩招，近年来硕士研究生的招生规模大幅度提升，地方省属院校硕士研究生也跟随这一扩招之风扩大了硕士研究生的规模，进而在地方省属院校中出现了导师少、研究生多的结构性矛盾，单一导师制的优势不断削弱。据相关统计，硕士阶段有 78% 的研究生导师带 9 人以下的学生，19% 的导师带 10—19 人，还有 3% 的导师带 20 人以上。这种情况不仅存在知名高校之中，地方省属院校的某些专业也有这种情况，特别是那些只有硕士学位授予权且硕士研究生招生规模较大的单位。而国外研究表明，导师水准直接决定着研究生成才的质量。资料显示，在人才培养中，天赋占 10%，机遇占 5%，而导师对培养对象的影响占 85% 之多。[①] 在这种情况下，即便导师的水平再高，由于他们难有精力带好学生，甚至难以对学生课题进行深入指导，最终导致研究生的研究工作主要采用师兄带师弟这一传统传帮带的模式，从而影响研究生的培养质量。不仅如此，由于导师少而硕士研究生多，也往往异化师生关系。一般而言，地方省属院校对于硕士研究生导师的资格都有明确的规定，如果没有省级以上有资课题，可能就会丧失硕士研究生导师的资格。在这种情况下，不少教师忙于获批各类课题，做各类课题。为此，不少导师在申请下课题之后，让自己的学生搜集资料帮助完成课题，然后自己再准备申请新的课题，以规避手中无课题的情况。这样一来，自己的硕士研究生在某种程度上就成了自己的打工仔。所以，有许多高校将这种师生关系称为雇佣关系。根据相关调查研究结果显示，在硕士研究生与导师之间，由于部分导师处于强势地位，研究生缺乏自主发展空间，研究生人文精神的陶冶和培育被忽略，有些研究生沦为导师的附属品，致使有 3.6% 的研究生认为导师与研究生的关系是雇佣关系。更有甚者，部分导师将学生视为廉价劳动力，只为他们提供少

---

① 吴建：《规模化生产与个性化培养——研究生招生扩招后的培养探索与实践》，《西南民族大学学报》2004 年第 2 期。

量生活补助，让他们为导师完成科研或企业的研究项目或进入导师所在公司进行研究或实践工作，但研究成果归导师所有，所获利益大部分由导师占有，学生从本质上沦为廉价的学术民工。然而，现阶段学生主体意识觉醒，师生之间在与之相关的工作量、署名权和利益分配等方面容易产生矛盾和分歧，研究生与导师在教研过程中情绪对立或公开对抗等问题时有发生。有鉴于此，如何根据学科建设规划，加强导师队伍建设，发挥导师在研究生培养中的主导作用，是一个必须着力解决的大问题。

3. 培养方法的单调性

省属院校硕士研究生的培养，主要着眼于学术类研究生。虽然，近年来专业类研究生的招生规模在不断上升，但专业类研究生的培养方法基本上还是借用了学术类的。省属院校硕士研究生培养方法的单调性主要体现在如下几个方面：第一，研究生培养方法的传统化、固化。硕士研究生的培养不能抛开历史、割断历史。历史地看，我国硕士研究生的培养大致采用的方法是理论学习和科学研究相结合，指导教师指导与教研室内培养相结合。一方面，每个研究生都有自己的指导教师，在研究生培养过程中导师起到主导性的作用；另一方面，硕士研究生也开设了一些必修与选修课程，除导师之外的其他教研力量也参与了他们的培养。在导师的培养进程中，实行课程学习与学位论文同时并重的方针，科学研究主要是通过指导他们写作和进行毕业设计来完成；各位教师参与培养者，主要是通过教学为硕士研究生奠定知识基础。第二，学术类研究生培养与专业类研究生培养方法的趋同性明显，缺乏结合研究生门类的针对性强的培养方法。如前所述，由于专业类研究生起步晚，虽然在上升走向方面较为突出，但由于起步之初借鉴了学术类的培养方法，彻底地改变原有培养方法需要一个渐进的过程。专业类研究生属于应用性比较强的，结合所属领域创新培养方法对于省属院校的师资也有新的要求，培养方法的不适应从某种意义上反映的是师资力量的不适应。第三，学术类或专业类硕士研究生内部不同专业间，在培养方式的选择方面有很大的趋同性。除了各类专业研究生要开设共同的公共课程之外，专业培养方面社科类课程设置有重复性，教学方法也有许多相通性；理工科类也存在这种情况。所以，总的来看，我国的研究生还是以学术型、理论型人才为取向，培养方式较为单一。这主要是深层次的体制问题，因为长期以来我国的研究生培养是封闭型的，主要是以科学院研究所和高等学校为主阵地，培养进程基本上与社会和企业没有太多的联系，更不可能充分利用社会的资源和科研条件来培养研究生。谢维和、王孙禺认为，我国的校企合作缺乏相应的机制，产学研合作迄今为止还没有形成一套相对完善、成熟的运行机制，也影响了专业研究生的培养。尽管出于利益驱动，产、学、研各方有可能自发地走到一起，但在合作过程中对各自的责任、职权和利益还不够明确，导致建立不起一个长期、稳定、制度化的利益共同体，无法充分调动企业和用人单位的积极性，合作也难以深入地进行下去。此外，授课方式的本科化也影响了研究生的培养，有学者调查发现："就教师授课的方式而言，大部分学生表示不满意，认为导师对研究生的授课方式与本科阶段没有区别，仍然是以'老师讲、学生听'的讲授为主，课堂气氛过于沉闷。"[①]

四　地方省属院校研究生培养模式的改革与完善

地方省属院校研究生培养模式的改革，一方面要针对现实培养模式中存在的问题；另一方面要着眼于硕士研究生自身的发展，通过进一步明确培养目标、优化课程体系、提升主体素养、推进配套改革等多种手段，达到提升硕士研究生学术能力的目的。

（一）明确培养目标，实行分类培养

研究生学术能力与研究生培养模式密切相关，而研究生培养模式的改革必须用卓越的研究生教育的目标来引领整个改革活动。"研究

---

① 陈舜蓬：《地方综合性大学硕士研究生培养管理的现状调查与建议》，《教育与教学研究》2010 年第 6 期。

生的培养目标是指通过教育过程使作为培养对象的研究生在素质上所要达到的基本要求和规格标准。"① 研究生培养目标规定了培养人才的规格和质量标准，是研究生教育的出发点和归宿，制约着研究生培养模式的选择。2006 年全国招收攻读硕士学位研究生招生简章中明确指出，高等学校和科学研究机构招收攻读硕士学位研究生，是为了培养热爱祖国，拥护中国共产党的领导，拥护社会主义制度，遵纪守法，品德良好，为社会主义建设服务，掌握本学科坚实的基础理论和系统的专业知识，具有创新精神和从事科学研究、教学、管理或独立担负专门技术工作能力的高级专门人才。因此，研究生的教学工作、日常工作、行政管理以及社团活动等都必须服务于这个培养目标。同时，应当看到研究生培养目标除了教育主管部门文件体现的规范性特点之外，还具有稳定性与发展性统一的特点，稳定的指导着研究生培养的全过程及各个方面，同时带有时代的烙印，反映时代的最新需求。目前，社会对高层次人才的需求是多样化的，研究生的培养目标也应该多样化。研究生的培养目标多样化不仅要体现在大力发展各种类型的专业学位上，而且在每一种学位中也要根据社会需求灵活制定培养目标、设置课程，以优势学科为依托，开展跨学科科学研究和研究生教育，适应社会对高级应用型、复合型人才的需求。

从社会发展的现实情况看，研究生教育不仅要为科研机构和高等学校提供学术人才，还要为社会培养各类高层次专门人才。这方面可以借鉴美国的硕士研究生确立的培养目标："首先，美国硕士研究生教育的目标是培养从事严谨的学术研究的高层次研究者和高新知识技术的传播者（即科学家、科研工作者和大学教师）；其次是培养在社会中能够多方面发挥作用的高水准的专门职业人才。"② 美国硕士研究生培养目标与我国学术型与专业型研究生的培养基本类似，在研究生培养过程中我

---

① 张继蓉、李素琴：《研究生培养目标的历史嬗变与现阶段我国研究生培养目标的定位》，《学位与研究生教育》2006 年第 11 期。

② 曹静、黄正泉：《中美硕士研究生培养模式系统化比较》，《理工高教研究》2005 年第 4 期。

们应清醒认识二者的差异，进一步明确培养目标，实行分类培养。所以，应根据我国硕士研究生数量增长较快的现状，重新界定硕士研究生阶段的性质和任务，从以培养学术型人才为主的模式向以培养应用型人才为主的模式转变，促进人才培养与社会经济发展需求的紧密结合。但是，从目前我国高校的情况来看，尤其是地方省属院校的实际看，专业型硕士研究生的培养目标还不很明确。在培养目标上，重学术型人才培养，忽视应用型人才培养，培养质量不高。[①] 胡玲琳博士在调查研究后也指出：培养目标与社会发展需求脱节和高校两种培养模式（"学术型"与"应用型"）"雷同"是我国高校研究生培养模式存在的主要问题。[②] 从宏观层面讲，这一情况主要受制于国家法律政策影响。近年来出台的一系列有关专业学位的政策法规对于应用型人才培养的各个方面规定已相对完备，但是在我国现行的《中华人民共和国高等教育法》和《中华人民共和国学位条例》中关于硕士研究生教育阶段培养目标的规定并不能很好地体现社会的需求。

学术型研究生教育是以专业为基本单位开展的围绕专业领域进行的教育，研究生通过课程学习和科研训练掌握某一领域的基础理论和系统知识，并围绕该专业领域开展科学研究和创新活动。当前，我国学位与研究生教育处在纵深改革阶段，专业学位研究生教育虽是改革的主要方向，但高素质的科研人才和师资队伍在社会的任何发展阶段都是必需的。不仅如此，由于现代科技以综合化、大交叉为发展主线，这必然要求学术型研究生既要有精湛的专业知识和广博的学科视野，又要担负起科学研究、理论创新的历史责任。全日制硕士研究生教育承担的主要任务之一是向博士教育阶段输送高质量的科研师资后备军，他们的就业去向主要是高等院校和科研机构，他们肩负着高水平科学研究、理论创新的重任，部分毕业生还将被赋予"传道、授

---

① 刘鸿：《对我国研究生培养模式的思考》，《长沙铁道学院学报》（社会科学版）2004年第2期。

② 胡玲琳：《我国高校研究生培养模式研究——从单一走向双元模式》，华东师范大学博士学位论文，2004年。

业、解惑"的使命。学术型硕士研究生不仅担负着传递高深学位的历史重任,还肩负发展知识、创新思想和科学研究的责任。因此,对学术型研究生的培养应以提高其发现规律、创新理论、发展知识的能力为具体要求,同时在品德和素质结构方面注重培养他们的实事求是和锲而不舍的科学精神,使其具备较强的创新意识和创新能力,在培养目标的制定方面应注重坚实宽广的理论基础培养,重点对研究生进行学术道德、科研能力与创新能力的培养。

2010 年 9 月,国务院学位委员会下发《关于印发〈硕士、博士专业学位研究生教育发展总体方案〉和〈硕士、博士专业学位设置与授权审核办法〉的通知》,指出:"贯彻落实《国家中长期教育改革和发展规划纲要 (2010—2020)》,积极促进学位与研究生教育结构的调整和优化,大力培养适应社会主义现代化需要的高层次应用型专门人才,是当前和今后我国学位与研究生教育改革和发展的重要内容。"这说明,应用型研究生作为满足社会各行各业对高层次应用型人才的迫切需求,是未来一段时间我国学位与研究生教育改革的主要议题,硕士专业学位研究生教育作为专业学位教育的主力军,承担着培养高层次应用型人才的重任。适应这一要求,地方省属院校应树立正确的多元研究生教育职能观,转变和纠正社会各界存在的对专业学位的片面认识,在实践探索中创新人才培养模式、改革师资队伍建设、优化专业学位研究生教育管理体制和培养机制,积极培养具有一定研究能力和较强实践素质的高质量应用型人才。借鉴发达国家硕士研究生培养经验,专业学位教育应是硕士研究生的主流,如"1982—1983 年,美国在 30 个学科 633 个专业授予 289921 个硕士学位,其中职业学位占 84.2%,半数以上为教育和工商硕士学位"[1]。应用型研究生的就业去向主要是特定职业岗位,培养目标应以职业为导向,培养目标的制定应以技术创新、开发研究为主,重点培养研究生利用基础性研究成果创造和开发新产品、新技术、新设计的技能和较强的解

---

[1]　张新厂、钟珊珊、管兆勇:《研究生培养模式的重构与思考》,《江苏高教》2011 年第 3 期。

决实际问题的能力。同时在品德和素质结构方面，注重培养实干精神和团队合作精神。

在研究生培养模式改革中，结合不同人才类型按需培养制定分类培养目标的同时，还要结合外部环境因素的影响，分阶段制定研究生的培养目标及相应的培养模式，分类型制定研究生培养目标及培养模式，分别制定不同类型研究生的培养目标及培养模式，并根据不同学科的特点按学科或学科群制定研究生的培养目标及培养模式。同时，不同类型和专业的硕士研究生，还应根据教育主管部门制度的硕士研究生培养的总目标细化自身的子目标，从而构成了完整的高等教育培养目标体系，顺利推进培养目标的实现。

（二）拓宽课程设置，优化课程体系

硕士研究生的学术能力与知识结构不可分割，而其知识结构直接源于课程设置与课程体系。为了提升地方省属院校硕士研究生的学术能力，必须不断拓宽硕士研究生课程设置，优化课程体系，针对研究生的类别与专业加强实践教学，并通过强化方法论教育锻炼其思维，为提升其科研敏感性和学术能力奠定基础。

1. 着眼于学科的交叉和学科融合，不断拓宽课程设置口径

中国科学技术协会于 2012 年组织中国空间科学学会等 23 个全国学会，出版了 23 卷学科发展研究报告与 1 卷综合研究报告。报告指出，科学与技术之间、自然科学与人文社会科学之间的交叉、渗透、融合是学科发展的必然趋势，多学科联合攻关、跨学科融合创新成为解决重大科技问题的方法和途径。中国科学技术大学科技哲学部教授、《中国交叉科学》主编刘仲林认为，"学科割据"是现代中国科学与文化创新发展的制约因素，学科间交叉、融合能够促使研究者打破学科划分，获得更广阔的视野。他指出，除了缺少研究平台、阵地，缺少学科承认等因素制约着交叉科学的发展之外，对交叉科学理解的观念滞后也是制约其发展的重要因素。[1] 李静海提出三点思考：

---

[1] 张春海：《学科交叉融合孕育创新》，《中国社会科学报》2012 年 4 月 25 日。

要重视超前研究学科发展演化规律；要以问题为导向促进学科交叉融合；对知识体系深入分析以推进学科变革。① 实际上，早在 21 世纪之初，学者们就关注到学科交叉与融合问题，并认识到突破学科交叉与融合的不易。谢和平认为，高校学科交叉融合障碍产生的原因之一是体制束缚，资源分配主要以现有的相对固化的成熟学科、专业为根据，人员编制隶属于单一学科基础上的院、系，考核评价以传统学科标准为体系，本专业同行评议为主，这些都制约和束缚着学科交叉融合的深入推进。② 针对学科交叉与融合的现实，有学者提出课程体系的优化应从整体优化的角度展开，并提出了通过划分课程群来组建课程体系改革方案的设想，具体改革可遵循从"课程体系—课程群—主干课程"实现课程体系的递阶控制及三级优化的思路。③ 有的学者针对当前研究生课程体系难以适应研究生个性化学习需要的问题，提出了"阶段性课程选择机制"，并对这一思想指导下如何形成研究生个体课程体系进行了探索。④ 有的学者则根据泰勒的课程编制模式，从课程目标的确定、课程内容的选择与组织、课程的实施与评价论述了研究生教育课程编制优化的全过程⑤，从总体思想方面融入学科交叉与融合的现实。有鉴于此，高校应从课程设置着手，自觉突破传统专业边界的束缚，除了公共基础课以外，专业课以二级学科设置为主，一级学科设置为辅，可以允许学生在一级学科之间选修一些课程，拓宽知识面和视野，增强学生综合素质，提高创新能力。

2. 着眼于课程内容的丰富与更新，不断优化课程体系结构

在 21 世纪之初，《中国青年报》曾针对研究生的课程内容做过一

---

① 刘莉：《我国学科进展呈现四大趋势　交叉融合愈加显著》，《科技日报》2012 年 4 月 12 日。

② 《学科交叉融合：要说突破不容易》，《信息周刊》2005 年第 9 期。

③ 孙根年：《课程体系优化的系统观及系统方法》，《高等教育研究》2001 年第 2 期。

④ 徐娇健：《推进课程选择机制改革提高研究生学习质量》，《学位与研究生教育》2008 年第 11 期。

⑤ 翟亚军、哈明虎：《我国研究生课程教学中存在的问题及对策研究》，《中国高教研究》2004 年第 6 期。

次调研，结果非常令人震惊——研究生课程设置：内容和教学方法都趋于本科化。该调查发现，许多硕士研究生培养单位在课程设置方面出现严重的本科化倾向，有的是换汤不换药，只是对课程名称做了一下改变，其主要的内容与本科生无异，没有任何吸引力。对此，武汉大学新闻与传播学院教授单波认识到研究生课程存在着本科化的倾向；清华大学研究生院副院长陈皓明教授强调，研究生阶段应围绕培养学生研究、创新能力，应采用讨论式、启发式的教学方式，突出研究性和自主性。但是，课程设置问题实际上牵涉到整个教育体制，研究生的课堂经常是本科生课堂的规模，根本就没办法展开讨论。其实，高校的管理者不是认识不到研究生课程设置存在的问题，只是课程设置的更新是一个艰难的系统工程，需要不断地投入人力、物力和财力，一线教师根本就没有时间去认真编写教材讲义，至于更新教学实验设备就更难了。[①] 在研究生课程体系的理论研究中，谢安邦教授认为，构建一个合理的研究生教育课程体系必须遵循如下原则性框架：要重视研究生教育课程设置在体系上的相对完整性；要突出研究生教育课程设置的前沿性；要明确研究生教育课程体系设置的层次性；要强调研究生教育课程体系设置的个性化。[②] 李其生指出，一个先进的课程体系框架结构设计应包括四方面：知识、能力和素质的整合设计；"三士"（学士、硕士和博士）课程整合与接口设计；课程体系基本结构设计；课程体系开放性设计。[③] 任兵认为，学士、硕士和博士三个学位层次培养阶段的课程设置应作为一个系统进行通盘考虑，同时应大力加强研究生的教材建设。[④] 肖酉等人主张确立起"顶

---

①　李丽萍、李纬娜：《研究生课程设置：内容和教学方法都趋于本科化》，《中国青年报》2001 年 8 月 22 日。

②　谢安邦：《构建合理的研究生教育课程体系》，《高等教育研究》2003 年第 5 期。

③　李其生：《谈研究生培养之管理（三）——关于构建面向 21 世纪的先进课程体系》，《学位与研究生教育》1998 年第 4 期。

④　任兵：《优化文科硕士生课程结构，全力推进研究生教学改革》，《学位与研究生教育》1999 年第 2 期。

层设计、整体规划"的指导思想，借以解决课程体系层级性不明的问题。① 在实践探索中，复旦大学研究生院认为，在思考和制订研究生培养方案时应处理好一级学科和二级学科的关系；博士生培养与硕士研究生培养的关系；拓宽、加深理论基础与加强全面素质和综合能力培养的关系；人才培养标准的共通性及其多样化的关系。② 而南京大学研究生院经过中外研究生课程设置的比较，构建了两个研究生教育课程子系统，即由专业基础、专业必修、专业选修课组成以传授知识、拓宽基础理论为主的课程子系统，以及以思维训练、综合知识、研究技能等方面组成的以培养创新能力为主的课程子系统。③ 针对于此，地方省属院校应加强对课程内容丰富与更新的监控，建立相应的监督与奖惩制度，对于经过专家论证的内容陈旧、不适应时代需求的课程予以限期优化和整改，责令其删除课程中与本学科课程相同或相近的内容，合并同一学科相近的课程；对于结合各学科专业编写新教材和讲义的优秀教师予以鼓励和奖励；鼓励教师为研究生开设跨学科的新课程，拓宽学生知识面、优化课程设置，建立真正的教师聘任制度，彻底改变因人设课的问题。

3. 着眼于特殊门类与专业，不断强化实践教学环节

根据全日制硕士研究生的不同培养类型，课程设置应体现其突出特色，学术型研究生课程设置应该体现教学与科研的紧密结合，教学是科学研究的基础，科学研究是教学的深化，教学与科研相结合既有利于培养创造性人才，同时又促进教师教学能力和科研水平的提高。针对我国研究生门类变化，刘鸿博士认为，我国的研究生培养模式应实现如下转型：（1）在培养目标上，坚持"学术型"与"应用型"相结合；（2）坚持灵活化的培养过程，加强课程建设，增强科研与

---

① 肖酉、李迎等：《强化基础，优化设置，构建研究生课程体系》，《学位与研究生教育》2003 年第 4 期。

② 复旦大学研究生院：《我校研究生培养方案修订工作的几点体现》，《学位与研究生教育》1999 年第 1 期。

③ 南京大学研究生院：《瞄准国际前沿培养创新人才——南京大学研究生课程体系改革与实践》，《学位与研究生教育》2005 年第 1 期。

实践环节，组织开展学术交流活动；（3）建设和完善研究生的培养机制。[①] 胡玲琳博士则指出，我国研究生的培养应由原来比较单一的"学术型"模式走向"学术型"与"应用型"模式并存。[②] 由于专业硕士学位发展迅速，而专业学位研究生的培养却长期以来借用了学术类的计划与方案，所以，省属院校应更加关注专业学位建设，专业学位研究生课程设置应贯穿应用性、职业性与综合性原则，注重理论知识与实践能力紧密结合，专业素质与综合素质共同提高，突出专业技能培养，打破学科界限。在教学方式上，采取多元化课程教学是其必然途径，将课堂讲授与专题研讨、案例教学有机结合，引导学生积极主动参与其中，提高教学效果。特别是要加强案例教学，让学生通过亲身经历和实践，训练其运用理论知识解决实际问题的能力。通过案例教学不仅有助于促进研究生理论水平的提高，而且能够培养其实践技能和举一反三的应变能力。不仅如此，研究生课程设置应该在广泛的学科基础上，既要体现其实践性与应用性，又具备前沿性、灵活性与开放性，以拓宽学生视野，提倡跨学科培养。为此，应加强实验课硬件条件建设，改革研究生实验和实践课教学，即打破传统的以验证性实验为主的局面，增加设计性和验证性结合的实践课程，提高研究生自主设计实验和实践类课程，增加实践经验。

4. 着眼于创新与改变思维方法，不断加强方法论教育

完善课程教学是拓宽课程设置和优化课程体系的实现环节。研究生教育出现的"本科化"现象，其明显表征之一是把研究生教育作为本科教育的自然延伸，大批量培养，课程教学大班化，讲课方式的灌输法、填鸭式。相比而言，国外的教学方法有利于学生创新的思维变革，如"英国教师在课堂教学上，会发放大量的相关教学资料。教师并不是完全依照课本进行讲解，这样的方式能把本学科国际先进学

---

① 刘鸿：《对我国研究生培养模式的思考》，《长沙铁道学院学报》（社会科学版）2004 年第 2 期。

② 胡玲琳：《我国高校研究生培养模式研究——从单一走向双元模式》，华东师范大学博士学位论文，2004 年。

术研究及时传递给学生……教师在分发的教学资料中有规定的参考文献。一般来说，老师要求学生参考的文献非常多，有些达到 20 多篇……他们非常重视学生是否真正阅读了参考文献，在课外作业和期末考试中都有一定的反映"①。借鉴国外经验，我国也应改变课堂教学方式，尤其应将方法论课程纳入到培养计划之中，深化方法论教育，着重培养研究生的创新思维和科学分析问题、解决问题的能力，培养研究生进行科学研究及撰写学术论文的能力。为此，除公共课和部分选修课外，上课方式应以小班为主，允许学生充分发表自己的观点，加强学生与教师、学生与学生之间的双向交流和互动讨论，这样不仅获得了大量的知识信息，开阔了视野，同样是培养学生创新思维和发散思维的关键。由于学术型硕士研究生教育教学侧重于科学探索、知识创新，注重探究性和研究性。所以，教师在授课方式上应针对不同课程采用多种授课方式相结合，在与学生相互启发、相互激励的课堂交流模式中，让学生获取知识和提高学术研究能力。"研究生教学更应关注实践教学环节（主要包括软件操作、实际数据调查、工程实践问题的解决、结合科研项目的案例分析等），被调查者认为研究生课程采取此种方式的教学学时比例应达到本科生的约 2 倍。"②为了加强课程体系和讲授方法对于研究生的吸引力，以及对他们提升自身科学研究能力的帮助，地方省属院校应通过多方面举措来激发教师的积极性，培育学生的创新思维。比如，可以通过奖励措施、政策引导提高教师授课的积极性和创新性；通过研究生精品课程的建立对教材、教学大纲、教学内容、教学方法、教学理念不断更新；增设前沿课程，开设学者讲座，增加研究生接触学科领域前沿的机会；通过开展专题研讨式教学，改革以"教师"为主体的传统教学方式，使学生在学习中找到"自我"，彰显个性，提升其科研自觉性与科研

---

① 陶劲松、张淑娟：《中英研究生培养模式的差异》，《电气电子教学学报》2011 年第 6 期。

② 宗芳、李志瑶、唐斌：《研究生课程教学方法研究》，《现代教育科学》2014 年第 2 期。

水平。

（三）提升主体素养，倡导团队培养

研究生培养教育中，指导教师是研究生教育活动的主体，是研究生教育的直接实施者，指导教师的自身素质直接影响着研究生的培养质量，高水平的师资队伍是促进学位与研究生教育发展不可或缺的重要力量。随着研究生招生规模的扩大，各学校均在加强师资队伍建设，但是师资队伍建设远远赶不上研究生的扩招速度，从而影响到研究生自身学术能力的提升。招生规模的扩大必然伴随着师资力量的增加，绝不能因为研究生数量的增多而降低导师标准，影响硕士研究生培养质量。为此，应在提升研究生培养主体素养方面推进如下三方面工作：

1. 严格导师遴选规则，提升导师素养

现代高层次人才的培养是一项复杂的系统工程，承担着人才培养重担的师资队伍既是这个系统的重要组成部分，又是推动工程进展的主要动力。无疑，完善研究生导师选拔机制，实行导师能上能下制度，对于优化培养主体，进而提升硕士研究生的学术能力有积极意义。为此，第一，在导师选拔时应强调学历与科研能力并重，单纯强调学历不是遴选硕士研究生导师的最佳方法，尤其是地方省属院校，在发展硕士研究生教育之初，由于本校高学历教师相对少，如何平衡学历与科研能力是要重点关注的课题。第二，要实施硕士研究生导师的定期遴选与退出相结合的机制。一方面，通过制定严格的遴选条件和标准，动态考察硕士研究生的素养，及时将达标的教师纳入到硕士研究生导师的队伍之中，切实发挥他们对硕士研究生的指导作用，借以提升硕士的学术能力。另一方面，遴选实际上也应包含免除的意思，在将优秀者引入队伍的同时，也应当解除那些没有指导能力、影响硕士研究生学术能力培养和提升的硕士研究生导师的聘约。第三，应当加强对硕士研究生指导教师指导过程的监管。一方面应通过导师指导小组指导的形式对导师的指导进行约束，由指导委员会通过定期举行会议的形式对学生的科研进展进行检查，从而也在一定程度上督

促了导师对学生的指导；另一方面要通过专门制定指导手册的形式对指导过程中导师与研究生双方各自的权利和责任进行规定。刘春桃、柳松曾针对导师制在研究生培养机制中的功能及缺陷，对导师进行了新的功能定位并进一步从完善导师遴选制度方面提出建议。[①] 客观地讲，提升硕士研究生导师的素养，确实离不开管理体制的创新所形成的倒逼功能。

2. 助力导师团的建设，倡导组团指导

由于交叉学科、边缘学科的日益增多以及硕士研究生大幅度的增长，导师个人指导的力量不仅薄弱而且难以满足研究生形形色色的研究指导的需要。因此，针对目前研究生培养的现状，以及招生人数的不断增加，有必要改进单一导师指导方式，实行导师组团指导研究生的新模式，在实施导师负责的同时，辅之以小组集体指导制，让来自不同学科背景、知识结构各异的教师共同指导，提升学生的学术能力。实行导师组负责制的方式培养硕士研究生，就是各学科点的所有研究生由学科点共同培养，甚至可以跨学科组建导师组。从理论上讲，指导教师团队通过集体讨论和决策，共同制定或修订研究生的培养方案，可以强化对研究生的指导力度，由于集体严把论文开题、中期检查、最终检查、论文查重和毕业论文答辩等关键环节，使研究生可以踏实地开展学习研究活动。而导师团队中，不同导师学术背景、专长与经验的结合，可扩大研究生的研究领域，拓展研究思路，开阔学术视野，促进学术创新。在导师组的指导下，统一调节和调配本学科内的资源，共同制订研究生的培养计划，共同指导研究生的学习和科研，最终使所有的研究生在毕业时都能具备一定的科研能力，达到一定学术水平。而基于导师组的研究生培养模式则能够发挥集体优势，利于学生开阔视野和多学科知识的融合，促进研究生知识与技能的全面发展，提高研究生的培养质量与创新能力。地方省属院校应积极探索这种研究生培养方

---

① 刘春桃、柳松：《导师在研究生培养新机制中的功能与其实现途径》，《教育探索》2009 年第 11 期。

式，将导师的学术专长与研究生学术方向的选择更好地结合在一起，为研究生创造更为综合的氛围。同时，在实际落实导师组的过程中，要建立好导师组运行机制、交流机制、协调机制及培养质量保障机制，避免互相推诿而影响教学的有效开展。

3. 加大校企间的合作，优化团队结构

21 世纪的人才培养更加重视人才的个性化培养，不同导师的知识结构和多种思维，对人才培养所起的作用是多方位的。由本学科专业或交叉专业导师有机结合而成的导师群体，实施团队式的集体培养学生模式，有利于进一步拓宽人才的知识结构和创新思维。尤其是对于应用型硕士研究生而言，没有企事业单位从事实践工作且经验丰富的人指导，其应用技能的发展就成问题。为此，加强校企合作，通过激励机制吸引校外导师，建立校企联合实践基地，目的是为全日制工程硕士的工程实践训练提供保障。一方面国家应鼓励高校与企业建立实践基地，出台相关政策为企业接受全日制专业学位硕士研究生实习营造良好的条件；另一方面，地方省属高校应充分利用有战略合作关系的企业的实习资源，并签订协议、共同管理，以保障学生、企业、高校三方权益。企业导师的指导对专业学位研究生的实践能力的培养起到关键作用，应积极联系行业专家担任研究生的企业导师，并给予相应的薪酬、职称与激励机制，同时明确校内、外导师的指导责任，鼓励校内外导师间的合作。加强应用型研究生师资队伍的建设，要健全双导师制，聘请工程实践经验丰富并有一定教学能力的高级技术人才担任专业学位研究生导师，同时选派教师赴企业进行实践训练，提高教师的工程实践能力；从校内选拔年轻教师作为外聘导师助理，协助校外导师对研究生在学校期间的学习状况、实践项目进行管理，也给年轻教师提供成长的平台。周红康撰文指出，加强校企合作，建立双导师制能有效弥补研究生创新实践能力不强的问题，并阐述了双导师制的导向、整合、反馈、保障作用。①

另外，研究生培养模式的改革是一个系统工程，应着眼于系统性

---

① 周红康：《双导师制：创新型研究生培养的新机制》，《江苏高教》2016 年第 5 期。

变革。比如，除了明确培养目标、提升培养主体素养和优化课程体系建设之外，还应着眼于具体培养方式的创新。尤其是当前，随着网络信息技术的发展，网络教学是未来教学方式的必然选择，如何开发研究生的网络课堂，开设网络选课、网上教学，充分发挥网络优势，营造有利于信息化教学的新环境，是当前研究生培养模式创新过程中必须考虑的重要课程。当然，在推进网络教学的过程中还应与课堂教学结合起来，不能忽视和否认传统教学方式的自身优势。

第五章

地方省属院校硕士研究生学术能力提升的教育管理保障机制

硕士研究生的学术能力提升，离不开自身的修养与努力。但是，从研究生培养的角度分析，更离不开良好的培养管理机制。尤其是对于地方省属院校而言，诚如前面对于硕士研究生生源的分析，由于这些学校硕士研究生的起点低、底子薄，硕士研究生自身情况并不乐观，在这种条件下如果不加强对他们培养管理方面的外围环境和保障条件建设，提升地方省属院校硕士研究生的学术能力就是一句空话。

一 学术能力提升视角下硕士研究生培养管理机制的内涵

硕士研究生的培养管理机制也可以称为教育管理机制，是指针对硕士研究生培养生成的一系列制度体系及运作机制的总和，是影响研究生学术能力提升的外围条件之一。省属地方院校处于研究生培养教育管理的末端，完善培养管理机制对于提升其"成品"质量有着重要作用，虽然这些学校在培养管理机制方面借鉴了部属院校，但也有其自身的构成要素与特点。

（一）硕士研究生培养管理机制的研究意义

硕士研究生的学术能力提升离不开良好的培养管理机制，因为研究生的学术需要管理，没有管理不仅会导致学术失范，更不利于提升学术水平。从硕士研究生培养进程看其培养管理的意义，可以从三个视角凸显其对于硕士研究生学术能力提升的重要性。

　　1. 从管理主体的视角看，良好的培养管理机制有利于推进管理的有序化

　　目前，我国高等教育已经进入大众化阶段，这一阶段不仅上大学已经不是什么问题（当然上什么样的大学仍然是个问题），而且硕士研究生的扩招也紧随其后，读硕士研究生似乎也不是太大的问题。既往相当长的时期所认为的一张大学文凭就能供养自己一辈子的观念正在受到知识经济与时代发展的猛烈冲击，青年人甚至所有的社会群体都开始慢慢融入学习型社会，开始了继续学习和重新学习。在这种背景之下，高校扩张尤其是地方省属院校的扩张本身也具备了合理性。启动于 20 世纪 90 年代的高校扩张，在 21 世纪之初如果还有余波的话，一个主要的体现方面就是研究生教育的扩招，研究生招生类型的扩展。随着地方省属院校硕士研究生规模的扩张，其管理主体面临的挑战越来越大，从管理机构的设置到管理人员的配备，再到管理制度的完善都经过了一个从无到有、从知之不多到知之较多的过程。地方省属院校硕士研究生的培养管理机制就是在这种情况之下被推上历史舞台的。"正是在研究生扩招、研究生质量产生危机的情况下，人们开始深刻反省现在的研究生培养模式和研究生培养机制。"[①] 研究生的质量危机问题产生的关键原因不在于研究生规模扩大了多少，更重要的原因在于培养管理体制与机制。很明显，从管理主体的视角分析，地方省属院校硕士研究生的管理主体主要指的是研究生处（部），管理的事务涉及硕士研究生的日常学习、生活、学制、学位等各个方面，这些方面的设置是为了使管理进一步专业化和科学化，但同时专业事务的分类本身也会出现新问题，因为研究生培养工作是一个整体性工作，如果过分强调一个方面的管理和偏重另一个方面的管理，可能会出现挂一漏万，也可能会出现厚此薄彼，最终都可能影响研究生的培养质量。所以，将研究生培养管理的专项工作，建立于研究生培养质量的基础之上，尤其是建立在提升研究生学术能力的基础之上，才是凸显研究生教育区别于本科生教育的关键所在。

---

　　① 许红：《中美研究生培养模式比较研究》，四川大学出版社 2010 年版，第 3 页。

2. 从管理对象的视角看，良好的培养管理机制有利于提升研究生的素养

地方省属院校的研究生培养质量，尤其是学术水平的提升源于良好的培养机制。因为，一方面如前几章论述到的基本现实，目前地方省属院校研究生整体生源下滑，存在相当程度的跨专业培养、在职化培养与高龄化培养，建立在这样生源基础上的硕士研究生教育本身就面临着相当大的困难，如果不在培养管理方面下功夫，想靠硕士研究生的这点底子"熬"个毕业证、"混"个学历也会越来越难。另一方面则是研究生教育的规范化发展是大势所趋，随着国家对研究生教育越来越规范，地方省属院校也自然会落实教育方针，加大硕士研究生的规范化与科学化管理。同时，应当看到随着以人为本理念的复归，教育的根本任务在于培养人才已无争议，地方省属院校的硕士研究生的培养自然也是为了人的发展。实际上，马克思在论及其理论学说与理想社会时曾指出过：未来社会是"以每个人的全面而自由的发展为基本原则的社会形式"①。基于这样的认识，硕士研究生教育也应围绕个人全面自由发展这一主题，并且不能违背研究生之研究特性。教育也不应也不能再被简单地认为是一种谋生手段，而应该是极大地促进人的自身发展的必然选择，是为了有效地帮助人们实现自身价值乃至最高的自身价值。而教育的不同层级，从某种意义上反映和体现着人们通过教育本身获得的价值认同，但毕业认同和学位认同只是一个方面，而且是相当外在的一个方面，更为重要的是其内涵部分。诚如我们上面论及的，研究生教育与本科教育的不同正是体现研究生教育本质的东西，如果不提升研究能力与学术水平，研究生就不是货真价实的。所以，地方省属院校在硕士研究生培养方面别无选择。只有它们加大管理力度和提升管理水平，才能在既有的生源基础上更大可能和更大限度地提升硕士研究生的学术水平和自身素养。

---

① 《马克思恩格斯选集》第 2 卷，人民出版社 1995 年版，第 239 页。

3. 从管理方式的视角看，良好的培养管理机制有利于催生现代管理理念

管理方式与管理理念是在互动中发展的，先进的管理理念自然有利于造就现代化的管理方式。但是，从理论与实践的源头关系分析，应当是先有实践层面的探索，而后有理念方面的提升。所以，良好的管理方式对于管理理念的促进作用始终是第一位的。培养管理机制实际上可以看作一系列培养管理方式与制度的有效整合，良好的培养管理机制既包括分项管理方式本身的良与善，也包括各类管理方式有效整合形成的合力。目前，我国地方省属院校硕士研究生的培养管理方式本身存在两个明显的不足，即管理层级分属不明与管理类别分属不明。这两个明显的不足源于本科管理方式向研究生管理方式的渗透，学术类研究生管理方式向专业类研究生管理方式的渗透。毋庸置疑，随着研究生的扩招，研究生培养管理机构在省属院校已经基本上健全起来，研究生处（部）已经成为有研究生招生权的单位必设的校内二级机构，在此二级机构之中一般又设有一些具体的职能部门，如聊城大学研究生处下设培养科、学位办、思想教育管理科、招生办，鲁东大学研究生处下设招生科、培养科、学位办、学科建设办，曲阜师范大学研究生处下设招生科、培养科、学位办等。这些职能部门的功能，很多与本科是相通的，但是基于层级的不同也应有其特色。由于地方省属院校硕士招生权授予晚，本科培养历史相对长，导致本科培养管理方法与理念向研究生培养渗透，像许多地方省属院校在本科生培养中的考研取向一样，有些硕士研究生的培养取向是考博，这显然与我国国情不太符合，尤其是与专业硕士培养目标不符合。所以，通过反思培养管理方式和建立良性的培养管理机制，有利于从根本上扭转研究生培养理念方面存在的现实问题，凸显地方省属院校硕士研究生的学术能力指标及其管理。

（二）硕士研究生培养管理机制的构成要素

研究生培养管理机制是围绕研究生培养管理形成的一系列制度规范体系，以及在此基础上形成的培养主体与培养客体之间的互动运行方式、方法的总和。它至少包括研究生培养管理主体、研究生培养管理客体、研究生培养管理规范、研究生培养管理方法几个要素。

1. 研究生培养管理主体

主体是从事着实践活动和认识活动的现实的人，他们在一定社会历史背景下从事改造世界的实践活动。研究生培养管理主体是指依据一定的培养管理理论与经验，针对研究生这一独特群体进行有效管理的现实的人或机构。马克思曾指出过："凡是直接生产过程中具有社会结合过程的形态，而不是表现为独立生产者孤立劳动的地方，都必然会产生监督劳动和指挥劳动。"[1] 放在研究生培养管理事务过程中认识培养管理主体是分类分层的，所谓分类是指这种培养管理主体可以是人，也可以是机构，机构是平台，人则是现实的力量；所谓分层是指这种培养管理主体可以从宏观层面上管理机构与人，也可以是微观层面的机构与人。从功能定位的角度来看，研究生培养管理主体在研究生培养管理活动中处于主导地位，决定着研究生培养管理的性质、质量、效率与效果。研究生培养管理机构承载着研究生培养管理的职能，是研究生培养管理人员工作的平台，是实现研究生培养管理目标的有效组织保障。从现实情况分析，目前地方省属院校研究生培养管理机构实际上也分属不同二级单位，除了研究生处及下属办公室、学位办、培养办之外，各学院分管科研或研究生工作的下属单位与人员也是现实中的培养与管理主体，直接影响着研究生的培养成效与质量。

2. 研究生培养管理客体

从一般意义上讲，客体是主体实践活动和认识活动的对象，也就是进入主体实践和认识范围的对象。由于人们认识和改造世界的手段不断变革，使得人们认识和改造世界的范围不断扩展，所以客体本身是个动态的概念。研究生培养管理客体是研究生培养管理工作过程中的主体指向——研究生以及围绕研究生的人、财、物、时间等各类资源。研究生培养管理客体是构成研究生培养管理活动的基本要素之

---

[1] 马克思：《资本论》第3卷，人民出版社1975年版，第431页。

一，有时也称为研究生培养管理对象，具有客观性、系统性、规律性、可控性。作为研究生培养管理客体的人具有个性、社会性、能动性，是研究生培养管理决策的参与者和执行者、反馈安全信息的原发者和传递者、研究生培养管理文化的创造者和体现者，是培养管理客体中的最为核心的要素。其他培养管理客体都是围绕这一核心要素的，基于进一步提升这一核心要素的素养来配置的，虽然也有不可或缺性，但如无此核心要素，其他的客体要素存在的价值就是零了。所以，研究生培养管理客体主要是指研究生本身，在地方省属院校的硕士研究生培养管理过程中，客体主要是指硕士研究生。

3. 研究生培养管理规范

所谓规范，一般说是标准和准则的意思。一方面规范经常与管理、行为等既定性词语概念一起使用，就有了管理规范、行为规范。研究生培养管理规范，就是在研究生培养管理过程中应当遵守的基本标准和准则，即应该怎样做，不应该怎样做。另一方面规范经常与文件、制度同位表达，如规范性文件、规范制度或制度规范等，指向与规范本身没有太大的差距。研究生的培养管理要规范化，就必然要建立在健全的规范制度基础之上，没有制度规范或制度规范缺失，在研究生的培养管理过程中就会无法可依，从而会增强培养管理的无序性。所以，研究生培养管理机制必然包含培养管理规范体系。放在地方省属院校之中认识研究生培养管理规范体系，包括的内容繁多，如果按照研究生培养管理职能机构设置来说，招生办必然有招生办法与规范、培养科必然有培养办法与规范、学位办自然也要有学位授予的相应文件与制度。从现实方面看，这些制度规范在宏观层面和部属院校是相对健全的，而在地方省属院校则可能并不完善，既有的大部分规范文件有针对性和接地气的并不多见。没有接地气从某种意义上讲就是没有从实际出发，其操作性与针对性就不强，自然就会影响硕士研究生的培养进程。

4. 研究生培养管理方法

按照"百度百科"的解释，方法的含义较广泛，一般是指为获得某种东西或达到某种目的而采取的手段与行为方式。研究生培养管理方法既包括传统的行政方法、教育方法、心理方法，也包括运用现代科学技术和手段形成的现代研究生培养管理方法。薛天祥认为，研究生的培养管理既受经验体系与理论体系的影响，也取决于科学的方法论。① 实际上，研究生培养管理方法的选择还受制于研究生培养目标定位、职能定位与环境条件的影响。所谓研究生培养管理的目的定位自然是为了培养具有研究能力的人，并且为了培养达到这种研究能力，获得较高工作效率或经济效益、社会效益而设置对应的课程体系，而培养管理方法就是针对课程体系与日常管理而言的，目标是研究生培养质量。学术类研究生自然以学术能力为主，专业类有专业技能要求，也有相应研究能力的指标。所谓研究生培养的职能定位，主要包括研究生培养管理进程中对于人、财、物与时间、空间的安排，以及由此产生的包括计划、组织、领导、激励、协调、监督等职能。研究生培养管理方法都是落实职能的方法，离开职能也无所谓方法问题。另外，研究生培养管理的大环境，像国家制度、教育政策、学校环境、校院定位等方面也影响到研究生培养管理方法的选择。地方省属院校一般都属于教学型大学，这一校院定位往往导致研究生培养管理方法中渗透着更多的本科生管理方法，进而也出现管理成效方面的本科化，影响到研究生培养质量。

（三）硕士研究生培养管理机制的运行特征

研究生培养管理体系既然包括了主体、客体、规范与方法，其体系的运行机制自然也与这些方面相关，是这些方面相互结合、相互影响的联动。不仅如此，由于研究生培养管理的目标指向是研究生培养质量，是为了使研究生真正成为"研究"生，所以，这些相关要素联动过程的一个重要指向是学术能力，并围绕于此产生如下运行特征。

1. 目标指向的学术性与技术性

从国家视角方面分析，研究型大学占有研究生教育培养的更多资

_____

① 薛天祥：《试析研究生教育管理学的理论体系》，《高等教育研究》2001 年第 4 期。

源，对于地方省属高校而言，这种资源的占有比例小，而且主要集中在硕士研究生方面。虽然占有的资源有限，但硕士研究生培养的目标指向不能因之而发生变化。就地方省属高校而言，硕士研究生培养的才能目标主要涉及两个方面即学术性与技术性。我国地方省属高校硕士研究生的授予权大部分始于学术类研究生，而随着研究生教育培养的多样化，专业硕士研究生的培养规模要求越来越大，它们也承担了专业研究生的培养任务。实际上，对于研究生培养的目标指向，无论是学术类还是专业类都应包括学术性与技术性指标。对于学术类研究生自然要强调其学术，这是最为基本的，如何开发其科研潜质是这类研究生培养进程中必然要关注的问题；对于专业类研究生强调专业技能，但作为研究生也应有研究色彩，并且专业技能也是建立在专业知识和专业理论之上的。同时，根据国际经验，两类研究生应具有可选择性与可转换性，在培养管理进程中要善于创造条件推进不同类型研究生的成长，使这种培养与研究生本身所具备的潜质相符合。比如，通过对每一级学位设置多种学位类型，利用不断淘汰和分流来挑选人才。法国研究生培养教育中设两种文凭，其中一种是高级专业学习文凭，利用这种方式来促使不适应高深研究的人转为学习某一专业技术，走向就业。美国硕士学位中设有哲学硕士、学术硕士和力学、数学、教育或教育专家等专业学位，目的也是使研究生能在分流中得到挑选，提高培养高级人才的质量。①

2. 过程管理的规范性与多样性

研究生培养管理过程的规范性主要体现在研究生教育是一种规范化教育，都应根据国家社会发展与经济科技进步对学科专业发展的现实要求，针对研究生培养目的与标准制定培养方案，在学制规定、学位授予规定、学分要求规定、学时要求规定、理论教学与实践教学规定等各个方面做到有法可依、有规可行。虽然，目前地方省属高校在硕士研究生的培养方案方面大都规定了弹性学制，但由于地方省属院校在研究生招生方面存在的困境，大部分还很难执行严进严出的政

---

① 参见刘鸿《我国研究生培养模式研究》，中国海洋大学出版社 2007 年版，第 98 页。

策，一般情况下都能按时毕业并拿到学位。同时，研究生培养管理过程的规范化并不规避其多样性，对于地方省属院校硕士研究生培养而言，这种多样性主要体现在两个大的方面：一是针对学术类研究生培养体系而言，根据专业分属不同，培养方案制定与实施的要求是多样化的，理工科更加注重实习实验，而文史类则更加强调学理研究；二是针对专业类研究生培养体系而言，大部分强调的是专业技能，当然这种专业技能因学科分属不同各有侧重。另外，从地方省属院校研究生培养过程分析，这种多样性还体现在硕士研究生的招生方面，如有全日制统招的硕士研究生培养，有在职培养，还包括研究生学历教育中的硕士申请人员的培养等，各地方省属院校针对这些招生类型也在积极探索多样化的培养方式。如有的学校针对本地在职硕士研究生多这一现状，在学术专业课程设置方面采取集中设置的方法，解决工作与求学的矛盾等。

3. 机构设置的独立性与相关性

研究生培养管理机构本身作为一种组织，有其自身的特点，最为突出的两个方面是独立性与相关性。所谓机构的独立性是指在高校中研究生培养是相对独立的，一般都设有研究生院或研究生处（部），并且根据研究生培养进程在这一校院二级部门之下设有职能机构和配置培养管理工作人员。但是，这种独立机构本身很难达到韦伯设想的理想状态，因为相当多的学者认为高等学校本身就是以结构松散为特征的，而教育本身就处于一个"有组织的无政府状态"①。所以，处于教育系统中的研究生教育组织具有相对独立性和较大的自主性，研究生虽要受培养管理部门的规制，但其自身也有相当大的学习研究自主权，很多学术活动只发生在研究生与其导师之间，甚至只是研究生研究旨趣或基于培养标准要求下的个人行为。所谓机构的相关性是指在高校中研究生管理机构与培养学院之间具有密切的联系，严格意义上讲，研究生的培养与管理在高校内部也分层次，研究生处（部）

---

① M. Cohen and J. G. March, *Leadership and Ambiguity*, New York: McGraw – Hill, 1974, p. 3.

代表学校提出对研究生的培养的总体规格要求，而各学院则结合自身专业特点，自行制订培养方案、设置课程体系，但是在导师聘用、研究生学术能力的评定等方面要根据学校要求落实。所以，研究生培养管理进程中必然要考虑相关机构的互联互动，尤其是研究生处（部）与各专业学院之间的关联性。从地方省属院校硕士研究生学术能力的视角看，研究生处（部）重在规定研究生学术目标与学术规范要求，而各专业学院则承担结合专业如何细化学术目标与学术规范，实现硕士研究生学术能力提升的任务。

4. 主客互动的规定性与自主性

研究生教育作为教育的最高层次，对师资要求严格，区别于本科生的一个重要方面在于培养管理过程中有导师，由学有专长、造诣深厚的学者招收研究生，而且有明确的师生关系要求。在地方省属院校中，硕士研究生的导师承担的任务比较重。诚如前面所言，因为这一层级研究生的生源不太理想，学术底子比较薄弱，只有加大硕士研究生导师的责任才有可能将这些硕士研究生培养出来。所以，地方省属院校硕士研究生培养过程中，对于硕士研究生导师的任务要求有明细化的规定（虽然有些规定未必能完全落实）。在清晰的制度要求面前，导师作为培养管理主体的责任清楚，在导师主导之下基于培养建立起来了师生间的规定性与规范化的关系。但是，另一方面，在这种规定性要求的基础上如何促进主客体间的互动，导师与学生的选择并不相同。有些导师能够主动地联系学生，发挥导师在关系互动中的主导作用，鼓励自己的学生积极从事科学研究或进入自己的课题组以加强学术锻炼，而有些导师则被动等待学生主动联系；有些学生在师生互动中表现积极，能主动求教于师，主动学习学术规范提升科研意识，有些学生则不会主动与导师见面，接受导师的指导。作为地方省属院校，在研究生的培养管理过程中，为了提升硕士研究生的学术能力与学术水平，应积极造就一种师生互动的环境，赋予硕士研究生导师更大的培养自主权，院校强调出口管理，通过落实弹性培养和淘汰制来施加外围压力，进一步促进师生间的良性互动。

研究生培养管理机制的完善本身就是对研究生培养质量保障体系

的构建，而研究生培养质量提升的核心要素就是研究生学术能力的提升。所以，地方省属院校在硕士研究生培养过程中应不断推进培养管理机制的完善，尤其是处理好机构、人员间的关系，使硕士研究生培养过程中各类机构既各自分立又相互联结，形成机构人员间的良性互动，进而将研究生培养质量的目标落实好。

二　地方省属院校硕士研究生培养管理机制存在的问题分析

地方省属院校硕士研究生培养管理方面存在的问题是多方面的，如对培养管理的认知不科学、不到位，没有将学术能力培养与提升作为重中之重；培养管理机构设置或缺失或重复，导致培养管理进程出现缺位或相互掣肘；培养管理制度不健全、不完善，多借鉴部属院校的培养管理制度，没有与地方院校实际相结合，制度规范宏观性与一般性特点突出，缺少针对性与可操作性。但是，主要问题还在于培养管理机制，体现在五个方面：导师遴选机制不健全，学生选录机制不科学，导师培养管理不充分，学生类型转换不适应和学制规定落实不灵活。它们最终影响到硕士研究生学术能力的提升。

（一）导师遴选机制不健全

地方省属院校硕士研究生导师的遴选机制，主要包含导师遴选标准条件与具体遴选制度两个大的方面，这两个方面是通过一系列制度落实下来的。从两个大的方面来看，制度规定大部分都已经建立和健全起来，遴选机制不健全是指制度规定的主体内容存在问题，制度的执行力与落实力存在问题。

1. 导师遴选条件

地方省属院校硕士研究生导师的遴选条件主要涵盖其政治素养与业务素养两个大的方面。政治素养方面一般包括政治思想表现、教育教学态度、学术道德水平、为师治学精神等方面，业务素养则主要涉及相关的职称、资历、学术水平、业务能力等方面。青岛农业大学研究生处网站，对于研究生培养的文件比较全面，相关文件、条例与办法皆可查阅。如管理文件中"导师学位"一栏中列有《研究生指导教师和导师组工作条例》，此条例作了从政治、资历和业务方面对硕士研究生导师的条件说明，在政治方面："拥护党的基本路线、方针、政策，具有高尚的职业道德，治学严谨，学术作风正派，为人师表，教书育人。"在资历方面："具有硕士以上学位、担任副教授以上专业技术职务（或相当专业技术职务）2 年以上（博士学位获得者年限不限），身体健康，能坚持正常工作，担负起实际指导硕士研究生的责任。""遴选和聘任拟新担任硕士研究生指导教师人员的年龄距国家规定的退休年龄不少于 5 年，审核和聘任已遴选的硕士研究生指导教师的人员，招收研究生的年龄距国家规定的退休年龄不少于 3 年。"在业务方面："本人从事的研究方向与本学科的研究方向一致，有较高的学术水平和较显著的科研成绩，熟悉本学科领域研究工作的前沿情况；能独立从事科学研究工作，并取得较高水平的科研成果。"①其余地方省属高校的相关规定，基本上没有太大差异。

遴选条件的规定自然不能超越德与才两个大的方面，但对于具体内容方面的要求应更具体化，以进一步增强可操作性。从如上规定以及相关院校规定中可以得出，地方省属院校硕士研究生导师遴选条件与标准要求存在两方面问题：其一是规定条件相对陈旧，缺乏与时俱进的内容，青岛农业大学《研究生指导教师和导师组工作条例》实际上是莱阳农学院时期的，作为档案材料和历史文件保留有其自身价值，但是如果不及时根据学校自身发展来调整标准则明显显出文件的滞后性。实际上，青岛农业大学因校名更换可以明显地看出文件要求的滞后性，有些学校校名未必更改过，其文件规定也多缺乏与时俱进。因为从目前地方省属高校而言，基于职称评聘等方面的压力，教师的教研要求已经远远超越了省内职称评聘的基本条件，如果套用那些基本条件作为硕士研究生导师的必然素养，显然要求低了些。其二

---

① 《莱阳农学院研究生指导教师和导师组工作条例》，青岛农业大学研究生处网站，http：//grad. qau. edu. cn。

是规定多是定性化的要求，定量化的要求少且低。虽然如上文件中第十八、十九条对于科研、教学与立项有明确的规定，青岛农业大学"研究生导师遴选表"中也有相关栏目，但是这些规定中普遍存在的问题是学术要求低。如硕士研究生导师年均科研经费理科不低于5000元，文科不低于1000元的规定，显然极易达到。其三是对于学术道德方面的要求基本上是缺失的，对于教学方面的要求明显偏弱。如曲阜师范大学硕士研究生指导条件中规定"政治思想好、作风正派、治学严谨、教书育人、为人师表"等，但定性评价的可操控性不强，显然不利于规避学术道德出现问题的教师进入导师队伍；而烟台大学"研究生导师遴选表"中根本就没有关于教学方面的规定，这种规定不可避免地造成部分教师忽视课堂教学而专注于学术研究，忽视学术规范而专注于学术数量积累，自然也会影响到研究生的培养质量。①

2. 导师遴选办法

地方省属院校硕士研究生导师遴选办法主要涉及程序性规定与实体性规定两方面内容。实体方面的规定，主要涉及的就是如上论及的导师应具备的条件或标准；程序性的规定则涉及从申请到审批的全过程。由于以上论及了硕士研究生导师的条件和标准，此部分主要审视导师遴选与更换的程序问题。从一般意义上讲，地方省属院校硕士研究生导师遴选主要是个人申请、院学位评定分委员会讨论推荐、校学位评定委员会会议表决三个主要步骤，对于任期期满的重新遴选或对新申请的初次遴选。如青岛农业大学专业硕士研究生导师选聘办法规定："专业学位硕士研究生第一导师的遴选，需经个人申请，由承担培养专业学位硕士研究生的学院学位评定分委员会讨论推荐，对符合遴选条件的提交校学位评定委员会进行会议研究表决。"同时也规定了"对于不称职的专业学位硕士研究生导师，可由学院学位评定分委

---

① 《研究生导师遴选表》，烟台大学研究处网站，http://yjs.ytu.edu.cn。

员会提议，予以解聘"①。再如聊城大学明确遴选的四个步骤："1. 各院（系）根据招生计划提出导师岗位设置意见，由研究生处审核报校长批准后，公布遴选导师工作岗位数。2. 个人申请并填写培养研究生导师简表。3. 院（系）学位评定分委员会审议。4. 校学位评定委员会审核批准。"同时详细规定了解聘条件："1. 无正当理由对本人招收的研究生不进行正常的培养和指导者。2. 坚持并散布资产阶级自由化观点，指导的论文有严重的政治问题。3. 在招生、培养和学位授予工作中不实事求是、有舞弊行为或作出有损学位点和学校声誉行为者。4. 指导的研究生中途终止学习。5. 二年无学生培养者。6. 因失职已经不适宜继续做导师者。"②

通过对相关导师遴选办法的审视，我们可以发现地方省属院校在导师遴选方面至少存在以下几个影响研究生培养的具体问题：其一是虽然有些学校有校内校外导师（第一导师与第二导师）、导师与副导师之别，但是对于校内导师与校外导师如何配合工作，导师与副导师如何配备工作和厘清责任，虽然有相关规定，但在实际处理方面仍然面临困境，可能因两人负责导致无人负责，不仅无益于硕士研究生的培养，还可能阻碍学生学术能力的提升。其二是重选轻管或有选无管。地方省属院校对于硕士研究生导师的选聘规定办法基本上是健全的，但是对于选聘上来的导师如何管理规定较少，普遍只有任期制和教研工作量方面的内容，对于一个管理周期内是否也应设置导师条件预警通告等方面的内容，大多没有相关规定。其三是重上轻下或有上无下。导师遴选必须与导师解聘结合起来才有意义，正如选举与罢免必须结合一样。目前，地方省属院校对于硕士研究生导师的遴选已经有了明确规定，而遴选只是一个具体时点，过了这个时点之后如导师又达不到这个条件了，应解除其导师角色。但是，根据调查这种情况在地方省属高校较为罕见，至少在一个聘任周期内几乎没有被解聘的

---

① 《莱阳农学院研究生指导教师和导师组工作条例》，青岛农业大学研究生处网站，http：//grad. qau. edu. cn。

② 《聊城大学硕士研究生导师条例》，聊城大学研究处网站，http：//yjsc. lcu. edu. cn。

情况。另外，目前地方省属高校硕士研究生遴选办法还可能产生内部控制，因为从遴选程序上分析，无论是学院推荐还是学校的表决，都可能受到外围因素的影响，影响导师遴选的公正性。

（二）学生选录机制不科学

由于地方省属院校大多不能招录推免生，其硕士研究生的选录进程主要包括前后两个阶段，即初试与复试。但是，这种传统的招录方式并不科学，其不科学性在初试与复试方面都有体现。硕士研究生初试与复试是否科学是影响生源质量与水平的重要因素，这给原来师资与资源都存在不足的地方院校，在研究生培养方面带来更大的困难。

1. 初试选录机制不科学

我国现行的硕士研究生招生考试制度第一关就是全国统考的初试，只有初试过关才能走下一步——复试。就现实情况看，目前硕士研究生招生过程中初试结果影响过大，基本决定了考生的命运。因为初试内容基本上不涉及学术能力问题，导致产生了大量"考试型"的书生，而不是"能力型"的优生，也造就了大量的考研基地。初试选录机制不科学主要体现在考试的公平性与专业性难以得到保障两个主要方面。

第一，考试的公平性难以得到保障。硕士研究生统考招生政策出台前，除工商管理硕士和法律硕士外，初试科目一般包括政治理论、外国语、基础课和专业基础课，其中政治和外语是由国家统一命题、考试，对于所有考生都是一视同仁的，相对公平。但是，由各招生单位自主命题的基础课和专业基础课考试试题的公平性往往受到质疑。一方面，这些试题都是本院专业教师所出，其保密性本身就不强，很难规避漏题现象的产生；另一方面，近来地方省属院校生源不济，许多地方院校针对本院校学生的考研辅导增多，专业性辅导的出现令人质疑。再加上许多考生都知道专业课为本院校掌握，想办法找关系的情况也时有发生。所以，初试专业课公平性受人质疑。虽然，针对初试中的种种问题，教育部于 2006 年发布了《教育部关于 2007 年改革全国硕士研究生统一入学考试部分学科门类初试科目的通知》，明确提出"进一步提高研究生选拔质量","进一步精简、优化初试科目，改革初试内容，使初试更加侧重考察基本素质、一般能力和学科基本素养"等，但无论从该政策本身的手段还是政策实施后的外部评价来看，提高研究生选拔质量这一目标都没有实现。

第二，考试的专业性难以得到保障。与 2006 年初试改革政策出台之前（研究生初试会考两门业务课，即专业基础课和专业课）相比，硕士研究生的部分门类初试统考只考基础课，致使考生在专业方向上的优势无法体现，甚至致使在某一专业方向上的优势考生被初试关到了大门之外，这就难以选拔出具有学术专长的学生，对于学术事业的长远发展也是不利的。同样，对于没有实行全国统考的门类初试内容的专业性同样得不到有效保障。一方面，对进行专业课命题的教师缺乏有效的监督。一般情况下，专业试题由院长或分管研究生工作的副院长在本院范围内找专业教师出，虽然也强调出题纪律和保密性，但并不能做到像国家命题人那样集中管理，专业试题还是分散出的，并且对命题教师的保密工作没有有效的办法加以管理。另一方面，试题的专业水平难以审定。校院将专业试题赋予专业课教师来出本身是个保密工作，特别是分散出题的情况之下，其他专业教师不能参与，这虽有利于试卷保密，但由于缺乏专业审定，对于命题的难易程度、考题的知识点范围等方面难以掌控，也可能导致试题的专业化水平低。

另外，初试计分规则与公共课专业课间的权重不当，也影响到硕士研究生生源的专业水平。就目前初试成绩的计算方式来看，是几门课加总，这就是说每门课的分数是等同重要的。但是，实际上各门课程每年的试题难度不一，有些难度大的科目分数高的考生实际上是吃亏的。同样，在硕士研究生笔试线方面，公共课每年要过国家线，专业课一般都要过及格线，还要高于总分数线。这种规定中，公共课不仅包括外语，还包括了政治，从某种意义上是加权重了。并且，各类学科对于外语公共课统一要求，也会使一些外语水平低但有专业发展前途的考生丧失从事专业学术研究的机会。

2. 复试选录机制不科学

现行硕士研究生的招生主要分为两种模式，其一是按研究方向招生，由学院主导，实行导师负责制；其二是按专业招生，由学位分会主导，实行专家组负责制。[①] 目前，地方省属院校基本上是实行专业招生，招生前不明确导师归属问题，但在复试环节，一般又采取导师复试的做法，而此时导师与学生的对应关系还没明确。就目前地方省属院校硕士研究生复试选录机制存在的问题，主要有如下两点：

第一，复试进程中的专业关注不够。复试是考核和选拔研究生的最后环节，理应得到充分关注。但根据调查分析，地方省属院校硕士研究生复试环节对于专业关注不够，笔试中的问题基本上都属于基础性的，没有体现考生的专业深度，而面试环节问题更多：

其一是专业人员受限。目前地方省属院校硕士研究生面试教师由本院硕士研究生导师队伍构成，对于面试成员构成数量、面试中的专业角色分工、各面试人员成绩权重等方面大都没有严格的规定，也没有外聘专业教师参与专业面试，致使硕士研究生面试的专业视野相对有限。

其二是专业内容受限。目前，不少地方省属院校在各专业面试进程中，对于经过初试环节的学生提问专业问题的情况并不普遍，不少经过面试的考生反映面试像在"拉家常"。同时，也有一些老师提出专业问题，但对于如何评判考生所作答专业问题的标准并不统一，甚至根本无须评判。

其三是没有专业底线思维。根据目前掌握的情况，地方省属院校在专业面试进程中，对于没有专业底子的跨专业考生，只要精神正常，淘汰的可能性也不是很大。尤其是近年来，地方省属院校面临越来越大的生源压力，跨学科的文科类考生相当普遍，为了顺利完成招生指标，通过降低面试难度的做法甚至不止于地方省属院校，一些部属重点院校也有类似情况发生。

---

① 陈菲、陈晓、李英、李佳、焦颖、陈跃来：《研究生复试组织管理模式与优质生源选拔》，《上海中医药大学学报》2014 年第 3 期。

第二，复试进程中的弹性空间不大。在地方省属院校层面，硕士研究生的复试基本上不动摇初试成绩，使得复试基本上是流于形式。复试进程的弹性空间不大主要体现在如下三个方面：

其一，重初试，轻复试。一方面，部分复试教师认为，经过初试的大都是优异者，复试只是测定一下成绩是否属实，考生是否精神正常；另一方面，部分复试教师担心，如果过分强调复试，使得复试改变初试排名甚至将初试成绩高的考生淘汰，往往会被人盯上，说某某学校某某专业太黑，人为影响大，怕背上包袱。再加上有些地方院校基于经费吃紧、人员吃紧等因素，人为降低招生成本，缩减招生工作量的情况，降低了复试成绩比例，或者干脆最终不改变国家统一组织的初试成绩名次，使复试流于形式。

其二，复试采取等额方式进行。有些单位打着公平公正的旗号，或许真是为了规避复试中过多的人为因素的影响，采取等额复试，考生能否过线上学完全取决于初试。也有些生源不好的招生单位，主要是二类招生地区，为满足扩招需要常常采取等额复试的方式。

其三，复试服从招生的现象广泛存在。在生源竞争日益激烈的情况下，许多地方省属院校为了保生源，普遍采取了复试服从招生的做法，通过破格录取和其他招生单位调剂的方式补足缺额，对于调剂而来的生源，更是想办法留住。由于各单位自我制定、自我执行的破格与调剂规则全靠自律，出现了破格与调剂录取中的随意性，导致调剂复试的无序状态，也影响到招生的质量。

（三）导师培养管理不充分

导师是培养管理的重要主体，导师动态培养管理不充分往往导致导师学术水平不高，自然影响到学生的学术培养。地方省属院校在导师动态培养管理不充分方面，主要体现在导师充电、激励与更新方面存在问题。

1. 导师培养不到位

导师的培养包括两个方面，一是培养导师，使不具备导师资格的具备导师资格，二是培训导师，使具备导师资格的成为优秀导师，至少不丧失导师的必备条件。在知识更新如此迅速的社会中，导师不充电，靠吃老本，是绝对不符合时代要求，也难以完成导师职责的。目前，地方省属院校硕士研究生导师的培养还不到位，主要体现在如下几个方面：

其一是硕士研究生导师的待遇基本上是一种荣誉，许多高校将每培养一个硕士研究生折合成一定的课时量，大约是1000元—3000元的样子，浙江师范大学有硕士研究生导师专项经费，拨款标准大致也在这个区间，聊城大学各学院折算方式不一样，但都没有超过这一区间。这一方面对于未在硕士研究生导师之列的人员吸引力较弱，未入硕士研究生导师之列的教师对于评聘导师的动力不足；另一方面对于进入导师队伍之列的教师缺乏自我价值的认同，虽然导师价值不等同于其收入与待遇，但没有相应的收入与待遇，导师对自我价值的认同度会下滑却是一个事实。

其二是缺乏针对硕士研究生导师的培训事宜，地方省属院校对于硕士研究生导师大多数没有专项培训经费，也没有定期培训规划，导师成长成熟的过程几乎完全是自组织或无组织状态，尤其是导师的学术发展基本上是靠自己，有学科归属的导师只有参与学术会议方能得到学科的关注。导师间的传、帮、带只是部分地通过实施副导师或第二导师制度有组织的推进，而大部分新导师没有通过组织化途径得到老导师的帮助，完全是自主学习。当然，从宏观层面分析，各级学位办对于导师培训的组织化程度不高，或者基本上不存在对于导师的系统培训工作。

其三是导师团队建设意识不强，地方省属院校有专业教学团队建设，但研究生培养方面的导师团队基本上不存在，围绕专业的导师团队只是在本专业研究生开题、中期检查和答辩等主要教学环节感受到自己归属的专业。对于每一个硕士研究生的学术引导，几乎都是导师自己的事情，只有在导师私人关系比较好的情况下存在几个导师联合组建非正式组织共同带学生的现实。

2. 导师奖惩不到位

对于导师的培养管理，应涵盖对他们工作的评判与管理，而奖惩是一种有效的激励手段。就目前地方省属院校而言，在导师奖惩方面的规定、落实仍存在一些问题与不足，主要体现在如下三个方面：

其一是无奖惩规定。一般而言，地方省属院校有针对师资奖惩的规定，各二级学院也有针对师资的相关规定，但单独针对硕士研究生导师标准与任务的奖惩规定却相对缺失，导致对在研究生课程教学或培养管理中成绩显著的教师缺少奖励和表扬，对指导不力的教师没有给予相应惩罚，对丧失导师资格者也没有取消其导师资格。

其二是有奖惩规定但没有监控与落实。比如，在学术论文指导方面，地方省属院校大都有相关抽检规定，以及针对论文抽检结果的评判和建立于这种评判基础上的对导师和学生的奖惩规定，比如抽检查重过程中重复率过高的处罚问题等。但在实际工作中，这种查重处罚实施得并不多。一方面有一定道理，因为查重本身就有问题，重复率高可能是与本人研究的既定成果有关，也可能与研究本身的性质有关，比如自己早发过的论文或历史学专业等，但另一方面是既然存在这种规定，或者认真执行之或者改进执行之，否则规定本身的合法性就受到质疑。

其三是有奖惩但缺失公正性。这种缺失公正性主要体现在两个方面，一是有奖无罚、奖多罚少现象普遍存在，很多地方省属院校试图通过奖励来有效发挥激励作用，只强调正强化，不注重负强化，导致大部分导师停留在一般水平上；二是奖罚本身存在有失公正的问题，主要是奖励对象大多是资历老、职务高的人员，尤其是在校院担任管理角色的干部，普通教师得到相关奖励与荣誉称谓的明显偏少。而从现实情况看，许多管理干部确实有较高的学术水平和指导能力，但由于缺少时间保障，多通过副导师或第二导师来落实指导工作，即便指导出优秀学生也不仅仅是自身功劳；另外，许多专业导师同样也具有较高的学术水平与指导能力，在同等条件下得不到认同也会影响到他们的积极性。

3. 导师更新不到位

导师更新不到位是指导师更替机制不充分，存在终身制、聘期不统一、无聘期中的更新等情况。

其一是存在硕士研究生导师终身制问题。2013 年，教育部学位管理与研究生教育司负责人提出要改变单独评定研究生导师资格的做法，防止形成导师终身制，完善研究生与导师互选机制。① 2014 年《中国科技报》同样针对这个问题刊文，指出研究生导师存在"一旦聘上，除非出现重大违规违纪现象，这一称号通常将一直延续到这位老师退休，其间并无退出和中途考核机制"，"研究生导师资格在事实上已经形成了类似'终身制'的特殊权利"② 。这说明，长期以来，我国在研究生培养教育方面确实在事实上存在着导师终身制的做法。对于地方省属院校而言，由于硕士研究生教育培养起步晚、师资力量相对有限、缺乏评审机制等因素，在硕士研究生导师终身制方面的问题更为突出。

其二是存在硕士研究生导师聘期不统一的问题。如辽宁大学对于文件规定"每届硕士研究生导师聘期为三年"，但博士生导师则根据实际需要确定聘期。③ 而浙江师范大学曾实施过硕士研究生导师聘期四年的规定，广西大学则实施过硕士研究生导师聘期五年的规定。教育主管部门对于研究生导师的聘期并没有严格的规定，这是导致导师聘期多样化的主要原因之一。但是，为了维持导师队伍的相对稳定，进而更有利于硕士研究生的培养管理工作，地方省属院校应让导师聘期与指导周期相吻合，以确保指导质量。

其三是无聘期中的更新。目前，地方省属院校中对于导师期中更换问题认识不足，导致每年都有"没娘的孩子"的产生。特别是近年来，随着教师流动性进一步增强，许多硕士研究生导师出国或调出的现象变得越来越普遍，如果缺少导师中途调整机制，调出导师的学生就不知如何从事学术研究。另外，硕士研究生培养过程中如果硕士研究生的研究旨趣变化，与导师的研究方向不一致，或者硕士研究生

---

① 《教育部：防止研究生导师终身制　完善互选机制》，中国考研网，http://www. chinakaoyan. com/info/article/id/32054. shtml。

② 陈彬：《研究生导师，废除"终身制"有多难》，《中国科学报》2014 年 8 月 21 日。

③ 辽宁大学规章制度编辑委员会：《辽宁大学规章制度选编》，辽宁大学出版社 1995 年版，第 160 页。

导师身体健康情况不好，无法从事专业指导，学生也应有申请换导师的权利。这种情况在浙江大学、南京大学、同济大学等部属高校中已经推行，西南交通大学、天津医科大学、天津工业大学等地方省属高校也有了有效的实践。

（四）学生类型转换不适宜

地方省属院校基于招生吸引力、研究生生源普遍下降等多方面的原因，第一志愿满足招生要求的专业并不多，存在着大量专业调剂。不仅如此，随着专业类与学术类分开招生，两种硕士研究生类型之间的转换也存在一些问题。这些问题既存在于研究生入口这一重要时点，也存在于研究生培养管理过程之中。

1. 入口专业调整与转换不适宜，即存在类型与专业之间的无序调整

从目前研究生调剂调整情况分析，除了基于分数线要求不同的跨区调剂即由 A 区向 B 区流动之外，还存在学术类与专业类的调整。但是，于后者而言普遍存在三方面的问题：

其一是认识方面。虽然在理论上讲，学术类与专业类的硕士研究生培养目标与方向是不同的，两者从根本上讲没有孰优孰劣的问题。但是，在地方省属院校研究生培养管理主体的认识层面，大部分还是认为学术类研究生应更加注重，无论是录取还是培养环节，学术类研究生始终是研究生中的优等生。

其二是政策方面。实际上，从培养管理角度分析地方省属院校看重学术类硕士研究生，是受制于研究生培养政策影响的。自 2010 年开始实行专业硕士和传统的学术硕士分开招考，教育部对研究生招生政策做出调整，允许达到国家标准分数线、报考学术型硕士的考生改读专业硕士学位。① 这说明，从政策层面已经认同由学术类研究生向专业类研究生调剂的问题，并且采取鼓励与支持的态度。但是，从现行政策文件来看，还没有看到反向调剂的政策文件与规定。这样，由

---

① 周逸梅：《教育部：学术硕士可调剂到专业硕士》，《京华时报》2010 年 4 月 25 日。

学术类研究生向专业类研究生的转换与调剂就成为可能，而且政策导向也导致专业类多是学术类不达标或超额难以录取的生源。

其三是实践方面。认识与政策从某种意义上左右实践操作。基于如上认识与政策导向，在现实中广泛存在的现象是当专业硕士没招满，还有名额的情况下才可以将学术类没有录取的调剂过去，来满足专业类无法完成计划之需。虽然理论上专业类硕士研究生也可以调到学术类的，但是这个可能几乎为零。一方面是基于如上认识与政策导向，使专业硕士还没有得到广泛认同；另一方面学术类报考的比例相对较高，而且大多都是应届考生，有部分缺额的情况下也可以在同等院校间的学术类之间调剂来满足缺口，最终的结果是学术类研究生的缺口少且分数线一般都要高于专业硕士研究生，使得反向调剂的可能性很小。

2. 培养管理过程中缺少针对研究生学术旨趣和专业特长的二次选择

从地方省属院校硕士研究生的招录现状来看，研究生入学后进行专业的二次选择是必要的，其原因至少有如下几点：其一是报考过程的盲目性，有些研究生在专业报考过程中没有认真考虑，在首次选择中存在失误，或者在入学进程中存在校院调剂，而为了能上学没有对调剂说"不"，进而进了自己不愿从事的专业，导致专业学习无兴趣、不想学的问题。其二是在从事专业研究过程中发现自己有更愿意从事且自身专业基础更好的专业，尤其是在一个一级学科之下的二级学科本身有着很大的交集，但也有自身研究的侧重点，在学习研究过程中发现自己的研究倾向与同属一级门下的非本人研究的二级学科的侧重点交集更大。针对如上情况，不少学校尤其是部属院校在实际的研究生培养管理过程中，已经制定和落实了相关转专业的规定。如中国政法大学的《关于研究生转专业的暂行规定》（2001 年 5 月 22日）、《华中师范大学研究生转专业管理办法》（2012 年 11 月）等，这些规定通过准许学生个人申请，填写相关表格，经由导师同意等一系列程序，本着有利于学生发展与成功的目的，可办理专业的二次选择。

　　在地方省属高校中，研究生的二次选择在事实上基本上是不存在的，虽然有些高校也制定了相应的规范与文件，但这些规范与文件总体上也规避了学生二次选择的可能性，至少将这种二次选择的量减少到了最低限度。如河南师范大学对于转专业问题一方面有如下规定：①确有专长，转专业更能发挥其专长的；②入学后发现某种疾病或生理缺陷，经学校指定的二级甲等以上医院诊断并开具证明，不能在原专业学习，但尚能到本校其他专业学习的；③确有某种特殊困难，不转专业则无法继续学习的。在同一文件中，又作了如下解释：①对于"确有专长，转专业更能发挥其专长"而提出申请的，除导师之外还必须有两名导师组成员推荐，并写出意见。②对于"入学后发现某种疾病或生理缺陷，不能在原专业学习"而提出申请的，须经学校指定的二级甲等以上医院诊断并开具证明，对适合转至何专业提出建议。③对于"确有某种特殊困难，不转专业则无法继续学习"的，视具体情况而定。其中对于"由于导师发生变动而提出转专业的"，一般不予接收。原因是学校规定导师可以指导相近专业的研究生，所以本学院内调换导师没有必要转专业。① 从如上规定看，硕士研究生办理转专业不仅受制于自身的兴趣爱好，还受制于导师、学校等多方面因素，实际的操作性不强。

（五）学制规定落实不灵活

　　无论是专业类硕士研究生还是学术类硕士研究生，其培养后的选择无非是两种，一是继续深造攻读博士学位，二是直接就业。目前在地方省属院校硕士研究生培养过程中，对于学术类的侧重其科研能力，倾向于继续培养攻读博士，而对于专业类的则侧重于其实践能力，倾向于直接就业。相应的，学术类的对学术能力的要求较高，学术培养的任务较重，专业类的则不同程度地存在轻视学术的情况。从某种意义上基于这样的考虑，二者在学制要求方面也不一样。

　　从我国研究生学制发展变革的视角分析，自 1978 年恢复招收

---

① 参见河南师范大学学位与研究生教育信息网，http://www.htu.cn/yjsxy/。

研究生以来学制时有变更。1981年实施研究生学位制度，规定学制为三年。1998年《中华人民共和国高等教育法》颁布，规定我国硕士研究生教育的基本年限为2—3年，培养目标定位于学术型人才。2000年1月教育部颁布《关于加强和改进研究生培养工作的几点意见》，我国的硕士研究生教育开始了实行弹性学制的改革。所谓"弹性学制是在以选课制为基础，学分制为核心，导师制为保障，对学生的修业年限规定较为宽泛，允许学生根据自身具体情况选择相应课程、在有相当伸缩性的时段内完成相应学位所需学分并达到其他相应要求的一种研究生培养制度"[①]。但是，这种弹性学制实际上也没有弹性，主要体现在：其一是专业硕士基本上按两年培养计划管理，学术类基本上按三年培养计划管理，这实际上规定死了两种不同类型硕士研究生的培养学制；其二是有些学校规定学术类的也可以缩短学制，在完成学分和论文要求的基础上两年毕业，也就是有缩短学制的弹性，但完不成相应要求，也应适当延长，这方面实际落实力度不够。在一些学校由于缩短了学术类研究生的学制，致使相当多的研究生在第一年应付课程，修读学分工作任务使得其没有更多的时间从事思考与写作，甚至连进行学术训练和调查搜集材料的时间都没有，可以说只是本科阶段的延伸，没有任何学术锻炼与提升的机会。而对于专业类研究生，本身学制就较短，延长的弹性不足，再加上大部分都是在职攻读，更谈不上有充裕的时间从事学术研究，其学术能力提升的时间保障不足。正是出于这方面的考虑，早在2002年中国人民大学、北京大学、中山大学、南开大学、武汉大学等高校纷纷对硕士研究生实行或试行两年制培养模式，但时隔数年之后，相当多的高校已经悄悄地全部或将一批专业又改回了三年学制，而相当多的省属高校根本没有对学制进行相应变革，基本上仍然是停留在三年学制的阶段。

　　实际上，硕士研究生的弹性学制是应当推进的，因为研究生的学

<hr>

　　① 柴世忠：《硕士研究生培养制度中的"弹性学制"分析》，东北师范大学硕士学位论文，2008年。

术能力与学术水平不同，自身各方面的条件不同，有的硕士研究生是有天分且相当努力的，这些人可以在较短的时间内完全学业，如果全部研究生"一刀切"式地对待，实际上是浪费这部分人的生命，无形中牺牲了他们的时间。但是，弹性学制应当得到全面的理解，既应包括对优秀者缩短学制、提前毕业的相关规定与要求，也应有对于后进者适当延长学制、延迟毕业的相关规定与要求。实际上，这方面西方国家的做法完全可以为我国借鉴，如最早实行弹性学制的美国，其学术型硕士学位只是学士学位和博士学位之间的过渡学位，所以学制只有1—2年，但修业年限最长可达5年，这样其弹性区间是1—5年，自由空间比较大；英国的硕士学位是未被纳入到学位系统上的非独立学位，学制一般为1—2年；日本的硕士研究生学制普遍为两年，特别优秀的学生允许1年毕业。① 由此，学制弹性在各国要求并不统一，应当将学位修读与学制要求结合起来，将学制弹性放在整个教育体制中衡量其合理性。我国硕士学位是与学士和博士并列的一级学位，自然与将其作为过渡类型对待的国家不一样，所以在底线方面应有所提升，以两年为底线是合理的。上海市从2002年开始全面推行弹性学制，"规定硕士研究生学制一般为3年，培养年限可为2—5年，所修学分在5年内有效"②，这是值得借鉴的。不仅如此，因为它是一级独立的学位，自然更应当有硬性的学术要求，所以更应强调其学制可延长方面的特征。但是，在实际操作过程中，我国院校在刚推行弹性学制的时候往往只是一刀切，把所有硕士专业的学制进行了简单的物理压缩，统一改为两年。这种简单缩短学制的弹性学制做法，只能导致硕士研究生培养质量和学术水平的下降。

应当讲，弹性学制之所以富有弹性，绝对不能简单地认为其可压缩，更不能简单地将三年学制改为两年学制称为弹性学制。学制的弹性不能牺牲研究生具备的基本条件，特别是其学术修养与能力，尤其

---

① 李培、吕翠婷：《关于研究生弹性学制的思考》，《科教导刊》2013年1月（上）。
② 柴世忠：《硕士研究生培养制度中的"弹性学制"分析》，东北师范大学硕士学位论文，2008年。

是学术类研究生更是如此。研究生学制改革的终极目标是优化研究生培养体制和提高研究生培养质量，而质量的提升是建立在一定培养时间的硬性要求之上的，如果仅将弹性学制理解为学制年限的物理压缩，就难以提升研究生的质量与水平。尤其是在当前背景下，研究生培养过程强调创新素养，就研究生的论文而言强调创新选题，而创新的选题大部分是靠学科前沿理论支撑来推进理论研究的。如果没有充足的时间来解决理论学习和学术修养的提升，就不可能选出创新性的题目，即便是选出了创新性的题目也无法深入地推进研究。在这种情况之下，学制缩短的限制往往成为影响硕士研究生学术论文质量与水平的关键因素。所以，有一定学术水平的论文更应建立在一定的时间保障基础之上。问题是，如果简单地将弹性学制理解为学制的压缩，最后导致的结果可能是硕士研究生不敢选择前沿性的、难度大和耗费时间多的选题，因为从他们自身的功利性出发，更多的优先选择是毕业，然后才是高水平质量的论文与优秀毕业生的问题。同时，即便是选题水平高，由于修读的时间短、导师指导的时间也相应短，导师也没有更多的时间对论文做深入细致的指导工作，而如若作延期答辩，又会生成在培养费用等方面的系列麻烦。

另外，从宏观角度分析，培养管理体制还涉及教育管理部门对于高校的管理，即教育部与省市区教育厅对于高校研究生的培养管理。所以，各级政府管理部门的培养管理理念与研究生培养管理相关的政策要求，以及管理部门对高校的干预程度都会影响到高校研究生培养的目标指向与质量。因此，政府与高校关系的改革，政府更多的放权给学校是如上体制变革的前提。如果没有宏观政策与体制的变革，不是从政府学校大系统的角度出发，全方位地推进地方省属院校硕士研究生学术能力提升的培养管理机制改革，改革的成效就会打折扣。另外，就地方省属院校而言，好多没有博士学位授予权，从某种意义上讲其硕士研究生的培养在本校内已经是研究型的终极产品，不能将硕士研究生的培养作为一种过渡型对待，如果再压缩学制，就更难以在本身培养管理主体能力水平相对不足的情况之下，保障研究生的学术水平。

三　完善地方省属院校硕士研究生
培养管理机制的策略选择

根据以上对地方省属院校硕士研究生培养管理机制问题的分析，相应的完善策略自然是从导师遴选机制、学生选录机制、导师培养管理、学生类型转换以及学制规定等方面着手，这是毋庸置疑的。但是，作为机制完善的一个重要内涵就是系统化，所以如何针对以上问题作系统化的策略选择，必须考虑问题与问题的关联性，以及应对策略的关联性。基于这种考量，完善地方省属院校硕士研究生培养管理机制的策略应当做到将硕士研究生的培养管理与学术能力结合起来，将硕士研究生的培养机构与管理机构嫁接起来，将硕士研究生的培养主体与培养客体统筹起来，将硕士研究生的培养管理与督促提升协调起来。

（一）将硕士研究生的培养管理与学术能力结合起来

硕士研究生的培养管理底线要求是让其顺利达到毕业条件，而毕业条件中最可称量的指标是学术能力与学术水平。所以，以学术能力为重要抓手，促进硕士研究生的培养管理工作，是有效管理和高效管理的关键。为此，一是要强调整个培养管理过程中的学术指标要求，二是应通过结果控制，从终极意义上强调对学术指标的关注。

1. 培养管理中的考核要有明确的学术指标

早在十年前，苏东华、张有林就曾提出过硕士研究生的综合素质定量考核的办法，他们将硕士研究生的政治素质、文化素质、创新素质、身心素质作为考核点，权重分别为：政治素质0.20，文化素质0.40，创新素质0.29，身心素质0.11。[①] 在这一考核指标体系中，已经非常明确地突出了文化素质与创新素质，而学术能力的主体就是这

---

① 苏东华、张有林：《硕士研究生综合素质定量考核方法初探》，《学位与研究生教育》2004年第2期。

两个方面。所以，重视硕士研究生学术能力的考核已经得到关注，关键是如何在实践中落实这一关注，切实提升硕士研究生的学术能力。为此，一个基本的思路是将学术考核过程化，在硕士研究生培养过程中加大学术能力考核及其考核结果的应用。

其一，地方省属院校在硕士研究生培养管理过程中，应将课程考核与学术考核结合起来。目前，地方省属院校硕士研究生培养过程中，十分强调学位课程的修读，制定了较为严格的学术课程学分要求、出勤考核办法、形成性考试办法等。在过程管理中，也取得了相应的成绩，研究生学位课程考核、考试越来越规范。但是，学术考核进程没有统一的套路，学院学科的自主性比较大，相当多的学术考核并不规范，也缺乏过程管理意识与具体举措。虽然，各个学校都相应制定了硕士研究生的科研任务，但这些任务基本上都是终极控制，也就是在硕士研究生毕业论文答辩前完成即可，而对于这些科研量如何完成，导师如何指导完成，甚至导师是否需要指导，都缺乏明确规定。所以，地方省属院校应尽快建立健全硕士研究生学术培养过程管理制度，将导师的责任与硕士研究生的阶段性任务结合起来，将硕士研究生学术论文与课程考核评定结合起来。

其二，地方省属院校在硕士研究生培养管理过程中，应将学术产品的数量、质量与其学术能力结合起来。根据前面地方省属院校硕士研究生学术能力情况的调查，尤其是学术论文发表情况的调查，我们可以清楚地得出目前地方省属院校硕士研究生的学术能力偏低，尤其是社会科学相关专业的发表期刊的层次太低，许多硕士研究生本着为毕业而发表，为发表而发表，论文的质量，论文与学科专业的联系都存在一些问题。如果硕士研究生论文发表停留在如上调查结果的层次方面，一是无益于他们学术修养的养成与专业的发展，二是也无益于他们毕业论文的写作与完成。

其三，地方省属院校在硕士研究生培养管理过程中，应将学术能力的提升建立在其常态化学术训练的基础上。这一方面需要进一步厘清硕士研究生学术能力提升与导师的关系，加大硕士研究生导师日常指导的力度与频度，另一方面则通过常态化管理，促进硕士研究生积极参与相关学术项目。就目前地方省属院校实际而言，硕士研究生学术能力提升的常态训练可在如下项目上突破：第一是参与导师的课题。目前许多地方省属院校有明确规定，没有课题、没有经费的教师不能带硕士研究生。导师既然有项目，可以鼓励自己的研究生参与进来，分配他们任务。这样，教师无论是出于完成自己项目还是指导自己学生的目的，都会更积极地加大对学生的学术指导。第二是鼓励研究生自主申报创新计划项目，校级研究生课题，将自己的学术论文与自己申报的项目结合起来，促进自己学术能力的提升。第三是鼓励和创造条件，让硕士研究生参与相关学术论坛与学术会议，通过提交学术论文、参与学术讨论来增加学术交流，提升学术修养。

2. 毕业条件中的要求要量化和凸显学术性

硕士研究生的毕业论文是其研究生教育阶段的终极学术产品，也是评判其学术水平的重要标尺。地方省属院校为了提升研究生的学术能力，在培养管理过程中应十分关注其毕业论文的撰写与修改，采取有效措施来突出各个阶段的学术性指标。如果将毕业论文发展阶段主要划分为开题、期中检查、评阅与外审、答辩几个关键环节的话，提升毕业论文的学术质量应关口前移，同时注重毕业论文结稿上网后的后续监控。

其一，地方省属院校应加强硕士研究生选题方面的控制，增强选题的科学化水平，凸显选题的学术性。诚如前面调查所知，目前，地方省属院校硕士研究生的选题与导师的关系多种多样，既有导师参与帮助下的选题，也有自行选题，而导师对于自己学术选题的态度与管理也千差万别，从而导致学生选题的学术性缺失并不鲜见。为此，在选题环节学校应加强管理与控制，并效仿外交学院的做法，将选题在适当范围内公示。根据中国知网相关论文材料，外交学院早在20世纪八九十年代就开始公示其硕士研究生的论文题目。地方省属院校可借鉴这种做法，而且将这种公示提前到开题之前，这样一方面可以增强导师对于学生选题学术性的关注，另一方面也会促进学生在开题前的选题环节多思考。公示选题一定周期后再开题，开题同样也有对选题的再审视，如果在开题过程中导师组对选题不满意，同样也可以更改选题并二次公示，再次开题。

其二，地方省属院校应加强硕士研究生毕业论文的期中检查，凸显学术性检查。目前，各个地方省属院校硕士研究生的期中教学检查越来越规范，但仍存在一些问题，主要是检查时间随意性大，检查标准过于简单。为此，各学院与专业应硬性规定检查时间，形成一种检查的制度化规约，让导师与学生对于时间点有提前了解，以督促他们抓好这项工作。另外各学院与专业应在检查内容方面有适当突破，期中毕业论文检查不仅仅是检查撰写字数，更重要的是质量。如撰写内容是否科学规范，撰写过程是否遵行了学术道德，使用内容是否有剽窃行为，是否有学术创新的思想等。

其三，地方省属院校应加强硕士研究生毕业论文的评阅答辩与事后控制，将学术毕业论文的学术要求贯彻始终。在毕业论文初稿完成之后，导师与学生应签订相应的责任书，确保毕业论文的原创性，随后进行学术查重，学生应对学术查重的结果负责，对于通不过查重的应做出延缓毕业规定。对于通过毕业论文查重的，应积极组织与专业对口导师参与匿名评阅，对于评阅时间的选择应更规范，应留足对评阅人评阅意见的认识、反思与落实修订的时间，对于通过匿名评审的论文应有督促按照评阅人修改的再检查过程。在论文答辩过程中，答辩委员会的导师同样也会针对论文提出自己的修改建议，应采取有效措施督促通过论文答辩的硕士研究生对毕业论文进行再修改，对于修改后的稿件由导师把关后再进行学术查重工作等。

（二）将硕士研究生的培养机构与管理机构嫁接起来

在地方省属院校，硕士研究生的培养与管理分置于研究生处（部）与各专业学院之中，但研究生培养管理职能部门与专业学院之间又不可分割。这样往往导致这种结果：出现有些培养与管理的职能分工不清楚，或相互交叉存在相当大的交集，或彼此偏离，使研究生的培养与管理出现空档。为了有效地推进研究生管理，确保形成良好的培养管理机制，应正确处理硕士研究生培养机制与管理机构的关系、培养标准与管理过程的关系。

1. 有效处理硕士研究生的培养机构与管理机构的关系

在地方省属高校，研究生的培养管理职责不仅在研究生处（部），也在各专业学院。从宏观层面上看，每个学校的研究生培养总体目标定位、达标的政策规定掌握在研究生处（部），研究生处（部）代表学校指导各个学院对各个专业的研究生进行有效管理与培养。虽然研究生处（部）与各学校是同级别的机构，但由于分工不同，在研究生培养与管理层面事实上形成了研究生处（部）对各个学院的指导关系，而每个学院和专业的研究生培养管理职责，具体落实到各学院、专业与导师头上。一般而言，每个学院都有分管研究生工作的副院长、专职科研秘书或研究生专职辅导员，研究生处（部）的管理与培养任务先是分解到这些人员身上，他们承担着传递研究生培养管理职责的任务，也就是将学校任务分头传递给教师和研究生导师。基于这种体制，提升硕士研究生的学术能力，应有效处理研究生（处）与各学院的关系。

其一，研究生处（部）定位宏观与政策层面。地方省属院校要提升硕士研究生的学术能力，首先必须有宏观政策引导他们踏实求学，而这方面研究生处（部）的责任不可推卸。目前，许多地方省属院校硕士研究生学术能力不高，一个重要原因就是缺乏宏观政策或宏观政策的硬约束。为此，研究生处（部）应在广泛调研的基础上，从研究生具体情况出发，制定符合他们能力要求但仍须付出努力才能达到的学术标准，而且这些学术标准应尽量量化，具有可操作性。就社会科学而言，如果仅将公开发表学术论文定为毕业的学术条件，学术论文的质量是很难保障的。可以考虑指定相关期刊，达到毕业的基本条件是必须在指定期刊发表文章。当然，文章只是衡量学术水平的一个方面，如果不能发表但是可以提供一些咨询性报告，能够为党政机关和企事业单位应用，或者能够被校院学术委员会审定为高水平的报告，也可以顺利通过学术考核。

其二，各学院应着手具体事务，根据专业特点细化学术任务与要求。地方省属院校硕士研究生的培养方案、培养计划都是由各个学院与各个专业制定的，各个学院除了要落实研究生处（部）的宏观政策，细化操作规范之外，还应切实根据研究生培养的学术指标，在培养方案与培养计划中加大学术指导与引导。比如，各个专业应根据专业需要，列出专业学习应参阅和精读的主要学术著作；应根据专业特点提出达到专业认可水平的专业学术期刊供本专业研究生借阅；应根据专业实际与学生情况提出专业达标的学术作品要求；应在课程设置过程中设置专业写作课与论文指导课；应真正认识到本专业课程设置与相关专业课程设置的边界，在课程体系建设中突出专业特点；应加大对导师专业指导方面的工作量规定，强化导师与学生间的学术沟通，通过建立和落实学生信息员制度等策略规约师生间的联系机制，等等。

2. 有效处理硕士研究生的培养标准与培养过程的关系

根据学校研究生主管部门的要求，各研究生培养学院应在研究生培养过程中确定研究生培养标准，将研究生培养标准的落实过程化，并且要根据研究生的门类要求，针对性地确定标准和针对性地落实标准，突出标准中的学术成分。为此，应做到如下几点：

其一，确定研究生的专业学术标准。专业学院在制定研究生的学术标准时至少要考虑两个方面的因素：一是学术道德与学术规范，二是学术能力与学术水平。前者是基础，不仅体现着学术态度，也体现着学术养成；后者是标尺，也是硬性规定。地方省属院校在研究生培养管理过程中，应着眼于标尺从基础着手，在学术道德、学术规范、学术能力与学术水平方面做出明确要求。一般而言，学术道德与学术规范方面要强调学术精神，使硕士研究生养成踏实的学术作风，学术能力与学术水平无疑必须建立在这种学风之上；学术能力与学术水平则需要激励研究生积极从事科学研究工作，学术能力的提升虽受制于先天因素，但更多的是后天努力，学院可通过导师量化研究生读书任务和写作任务等手段，需要确保研究生的研究时间，通过时间的硬约束来提升学术素养。

其二，落实学术类研究生的学术标准。顾名思义，学术类研究生强调的自然是学术修养，没有一定的学术能力或达不到一定的学术指标，就不能称之为学术类研究生。所以，学术类研究生培养管理过程中应强调学术标准,各学院与专业在培养管理硕士研究生过程中尤其要强调这种最为本质的要求。根据地方省属院校学术类研究生的基本情况,落实这类研究生的学术标准,首先,要制定标准,可参照部属院校并结合自己的生源特点制定标准体系,这一标准体系同样要强调学术规范与学术能力两个方面;其次,要落实标准,增强对标准的硬约束,发挥导师的作用与功能,通过过程管理来增强标准落实进程的执行力;最后,要将标准落实执行情况与学术评价结合起来,对于没有完成学术指标的硕士研究生,要结合弹性学制延缓提交毕业论文评阅、答辩,甚至延缓毕业、取消资格等。

其三,落实专业类研究生的学术标准。专业类研究生的培养目标是掌握某一专业(或职业)领域坚实的基础理论和宽广的专业知识、具有较强的解决实际问题的能力,能够承担专业技术或管理工作、具有良好的职业素养的高层次应用型专门人才。专业类研究生注重应用技能,但也有一定的学术要求。地方省属院校在专业类研究生培养方面应更加关注专业类研究生的定位,改变将学术类培养要求套用在专业类方面,将学术类与专业类混养的做法,将专业类研究生与学术类研究生分开培养,在培养目标、课程设置、教学理念、培养模式、质量标准和师资队伍建设等方面体现专业类的职业特点与应用特点。为此,各学院应结合专业特点确立专业类研究生教育的合理定位,可结合同专业学术类研究生的学术标准适当降低专业类学术水平,但不能没有任何学术要求,更不允许缺失学术规范与学术道德。

(三)将硕士研究生的培养主体与培养客体统筹起来

硕士研究生的学术水平取决于自身素养与努力程度,也取决于导师的水平与责任心。地方省属院校必须通过培养主体与培养客体双管齐下,才能有效提升硕士研究生的学术能力。为此,应针对以上提及的导师遴选、考评与学生录用、管理两个关键环节,采取相应对策。

1. 完备导师选拔培养管理制度

地方省属院校中硕士研究生导师是教师中的精英,如何组建这支精英部队并发挥这支部队的力量,是能否提升硕士研究生学术能力的关键因素之一。根据目前这支队伍组建与作用发挥现状，促进这支队伍的素养提升应着眼于竞争机制，可从以下几个关键环节着手：

其一，完善导师遴选制度。导师队伍既然是一个精英团队，每个个体都应是精英，而抓好入口，本着优胜者入围的原则遴选是关键。为此，在优胜入围原则指导之下，遴选导师的指标体系应尽量学术量化，可在规定基本条件的基础上竞聘。一般而言，基本条件不宜过高，比如具有博士学位的副教授或教授。否则，就可能打击教师的积极性。但这个基本条件只是个门槛，进入这个门槛的还要进行差额竞争。具体量化指标要有动态性，可以与硕士研究生的培养周期相协调，规定三年科研经费、科研成果情况、主持的各类科研项目、各类获奖等，每个项目规定一定的分值。遴选过程就是根据导师人数，按教师得分从高到低排列聘用。同时，对于导师的学术道德也应有一定要求，对于申请聘用导师前三年有学术失范情况的不予以聘用，对于既有导师在指导学生过程中没有尽职尽责的不予聘用。

其二，完善导师考核制度。导师考核制度是指导师在指导学生过程中，自身工作态度、工作数量与工作质量的考查与评估，一般而言涉及德与才两个大的部分，应首先设置德才具体考核指标体系，包括导师的聘用周期应达到的总指标，以及每个学期的阶段性指标。一是导师的政治思想水平和工作态度的考核，这一项目可以通过师生评议的方式评定，也可以通过无异议、无举报自然通过的方式考评。二是导师的业务水平和工作成绩的考核，这可以对照硕士研究生导师聘用指标体系，采用逐条量化累积总分的办法加以考核。量化考核结果应每学期总结一次，并将各个导师的得分情况排列名次，以激励先进、鞭策后进。同时，对于考核过程中出现严重问题的导师应及时终止导师资格，其指导的学生移交他人指导。对于考核中没有完成阶段性指标的导师，应由各学院分管研究生工作的副院长找其谈话，督促其按时完成。

其三，完善导师培训制度。确保导师的学术能力与学术责任，应关注导师的上岗培训与过程培训。新任导师要加强上岗培训，重点是让他们对指导研究生工作的流程、管理规范，有一个比较全面、明确的认识，对其应承担的学术使命有明确的把握。这个进程中可邀请有经验的优秀导师作指导，通过鲜活的实践案例分析导师如何从事指导工作，避免可能出现的问题等。导师队伍的所有成员应注重过程培训，院校应创造条件为导师的知识更新与接触学术前沿提供条件，包括外请优秀研究生导师来校做报告，包括派出自己的硕士研究生导师出外学习与培训等。地方省属院校尤其要加强对中青年导师队伍的培训力度，比如选派优秀的中青年导师赴美、英、德、日等国家进修、访问、留学，开阔其国际视野和提升其研究能力与水平。

2. 完备学生选录培养管理制度

地方省属院校中硕士研究生培养质量，尤其是其学术能力提升潜力，不仅取决于硕士研究生导师是否尽心尽责、是否有较高的学术修养，还在于培养客体——研究生本身的素质与水平，即培养的起点。通过如上相关章节的调查可知，地方省属院校硕士研究生的生源质量总体不高，这是制约其提升学术能力的重要因素之一。为了不输在起点上，或者不在起点方面输得太多，学生选录培养管理也要变革。

其一，完善统一招考制度。就研究生考试的内容而言，虽然我国初试设计包括了外语、政治与专业三个层面的考试，外语与政治过关即可，而专业课成绩则各个学校都有具体分数要求和名次要求。即便如此，由于专业课命题与批阅方面存在一些问题，也很难遴选优秀生源。一方面是命题，相当多的学校推选了试题库制度，但题型简单，一般文科仅涉及名词、简答与论述三个，并且专业课的考试内容需要记忆的部分仍较多，一些能力不强的人通过死记硬背也可以取得较好的成绩，不可能全方位考查到学生的专业知识面与专业深度；另一方面是批阅，从近年来的实际情况看，地方省属院校研究生试卷批阅从宽的趋势越来越严重，专业受限的考生越来越少，这并不意味着考生专业素养提升了，而是更多地迫于生源压力。这种情况在部属高校中也正趋向常态化。相比而言，美国的 GRE 考试（相当于研究生入学考试）包括以下三个部分，一般测验、专业测验、写作评价，对考生的专业素养关注度高，考核的指标更为科学，不但给出考生的分数，同时报告考生在本次考试中的位置，使其能知道自己的成绩在所有考生中的名次。完善统一招考制度，在初试环节应借鉴国外先进做法。有学者提出将外语、政治的考试改为资格考试，分为 A、B、C、D 四等，C 等以上者方有资格参加研究生的报考，并确定资格的有效期限为 2—3 年。[①] 通过资格考试后参加专业考试，借鉴国外专业考试内容要求，加大专业宽度与深度的测评，而不仅仅是知识点的记忆。

其二，实施灵活复试制度。目前，我国地方省属院校在研究生复试方面存在如下几种情况：一是以同等学力参与研究生考试的，要在复试环节加试专业考试项目；二是所有通过研究生考试的考生都要参与外语笔试复试，旨在证明初试过程没有作假；三是所有通过初试的考生，都应按专业参与导师组的面试，对专业知识与专业外语进行测试。以上三个环节中，最为重要的环节自然是由导师组进行的面试。根据调查，目前地方省属院校硕士研究生在导师组面试方面存在的问题是时间短、权重低。时间短的原因两个方面，一是导师组准备不足，包括没有从态度上重视起来，没有事先对面试进行有效分析，没有明确的面试题目；二是学生水平差，对于导师的面试题目不能有序组织，更不能展开论述。权重低的原因，多是为了减少面试的随意性对于笔试环节的影响，也为了规避基于这种影响给专业及院校带来的负面影响。但是，另外的现实是，如果在面试环节不充分发挥导师组的作用，不对学生具备的学术底子与潜质进行全面考量，难以遴选出好的苗子。为此，应在研究生复试环节进一步规范复试程序，建立健全复试领导小组与监督小组，实行面试过程全程记录，面试专家组和考生组抽签决定，去掉最高分和最低分，取平均分后当场公布；加大复试权重，使其权重占到总成绩的 50%；建立专业复试试题库制度，广泛推选差额复试制度等。

另外，由于地方省属院校没有研究生的推免权，或推免生名额偏少，本院校优秀本科生进一步直读部属院校的机会全靠自身。可以采取有效措施，出台适当的奖励政策鼓励本校本科生报考本校相关专业

① 张喜梅、牟宏、李旭：《现阶段我国硕士研究生招生考试存在的问题及解决对策》，《辽宁教育研究》2007 年第 7 期。

的研究生，通过减免相关费用和有效激励政策提升生源质量。也可以在一些优秀的地方院校、独立学院、高职院校建立自己的优质生源基地。

（四）将硕士研究生的培养管理与督促提升协调起来

正强化与负强化结合，除了加强激励管理之外，针对研究生学术能力存在的问题，尤其要强调负强化，对于学术能力不能达标的延迟毕业或淘汰出局。根据地方省属院校研究生培养的实际，借鉴国内外研究生培养的经验，将硕士研究生的培养管理与督促提升协调起来，尤其要实施和推进弹性学制和淘汰制度。

1. 实施和推进弹性学制

实施和推进弹性学制是基于研究生个体差异，这种差异既有先天性的，也有后天性的，是对先天聪慧、后天努力的研究生一定程度上在时间方面开了绿灯。同时，也照顾到工作性质不同，用在研究生学业方面时间少的研究生，适度延长其在校时间以督促其顺利完成学业，学有所成。所以，弹性学制不是以牺牲研究生培养质量为前提的，而是以保障研究生的培养质量为前提的。地方省属院校基本上没有跟随某些部属院校盲目缩短硕士研究生的学制，但也没有延长学制的个案。在地方省属院校真正实施和推进弹性学制，需注意如下几方面问题：

其一，理解弹性学制，消除弹性学制的两种误解。对于弹性学制的理解，在地方省属院校中存在两种偏差：一是将弹性学制片面理解为缩短学制，前几年部属院校硕士研究生弹性学制的改革基本上都是将硕士研究生教育由三年学制改为两年学制，从某种意义上进一步强化了这种片面性认识。二是将弹性学制片面理解为毕业条件的弹性，认为研究生只要修读完课程，完成毕业论文就能够拿到毕业证与学位证，而对研究生的学术能力与学术水平如何不做更深入的考量。实际上，弹性学制是建立在研究生培养质量的基础上的，如果因实施弹性学制而降低了培养质量，就没有必要实施和推进弹性学制了。针对研究生培养个体，弹性学制是可长可短的伸缩弹性，是双向度的弹性；

弹性学制要求强化质量意识，将研究生培养质量，尤其是学术水平作为首要目标。

其二，实施弹性学制，借鉴弹性学制的相关经验。在新的历史条件下，我国教育与国际教育日益接轨，研究生教育也是如此。而研究生学制方面，我们与国际接轨的一个重要表现就是实施弹性学制，克服固定学制带来的种种弊端及资源浪费。弹性学制是借鉴西方发达国家研究生教育的产物，也应从西方国家推进弹性学制中吸取有益的经验。西方国家实施弹性学制是为了确保其研究生的培养质量，如美国的研究生课程要求很高，许多研究生为了过关自觉不自觉地延长修业年限，不少硕士研究生要经过 4—5 年的时间才能获得硕士学位。其他发达国家，如英国的硕士研究生学制为 1—4 年；德国虽然只有硕士和博士两级学位，大学毕业即硕士学位，但学完全部大学课程需要 5—6 年；日本、澳大利亚的硕士研究生学制为两年左右，在日本，特别优秀的硕士研究生允许 1 年毕业。① 根据国外弹性学制的规定，地方省属院校推进弹性学制应定位在 2—4 年的弹性为宜。

其三，推进弹性学制，确保弹性学制的配套措施。弹性学制不仅仅是学制的弹性，牵扯到一系列相关因素的变革，因为以弹性学制为手段是建立在保障研究生培养质量这一目标的基础之上的。推进弹性学制是一个系统工程，必须与研究生培养管理的许多环节联系起来，把以前"以学制约束占主导的管理体制"转变为"以质量约束占主导的管理体制"。为此，要在教务管理、学位授予、科研管理等方面做出相应的调整，允许研究生中途休学、提前毕业或推迟毕业，并建立相关的研究生中途休学、复学、推迟或提前毕业等的规章制度。针对于此，尤其要针对研究生的培养类型，在研究生的培养方案的修订、研究生课程设置的调整与研究生教育管理制度的变革以及导师制的配备等方面下大力气。

---

① 参见邹红《弹性学制：我国研究生教育的现实选择》，《教育理论与实践》2013 年第 21 期。

2. 实施和推进淘汰制度

从一般意义上分析，确保研究生的培养质量一方面应抓好入口，做好研究生的选录制度改革，建立优质生源基地以更多更好地吸纳优质生源；另一方面则要抓好出口，对于管理进程中不达标的研究生及时清理，注重过程管理，将警示与淘汰制度建立起来。

其一，彻底改变"能进不能出、能上不能下"的意识。我国的研究生教育几乎是一种"零淘汰"的研究生教育模式，尽管不少院校规定了一些有关研究生淘汰的相关制度，但这些制度由于缺乏监督而无执行力，并且受制于多种因素的制约，无法落实下来。比如，既往的研究生培养在一些地方省属院校基本上是等靠时间，只有时间这一条件，或者说时间就是充要条件，只要过了三年就能如期毕业。在这种情况之下，师生之间、院校之间，基本上就是你好、我好、大家好。如果一改这一传统，实行淘汰制度，这在学生看来，自己一旦被淘汰就好像打上污点印迹，在研究生导师看来，也觉得自己面子上过不去，在院校看来则可能会认为自身研究生培养与管理能力有问题。实际上，长期以来硕士研究生缺乏常态的淘汰机制，一个重要的原因就是观念。只有从校院、硕士研究生导师和硕士研究生各个方面改变对淘汰机制的认识，真正贯彻落实淘汰机制，才能提升硕士研究生的学术能力。

其二，制定较为完善的进出与上下的标准体系。淘汰也是一种选优，只有淘汰了劣质的，才能确保优秀的。在国外研究生教育领域，许多国家都已经实施了淘汰制度。在美国，研究生的入学率很高，淘汰率也很高，"一般淘汰率在 10%—15%，著名大学（如哈佛大学）的淘汰率可达到 30%—40%"。"美国斯坦福大学在研究生课程学习结束时，有一个综合性考试，由三个教授组成答辩委员会对学生进行面试，必须淘汰其中的 1/3。"[①] 法国高等教育实行的是义务教育＋淘汰制，分为基础教育、专业教育和攻读博士三个阶段。目前，法国高

---

① 曹菱红、王晓陆：《英、法、德、美研究生淘汰机制之比较》，《高等工程教育研究》2006 年第 3 期。

等教育中，能在基础教育阶段考试合格进入第二阶段学习的只有 1/3 左右，有 2/3 左右的人因成绩太差或自己不愿再学下去，而中途自行淘汰了。需要强调的是，在国外学术论文不合要求，导师不会推荐答辩，即使推荐也很难得到学术委员会的认同。[①] 根据国外研究淘汰制度的有益经验，地方省属院校应在培养管理研究生过程中确定各个阶段的达标体系，尤其是研究生进出与上下的学术指标体系，并且明确规定淘汰率，以确保其学术水平。

其三，要完善研究生淘汰后的善后制度。善后制度既要针对思想领域的不理解、不支持，也要针对实践领域可能产生的新问题、新矛盾。为此，既要从战略高度做好宣传，为研究生淘汰制度的推进与落实创造良好的舆论环境和氛围，坚定不移地推进研究生淘汰制度；又要注重研究生的过程培养，本着审慎的原则将淘汰预警与最终淘汰结合起来，分步推进淘汰制度。更为重要的是，消除对淘汰制度的恐惧与抵制，必须恰当地处理和解决好研究生淘汰后的去向问题，充分考虑他们的出路，不能一棍子打死。"各研究生培养单位要从自身的实际出发，积极为被淘汰研究生服务和着想，形成多种可供被淘汰研究生选择之路。比如可以保留被淘汰研究生学籍，缴费后继续试读；可以按研究生的意向和具体情况更换专业，尽量保证被淘汰研究生能完成学业；可以依托现有的就业渠道和就业信息，积极为被淘汰研究生推荐就业等多种形式。"[②]

---

① 戚蕊、马桂敏等：《高校研究生淘汰制改革之必要性和可行性研究》，《化工高等教育》2004 年第 2 期。

② 梁传杰：《试论研究生培养淘汰制的实施与对策》，《华北电力大学学报》2008 年第 4 期。

第六章

地方省属院校硕士研究生学术能力
提升的学术环境保障机制

近年来，随着硕士研究生招生规模的不断扩大，硕士研究生的学术环境建设没有跟上，导致硕士研究生的学术能力出现很多欠缺与不足，进而影响了硕士研究生的培养质量。如何通过优化硕士研究生的学术环境，进而提高对他们的培养质量，成为地方省属院校亟待解决的重要课题。

一 学术环境的基本内涵与主要特征

学术活动总是与一定的环境紧密联系在一起的，因为学术活动的开展与进行总是需要在一定的环境中进行。良好的学术环境是创新型人才成长的沃土，就如农民种庄稼，土壤肥沃与否会直接关系到庄稼的丰收与否一样。没有一个优良、和谐的学术环境，就很难培养出优秀合格的创新型人才。培养有一定学术能力与学术水平的硕士研究生，自然也需要建立在培育良好的学术环境的基础之上。

（一）学术环境的基本内涵

学术环境，顾名思义就是有关学术的环境。这一概念中涉及的两个关键词是学术与环境，主词是环境，修饰词是学术。

首先，从主词分析，环境有着多方面的内涵。环境原本是一个地理学或生物学概念，在地理学上被用来指围绕在人类周围的自然现象的总和；在生物学上被用来指一切有机体生存和发展所必须具备的外部条件的总和。随着时代发展，环境一词的内涵与外延也在不断发展变化,获得了不同的含义。鲁洁认为:"环境是通常泛指生物有机体生存空间各种条件的总和。具体说,它是有机体外部可以进入有机体的反应系统,直接影响到生命活动的物质、能量和信息的总和。广义地讲,环境是相对于某项中心事物,并且总是作为某项中心事物的对立面而存在的,它因中心事物的不同而不同,随着中心事物的变化而变化。"① 刘贵华认为:"环境是相对于主体并于主体相互作用的周围外界。主体之外的一切与它相关联的事物构成的集合,称为该主体的环境。"② 刘贵华对环境概念的界定表明环境是相对于主体而言的,任何环境都是围绕主体即某一中心事物的环境。《现代汉语词典》(修订本)对环境的概念界定则较为简明,它认为:"环境就是周围的地方和周围的情况和条件。"③

其次,从修饰词分析,学术同样内涵丰富、词义广泛。早在《礼记》中就有这样的记载:"古之学术道者,将以得身也,是故圣人务焉。"这是我国最早把"学"与"术"这两个字连在一起的表述。后来,梁启超先生在其《学与术》一文中对"学"与"术"作了明确的界定与解释:"学也者,观察事物而发明其真理者也;术也者,取其发明之真理而致诸用者也。"④ 严复在《原富》中同样指出:"盖学与术异,学者考自然之理,立必然之例。术者据已知之理,求可成之功。学主知,术主行。"⑤ 前北京大学校长蔡元培先生认为:"学,即学问,术,即技术。"⑥可见,无论是《礼记》中对学术的解读,还是梁启超与蔡元培先生对学术的解读,都体现了学术应是理论知识与应用知识的统一体,是高深的知识,是最能体现大学价值的重要品格。

---

① 鲁洁:《教育社会学》,人民教育出版社 1990 年版,第 84 页。

② 刘贵华:《大学学术发展研究——基于生态的分析》,华中师范大学出版社 2005 年版,第 27—28 页。

③ 《现代汉语词典》(修订本),商务印书馆 1996 年版,第 550 页。

④ 王晓阳:《大学社会功能比较研究》,高等教育出版社 2003 年版,第 245 页。

⑤ 同上。

⑥ 薛天祥、尹丽:《高深专门知识的教与学活动——高等教育学理论体系的逻辑起点》,《上海高教研究》1997 年第 3 期。

实际上，学术在大学中得到关注和尊重，是伴随着大学自身的发展才成为现实的。在早期的世界大学中，学术与大学是截然分开的，大学与学术之间没有内在的必然逻辑。中世纪的英国大学并不是学术研究的机构，而是进行教学活动和人才培养的教育机构，当时已经建立的牛津大学与剑桥大学就是这种情形。它们存在的价值就是对人进行博雅教育，培养有教养的人。普鲁士国王威廉三世开始将学术与大学真正联系起来，认为学术性应该是高水平大学的最主要标志与特征。他指出："大学是科学工作者无所不包的广阔天地，科学无禁区、科学无权威、科学自由。"[①] 1810 年建立的柏林大学明确以学术为本作为办学理念，开创了大学进行学术研究的先河，率先提出学术研究是大学的基本职能之一，并在学术方面取得巨大成就，发展成为世界著名大学。柏林大学的学术办学理念也影响了世界其他国家和地区大学的办学理念与办学方针，使得大学由单一的教学机构发展成为教学与科研并行一体的机构。

由于学术环境是学术与环境结合成的偏正词组，在了解了学术与环境的内涵之后，我们会自然得出学术环境的含义。简言之，学术环境是指与学术主体从事学术活动生存与发展相关的所有外围条件的总和。由于我们此处论及的是有关硕士研究生学术能力提升的学术环境，或者指的是硕士研究生的学术环境，它的主要内涵是指以硕士研究生为主体，以硕士研究生学术活动为出发点，对硕士研究生及其学术活动产生影响的多因素的总和。系统论告诉我们系统是由相互影响、相互作用的若干要素组成的，具有特定功能与结构的统一体。硕士研究生学术环境就是一个系统，由对硕士研究生学术研究活动产生多重影响的若干要素构成。在这些若干要素中，有显性的、有隐性的，有内部的、有外部的、有物质的、有文化的。归结起来主要包括两个大的方面：一是学术硬件环境。它主要包括学术交流环境、图书资料文献环境、实验或社会调研环境等；二是学术软件环境。它主要

---

① 李工真：《德意志道路——现代化进程研究》，武汉大学出版社 1997 年版，第 57 页。

包括科学学术精神环境、学术自由环境、学术评价环境等。

学术研究是现代大学的基本职能之一，对于现代大学来说，学术活动是其最基本的一项活动。学术研究活动需要依托一定的环境来进行，需要一定环境的支撑与培育。对于大学而言，提升学术能力与素养就必然要对高深知识进行传承与创新，这不仅是师者的权利，更是他们的责任与义务。在地方省属院校之中，对于学术的传承与创新主要是在硕士研究生导师对硕士研究生的培养进程中实现的，因为硕士研究生经历了本科教育之后有一定的科研基础与科研自觉性，并且在硕士研究生的成长过程中，没有一定的学术能力与学术水平也是不合格和无以完成学业的。创新是学术与学术研究的生命力，也是学术研究的真正意义所在。培养硕士研究生关注学术和自觉从事学术研究，主要是培养他们的问题意识和创新能力，激励他们去探究未知世界进而获得高深知识与相应技能。

（二）学术环境的主要特征

从不同的角度观察学术环境会得出不同的特征。但是，总的来看，学术环境的根本特征在于其可塑性。学术环境是经常变化的，这一方面是因为它本身诸多构成要素具有可变性，构成要素的量与质都会发生变化；另一方面是由于构成要素组合的变化导致了学术环境的整体功能也会发生变化。从学术环境整体功能方面考察，学术环境的可塑性主要体现在两个方面：

其一是学术环境可以趋善。当学术环境中诸多条件不断优化时，学术环境的良性功能就会提升，学术环境对于生活在其中的主体的改变与影响，就会相应地呈现出正面性。所谓"蓬生麻中，不扶自直"，就是良好学术环境对于主体的正面影响。作为地方省属院校，在硕士研究生培养过程中应尽力优化学术环境条件，不断提升学术环境的品质，进而实现良好学术环境对于硕士研究生学术能力的提升作用。

其二是学术环境可以趋恶。当学术环境中诸多条件不断恶化时，学术环境的不良功能就会呈现，学术环境对于生活在其中的主体的改变与影响，就会相应地呈现出负面性。所谓"白沙在涅，与之俱黑"，就是不良学术环境对于主体的负面影响。作为地方省属院校，在硕士研究生培养过程中应尽量规避不良学术环境的生成与发展，抵制有可能造成学术环境恶化的条件渗透，在保持学术环境的基础上优化学术环境，为硕士研究生学术能力提升准备良好的基础条件。

另外，如果从价值层面考察，学术环境的特征主要体现为它是为人的，是为了促进人的价值的实现。当然，从正面意义上讲，任何人都想实现价值的最大化，而在这一进程中环境的影响是不可忽视的。对从事学术研究的人而言，学术环境对于其价值的影响同样不可忽视。

从人的价值理论分析，人的价值可以划分为个人价值与社会价值两部分，这两部分是密切相关的。人的个人价值主要指人的需要，但并不是一切欲望的满足和幸福的实现，其关键点是个人在社会中的地位问题，它是由社会制度的性质和个人的阶级地位决定的。人的社会价值是指人对社会所作的贡献和所负的责任。对社会贡献越大，其社会价值越高，相反，其社会价值越低。如果结合学术领域探讨价值，实际上就是指一个人的学术价值，它主要指的是个人学术研究对于社会的贡献，是一个人的社会价值在学术领域的重要体现。

良好的学术环境对于一个人安心从事学术研究有积极意义，既可以稳定其学术研究的志向，也可以为其进行学术研究提供良好的条件。一般而言，学校的层级越高，学术环境越适宜学术研究之需。作为地方省属院校，应积极借鉴高一层级学校在学术环境培育方面的经验，通过不断优化学术环境来激发教师与学生从事学术研究的积极性，进而来提升他们的学术研究能力。

最后，从环境改变的条件观察，环境的改变又是人为的。在环境与人的关系中，马克思认为："人创造环境，同样环境也创造人。"①他曾在批判旧唯物主义学说的基础上，进一步指出，"有一种唯物主义学说，认为人是环境和教育的产物，因而认为改变了的人是另一种

---

① 《马克思恩格斯选集》第 1 卷，人民出版社 1995 年版，第 92 页。

环境和改变了的教育的产物——这种学说忘记了：环境正是由人来改变的，而教育者本人一定是受教育的。因此，这种学说必然会把社会分成两部分，其中一部分高出于社会之上（例如在罗伯特·欧文那里就是如此）。环境的改变和人的活动的一致，只能被看作是并合理地理解为革命的实践"①。

从马克思主义关于人与环境的一般原理出发来认识从事学术研究的人与学术环境的关系，可以明确得出这样的结论：从事学术研究的人影响学术环境的变化，正如学术环境影响学术研究者一样。从根本上讲，两者在互动中统一起来，而人是影响环境变化的主体因素和主动方，环境从某种意义上是受动的。人作用于环境的方式有个体的、整体的，有自觉的和自发的，环境的改变有时不以人的个别意志为转移。但是，正像恩格斯论及社会发展的平行四边形法则一样，环境的改变也是群体意志共同作用的结果。但是同时，在这个过程中需要关注的是自觉的力量，尤其是政府与学校的自觉力量。

自觉且整体地改变学术环境的关键是政府的力量。比如，民国时期如此混乱，我国的历史语言学研究却取得大量为世人瞩目的成果，其原因在于良好的学术环境。根据孙中山先生生前关于设立中央学术院以作为全国最高学术研究机关的主张，南京国民政府于1928年在南京设立中央研究院，作为独立的学术研究机关，该院的建立结束了中国没有科学院的局面，实现了科学活动从业余到专业的转变，在内乱外患的环境中，南京国民政府的认可与支持，成为学术研究不可多得的保障。②

当然，政府对于学术环境的正面影响不仅是提供一个稳定、和谐、开放的环境，还需要提供从事学术活动的经费支持。除了政府在自觉性与整体性方面对学术环境的正面影响之外，学校在促进学术环境优化过程中也承担着重要角色，而且随着政府与学校职能的进一步

---

① 《马克思恩格斯选集》第1卷，人民出版社1995年版，第17页。

② 罗福惠、许小青、袁咏红：《长江流域学术文化的近代演进》，武汉出版社2007年版，第521页。

厘清，学校在学术环境建设方面的权利会越来越大，能够建章立制有序地推进学术环境的优化是学校的重要职责。对于地方省属院校而言，在这方面应未雨绸缪，提前做好充分的准备工作。

（三）学术环境建设的意义

所谓环境建设就是推进环境优化的过程。从一般意义上分析，环境建设对人发展的意义体现在两个方面：其一是环境建设为人的个体发展提供了多种可能，包括机遇、条件与对象；其二是环境建设为人整体素养的提升提供了多种可能，包括人们整体的道德修养与业务能力等。结合学术环境本身的内涵与特征，推进学术环境建设的目标自然是优化学术环境，进而为提升师生学术研究的品质与水平创造条件。学术环境建设的意义，实际上就是通过学术环境建设，助力良好学术环境培育，呈现良好学术环境功能。具体而言，学术环境建设的意义体现在如下四个方面：

其一，学术环境建设有利于保障学术研究的方向性。学术研究的重要特征是科学性，追求的是"真"的问题。但是，高校学术研究分为理科、工科与文科，理科与工科的科学性要求更高一些，而文科即社会科学基于其本身的特性更强调其方向性，有明显的意识形态特点。西方学者虽然在政治学研究领域曾强调过摒弃其政治价值来讨论，但没有得到认同。比如，行为主义政治学标榜"价值中立"。但是，"从政治研究的主体、客体、过程和结论来看，都很难做到'价值中立'，'价值中立'的缺陷带来的自身的衰落，也使得行为主义政治学走向衰落"[1]。由此，社会科学的政治性是不容否认的，在任何国家都一样。所以，社会科学类的学术研究除了强调科学性之外也要强调方向性。任何国家推进教育工作都是为了国家与社会的利益，培育良好的学术环境自然也是如此。如果在学术环境建设过程中不关注学术研究的方向性，尤其是社会科学类研究的方向性，其优化学术

---

[1]　韩建华：《行为主义政治学的衰落——对"价值中立"论的再思考》，《群文天地》2011年第7期。

环境的意义就没了。实际上，学术环境建设的一个重要内容应包括对社会科学研究方向的规约，而良好的学术环境不在于导致学术违法后的追惩，而在于规避学术方向不正问题，确保高校师生既要有正确的政治方向，又要有真才实学；既拥护社会主义，又能适应社会主义现代化的需要。

其二，学术环境建设有利于培养硕士研究生的学术道德。学术环境建设的一个重要内容是促进学术道德环境建设，通过规约学术行为呈现学术道德的良性发展。在学术浮躁，甚至在某些领域将学术绩效视为"工分"的高校，在学术研究中为了搞"短、平、快"会出现学术造假、学术剽窃等行为。我们在第二章已经对学术道德失范问题进行了充分的讨论，对当下高校尤其是地方省属校院硕士研究生学术失范问题进行过探讨，在此不再赘述。一个明确的事实是，如果在学术环境建设中不注意对学术失范行为的有意规约，在培养硕士研究生的学术品质方面就难以推进。相反，如果学校能够充分利用学术环境建设进程，倡导良好的学术道德，同时采取积极有效的措施有效打压学术失范行为，就可以造就良好的学术生态环境，会对培养硕士研究生良好的学术品质产生正面的影响，而且这种影响可能是潜移默化的、长期的，甚至终生的。诚如《钱江晚报》指出的，"科学家是环境'养'出来的，保不住衣食无忧，保不住时间宽松，保不住以信而立，就没有谈学术的资格"[①]。如此，地方省属院校的硕士研究生要有良好的学术道德，也必然要从培育和推进学术环境建设着手。

其三，学术环境建设有利于提升硕士研究生的学术能力。学术环境建设能够为硕士研究生的学习提供精神动力，因为通过学术道德的规约会让大家认识到，在学术研究方面没有捷径可走，只能按部就班、脚踏实地地推进，才可能顺利完成学术任务。从功利化的视角分析，现代的学术不端行为检测越来越严格，任何学校的硕士研究生都应当充分相信科技的力量，面对现代科技对学术造假的围堵，都不应

---

① 《学术道德规范要靠环境"养"》，《钱江晚报》2012 年 9 月 10 日。

当存有侥幸心态，更不应报有无所谓的态度。正视和畏惧科技手段，是确保硕士研究生能够顺利毕业的首要条件。有学者曾针对教师学术能力提升指出过："高等院校教师学术能力的形成和提升是在一定的激励机制下通过内因与外因的交互作用实现的，从内因来看，学者的学术志趣是高等院校教师学术能力形成的能动性因素……从外因来看，高等学校教师身处的学术制度环境与学术生态环境，为他们学术能力的形成提供了充实的环境滋养。"① 同样，对于硕士研究生学术能力的提升亦是如此。硕士研究生只有从事学术研究的心态放正了，从事学术研究的心才能静下来，才可能甘于坐冷板凳，才可能真正在坐冷板凳的过程中坐得住、坐得长、坐得好。从学术研究的一般规律分析，一个人学术能力的提升除了与其聪明条件有关之外，更重要的则是与其从事学术研究的态度与时间有关，如果其从事学术研究的态度好、时间长肯定就会出学术成果，而且可能会出优质的学术成果；相反，如果本身没有对学术研究的科学态度，又坐不住，就很难出什么研究成果。

其四，学术环境建设有益于推进学术交流，扩大硕士研究生的学术视野。随着我国改革开放的进一步深入，高等学校的国际交往和学术交流将会进一步增加，甚至一个学校是否开放、开放程度如何，有无学术交流以及学术交流的力度与频度，从某种意义上反映这个学校的现代化程度。地方省属院校在研究生培养过程中，为了提升研究生的研究水平，自然也应不断扩大和推进学术交流，通过扩大交往交流来拓展学术视野，完善知识结构，提升学术水平。对于高校而言，通过学术环境建设来加大学术交流的力度与频度，不断在研究生培养过程中取长补短，开阔视野是优化和提升学术品质的必然选择，也是提升研究生的培养质量与水平的必然选择。王梦莹曾经指出过，学术交流活动对学生能力培养的重要作用：加深对学科的认知，拓展学生的

---

① 栗洪武：《高校教师学术能力提升的活力要素与激励机制运行模式》，《陕西师范大学学报》（哲学社会科学版）2012 年第 6 期。

思路，开阔学生的视野，深入对问题的挖掘。① 当然，由于地方省属院校在学术资金准备和投入方面稍显不足，这严重影响到学术交流的顺利推进。所以，如何进一步优化学术环境，关键是地方省属院校加大学术资金的投入，更新学术研究的硬件与软件建设。

二　良好学术环境对硕士研究生学术能力提升的促进作用

学术发展规律表明，优秀科研成果的取得是多种因素共同作用的结果，既需要科研工作者具有突出的学术能力作为基础，也需要良好的学术环境作支撑与保障。② 良好的学术环境对硕士研究生的学术能力提升，同样具有促进作用。良好学术环境的形成与发展对推动我国硕士研究生教育改革与发展，提升我国高等院校，特别是地方高等院校的硕士研究生培养质量有着理论与现实的重大意义。

（一）良好学术环境有利于硕士研究生创新能力的培养

创新是一个民族的灵魂，是一个国家兴旺发达的不竭动力。培养创新型人才是大学理应承担的社会责任，而培养创新型人才需要良好的学术环境是履行好这一责任的前提。创新型人才的突出特点就是具有创新意识与创新能力，在大学里主要是指研究生群体。一般而言，研究生的创新意识与创新能力，主要体现为三个方面：一是研究生开拓新领域的意识与能力，这是研究生培养质量高的重要标志。能够开拓前人未涉及的研究领域，或者在前人研究的基础之上把现有研究领域继续向前推进，这都是具有原创性或独创性的重要体现，它不仅有利于学科的发展，而且有利于现实问题的解决，进而推动社会的发展。二是研究生应用新材料的意识与能力。检索和应用新材料的意识

---

① 王梦莹：《论学术交流活动与学生学术能力的培养》，《赤峰学院学报》2014 年第 11 期（下）。

② 常彦：《论高校良性学术环境的建立》，《衡水学院》2011 年第 6 期。

与能力就是能够有意识地在浩繁的现有材料中发现新的材料并用新的材料或新的方法研究问题，进而得出独具匠心的见解，实现新的突破。这一能力对于从事理工学研究的人而言，十分重要。三是研究生辩证新观点的意识与能力。随着科技的发展和研究的深入，新的观点会不断出现甚至层出不穷。面对纷繁的新观点，只有具备创新能力的研究生，才可能有辩证新观点的意识与能力。所有的新观点并非都是准确无误的，研究生要具备辩证新观点的意识与能力，一方面能够尊重前人的成果，另一方面也能够对前人的成果进行分析与思索，进而找到不足之处。能够对新观点进行辩证分析，提出不同的看法，这本身就是一种创新。培养研究生的创新能力，既需要教育者本身就是创新型人才，也需要优化学术环境，创造其他良好的外围条件。良好的学术环境与学术研究氛围是促进硕士研究生创新意识与创新能力形成的助推剂，在硕士研究生学术能力发展中扮演着十分重要的角色。良好的学术环境与学术氛围最基本的要求就是学术自由、宽容、民主、平等。因为只有有了学术自由，才能保证研究生出现更多的学术创新；只有有了学术宽容与民主才能够实现不同观点的和谐发展。另外，学术研究是一个自由探索的过程，在探索真知的过程中应当是人人平等的。在学术研究中应当鼓励自主探索，允许犯错误。当然，良好学术环境的营造，要严格限制在学术研究的范围内，不能以学术研究为名，做违法乱纪之事。学术自由只能是保护学术研究，而不允许违法乱纪。

（二）良好学术环境有利于硕士研究生学术道德的养成

改革开放三十多年来，我国科学文化建设取得巨大成就，也存在着科学道德沦丧、学术失范等问题。但是，长远来看，即便是在物质、名利诱惑更甚的现代社会里，科学研究者仍需要具备更高的科学道德素质，仍需要弘扬科学精神、遵循道德伦理、端正学术行为、建立科学规范和坚守科学阵地。唯其如此，才能使自己成为德才兼备的人才。所谓科学精神就是在长期的科学研究实践中形成的为绝大多数研究者所认同的共同信念、态度和行为规范的总称。科学精神的内涵丰富，包含着科学求真精神、进取精神、协作精神、民主精神、献身精神、包容精神等。科学精神对科学研究者，特别是硕士研究生来说至关重要，它决定着科学研究者的学术发展方向和社会贡献度。所谓的道德伦理是指在科学研究活动中科学研究者应遵循的道德规范、行为准则和自身应具备的道德素质。厚德方优学、成才先立人成为学术界的共识。正如爱因斯坦所言："第一流人物对时代和历史进程的意义，在其道德品质方面，也许比单纯的才智成就方面还要大。即使是后者，它们取决于品格的程度，也远超过通常认为的那样。"[1] 学术研究如果无视学术道德，就可能导致造假、剽窃现象横行，根本谈不上学术创新，也很难培育创新型人才。科学规范是科学共同体内部以科学道德为基础而达成的共识，它具有稳定性、连续性的特点。科学研究者尤其是硕士研究生，有责任、有义务普及科学知识，传播科学思想与科学方法，反对弄虚作假。也更应该端正学术行为，坚持科学规范，推动科学创新。因为科学研究是需要甘于奉献、甘于寂寞的人从事的事业。在科学研究的发展历史上凡是取得重大成绩者，无不是坚守科学阵地，唯真求实，遵守学术规范的锐意进取之士，也只有这样的人才能最终成为德才兼备的创新型人才。对于刚刚跨入科学研究门槛的硕士研究生们来说，坚守科学阵地，注重德才兼备的培养目标是十分有必要的。良好的学术环境对于培养硕士研究生的科学道德素质具有十分重要的作用。自由、民主、开放的学术环境有利于硕士研究生规避外来环境的物质诱惑，培养从事科学研究的科学精神；宽容、协作、包容的学术环境有利于硕士研究生培养遵循道德伦理，端正学术行为、建立科学规范的学术素养；求真、进取、献身的学术环境有利于硕士研究生培养坚守科学阵地、德才共发展的学术素养。

（三）良好学术环境有利于硕士研究生问题能力的形成

问题是思维的起点。如果人类社会没有了问题，其发展也就无从谈起。问题是人类探究自然与社会的动力。人类天生就具有对事物的

---

[1]　许良英、范岱年：《爱因斯坦文集》第1卷，商务印书馆1976年版，第339页。

好奇心与探究意识，发现并探究有意义的问题是形成学术问题意识的前提。对于硕士研究生来说，学术能力首要的方面就是要有发现问题与提出问题的能力。① 在人类学术发展史上，很多重大发现、重大理论、重大观点的提出，都与问题意识紧密相关。许多在各个领域取得重大成就、学术造诣深的学者无不是问题意识很强、很突出的人，比如法国著名政治学家托克维尔之所以能写出流传至今、影响世界的名著《旧制度与大革命》，就是起源于他对法国大革命深刻反思的问题意识。马克思创立了科学社会主义，提出了"唯物史观"和"剩余价值"学说同样不是偶然的，这与他"在担任《莱茵报》主编时就对德国莱茵省的林木盗窃法和摩塞尔河地区的农民处境有过细心的观察"② 紧密相连，与马克思"对当时社会生活中存在的阶级不平等问题形成了鞭辟入里的认识"③ 紧密相连。当下，进行任何一项学术研究，同样需要浓厚的问题意识与超强的解决问题的能力。可以说，能否提出与时代发展和科学技术发展切实相关的新问题、好问题，是决定一门学问或项目研究做得成功与否的关键。对于刚刚步入学术殿堂的硕士研究生来说，形成学术发现与提出新问题的能力至关重要，它关系到硕士研究生未来学术研究的成功与否。良好的学术环境可以给硕士研究生以宽松、自由、民主、宽容、开放的学术氛围，有利于硕士研究生的学术成长，减少外来物质与名利诱惑对硕士研究生的负面而消极的影响，对于培养硕士研究生的学术发现与提出新问题的能力具有积极、良性的作用。硕士研究生只有紧跟时代发展步伐，用心思考政治、经济、社会等各个领域面临的紧迫难题，其学术研究才具有社会价值，其学术成果才能真正获得长久的生命力。

（四）良好学术环境有利于硕士研究生文献整理能力的提升

文献在学术研究中占有十分重要的地位，占有文献资源的多寡从

---

① 肖川：《何谓"学术能力"》，《基础教育参考》2008 年第 7 期。

② 徐浩然：《谈谈学术能力》，《学习时报》2013 年 10 月 28 日。

③ 同上。

某种意义上决定着学术研究的质量高低。对于硕士研究生而言，其学术研究必然要建立在既往研究的基础之上，没有对既往研究成果的把握，就无以在既往成果的基础上继续推进。文献的收集是进行学术研究必不可少的一项重要工作，任何创新性成果的产生都需要阅读大量相关文献，掌握最新研究动向，在总结前人经验成果的基础上探索而成。① 马克思说："研究必须充分地占有材料，分析它的各种发展形式，探寻这些形式的内在联系。只有这项工作完成以后，现实的运动才能适当地叙述出来。"② 众多成功的学术大家往往都是文献收集的高手，他们具有很强的文献收集能力，他们能够迅速、准确地从繁多的文献中寻找到自己需要的文献资料。收集到自己需要的研究文献仅仅是学术研究中一个小小的过程，还需要对收集到的文献进行整理。文献的收集整理是有方法、有技巧的，如何有效地把这些文献进行分类整理是一项繁重而又关键的工作。学术研究者如果不具备这项能力很可能无法把捉已占有的文献资料，更谈不上学术研究的开展与创新。对于硕士研究生如何做好文献的收集与整理工作，关系到其能否从事学术研究以及能否做出成绩。既然文献收集与整理是硕士研究生在进行学术研究时必须具备的素质与能力，这种能力就需要培养和塑造，只有不断培养硕士研究生文献收集整理的能力，硕士研究生才能正确地运用新材料或新方法研究问题，实现研究的新突破。培养和塑造硕士研究生的文献收集与整理能力是个艰难的过程，良好的学术环境从某种意义上能削弱过程的困难。目前，一些市场化、功利化的理念对于学术环境的负面影响很大，在地方省属院校之中更为突出。只有着眼于培育自由、民主、开放、宽容的学术氛围，着眼于造就一种让硕士研究生安心查阅、收集与整理、提炼文献的学术氛围，才能真正为硕士研究生创造一个良好、宽松的学术环境，实现硕士研究生能力的提升。

---

① 樊端成：《研究生创新能力培养：环境困扰与导师应对》，《黑龙江高等教育》2011年第5期。

② 马克思：《资本论》第1卷，人民出版社1975年版，第23页。

（五）良好学术环境有利于硕士研究生实现研究方法的创新

从本质上讲，学术研究是一种创造性的思维活动；创造性思维活动的一个突出特点是依赖创新的研究方法。研究方法是学术研究的工具，科学的研究方法对学术研究十分重要，研究方法的合理性往往会影响甚至决定着研究结果的可靠程度。① 对刚刚步入学术殿堂的硕士研究生来说，掌握科学研究方法是其进行学术研究的基本前提，也是其必备的基本学术素质，没有科学的研究方法作为工具，学术研究创新也无从谈起。学术研究需要发展与创新，同样学术研究方法也需要发展与创新。宽松的学术环境对于硕士研究生实现科学研究方法的发展与创新极为重要。宽松、自由、开放的学术环境对于学术研究实现学术创新极为重要，同样，对科学研究方法的发展与创新亦极为重要。学术研究包括分析—演绎范式和综合—归纳范式两种基本范式。前者是从某个具体的、明确的问题出发，采用分析思维方式和演绎逻辑方法，一步步地推导出结论。爱因斯坦的相对论，就是运用标准的分析—演绎范式而获得的。而后者则从围绕着某个课题收集大量原始资料开始，采用综合思维方式和归纳逻辑方法，把与该课题有关的方方面面作一个系统的研究，从中提取出结论。达尔文的进化论就是运用标准的综合—归纳范式而获得的。② 实际上，作为创新的研究方法并不受制于两种基本范式，可以通过这两种范式衍生更多的具体方法。目前，我国学术研究方法创新和重大创新不多，这与我国当下失衡的学术环境有着直接的关系。受当下学术环境的影响，硕士研究生培养中科学研究方法的教育不足，加之功利化学术氛围影响，导致硕士研究生无法更好地掌握科学研究方法，更谈不上学术研究方法的创新，学术能力增长停滞不前。"河里的鱼死一二条，可能是鱼本身的问题，但如果大多数鱼都死了，则可能是水的问题。"③ 良好的学术

---

① 李艺：《研究与研究方法》，《天津外国语学院学报》2003 年第 4 期。

② 赵卿敏：《学术环境四议》，《科技导报》2002 年第 8 期。

③ 叶继元：《推进哲学社会科学研究方法创新刍议》，《学术界》2009 年第 2 期。

环境对硕士研究生实现科学研究方法的发展与创新，起着十分重要和关键的作用。

三　不良学术环境对硕士研究生学术能力提升的制约作用

学术环境是一把双刃剑。良好的学术环境有利于硕士研究生学术能力的形成与提升，有利于高校高素质创新型人才的培养。然而，不良的学术环境甚至恶劣的学术环境对硕士研究生学术能力提升有制约作用，它不利于地方院校科研硬件条件的改善与提高，也更不利于其学术品质的培养。

（一）学术规范意识教育滞后导致硕士研究生学术失范频发

硕士研究生作为未来科研力量的后备军，在其培养过程中必须始终贯穿着学术规范教育，这是保证硕士研究生养成科学研究素养和形成良好学术能力的前提。忽视甚至无视硕士研究生的学术规范教育，会给研究生教育体制带来伤害，甚至在研究生毕业走上工作岗位后产生诸多恶果。近年来，全国高等院所卷入学术不端的例子可谓是不胜枚举。如 2009 年浙江大学贺海波论文造假事件、井冈山大学教师论文伪造事件等①，都与其在硕士研究生阶段缺乏全程的学术规范教育，学术规范意识薄弱有着直接的关系。学术不端事件的频发，恶化了我国高等院所的育人环境，不利于硕士研究生的培养，更不利于硕士研究生学术能力的提升。目前，我国教育体系，无论是基础教育、中等教育还是高等教育大都没有开设学术诚信与学术规范的相关课程，甚至在研究生教育阶段也缺乏基本的学术诚信、学术规范教育与训练，导致研究生分不清楚什么是抄袭，什么是正常引用，搞不清楚如何进行注释。再加上，在市场化过程中，我们的法制法规与法制法规的执行并不乐观，在社会领域中出现的道德失范情况也比较突出，而对于

---

① 白林雪：《高校学报学术不端现象分析与对策》，《学报编辑论丛》2013 年。

这些道德失范的实际规约与惩罚也并不到位。社会领域的道德状况实际上也影响和制约着学术领域，学术道德从某种意义上是社会道德在学术领域的体现而已。如前面我们论及的，目前地方省属院校硕士研究生学术道德失范的情况呈现多样化趋势，主要体现在：抄袭剽窃是最为常见的学术道德失范、雇佣"枪手"是最为便捷的学术道德失范、"搭便车"是最为隐蔽的学术道德失范、伪造篡改是最为无耻的学术道德失范、一稿多投是最为无奈的学术道德失范。硕士研究生学术失范的原因是多方面的，缺乏学术规范意识教育，进而没有形成自觉遵守学术规范的环境是重要原因之一，尤其是在地方省属院校中，由于师资缺乏、学术氛围本身与部属院校存在着一定的差距，如果在研究生课程体系设置中再不设置相应的学术规范课程，或者设置了相应的学术规范课程而不能有序地开展，都会导致研究生学术规范意识低下，最终导致其不遵循学术规范，或者根本就没有遵守学术规范的意识。在这种情况之下，硕士研究生学术越轨事件频发就不难理解了。

（二）学术环境市场化阻滞了硕士研究生学术能力的提升

自 1999 年高校扩招以来，高校发展出现了市场化、商业化趋向，导致"教师商人化""智力劳动商人化""高校校园商场化"等现象层出不穷。① 高校出现的这些不良现象，既影响了高校学术环境的优化发展，也从某种意义上导致高校科学研究的市场化。高校科学研究越来越多地受到社会中资本和权力的诱导和限制，本该坚持自由、独立的学术研究充斥着功利主义和实用主义的浓厚色彩，本该正常的学术竞争蜕变为资本与资源的竞争，学术环境遭到市场化入侵。在扭曲的市场化学术环境与学术氛围导向下，地方高校的硕士研究生也出现了学术追寻市场化、利益化趋向，导致硕士研究生本该拥有的"追求真理"的科学精神丧失，出现了为实现自身利益的快速化而对功名利

---

① 刘慧洁：《文科类硕士研究生学术生态探析》，上海师范大学硕士学位论文，2013 年。

禄的无限追求，使得他们往往贪求学术成果的"大而快""短平快"。为此，他们往往采用文章低水平复制，甚至是频繁引用、抄袭的方式来实现多出成果的目的。更有甚者，在一些地方省属院校中或明或暗地存在着买卖论文的情况，出现了一些神秘的"枪手"。因为不少地方省属院校对于硕士研究生的毕业条件都有明文规定，很多学校是有发文章的要求。为了以最快的速度发文章，不少硕士研究生采取雇佣枪手的做法，甚至连毕业论文也采用请人代笔的方法来完成。这不仅不能提升硕士研究生的学术能力与学术水平，而且严重影响了硕士研究生学术道德素养，影响了学校的声誉。目前，我国的研究生培养人数是世界上最多的国家之一，拿到硕士、博士学位的学生队伍也越来越庞大，然而我国的整体学术水平却比较落后，"学术追求倒退为利益追求。经济的逻辑已经开始侵蚀本就薄弱的学术逻辑，市场化泛滥到研究生学术生态的每一处角落"①。在这种情况下，硕士研究生学术能力的培养与提升境况可想而知。如果地方省属院校在硕士研究生的培养过程中，将着眼点只放在扩大规模方面，不采取有效措施解决硕士研究生学术能力提升的问题，学校在未来学术竞争力中就难以取得一席之地，也难以在日益激励的高校竞争中取得优势，甚至会在淘汰性竞争中落败。

（三）科学化的学术评价机制缺失导致硕士研究生学术能力养成不足

科学化的学术评价机制对于保障科学研究的顺利进行，推动科学研究创新具有十分重要的作用。然而，目前我国地方省属院校还缺乏科学的学术评价机制，在学术评价中往往存在如下突出问题：其一是停留在以数量为本，以权威期刊为本的扭曲状况，这就导致学术研究评价出现了"数字崇拜""权威崇拜"等不良现象。在现有的高校评判体制下，越是省属院校，越关注各类学术数据，越想通过提升各类

---

① 刘慧洁：《文科类硕士研究生学术生态探析》，上海师范大学硕士学位论文，2013年。

学术数据来提升自己在高校中的排名。各高校为了在各种评比或排名中获胜，纷纷出台相应的政策要求教师和研究生多出成果、快出成果。① 但是，学术成果是建立在学术积累基础之上的，没有一定的学术积累难以产出优秀的学术成果。如果只为出学术成果而出学术成果，可能导致的结果是低水平的学术重复，甚至是学术造假。另外，在科研成果的学术质量评定上往往以教师和研究生所发表成果的期刊或出版社的级别来认定，也有些简单化。不少地方省属院校在评判学术成果时只看期刊与出版社级别的高低，认为级别高的学术成果价值大，反之则认定为水平低，而不看其科研成果本身的质量和水平。其二是对科研成果的学术评价存在着严重的"马太效应"②。这导致在学术评价中往往更多地看重研究者和研究者所在的学术机构的知名度，减弱了学术评价的公正性和公平性，甚至导致关系操作和暗箱操作等学术失范问题的出现。不科学、不健全学术评价机制的存在不仅浪费宝贵的国家科研资源，还贻害学术环境，影响学术人才的培养。地方省属院校的硕士研究生实际上是这种体制的受害人群。一方面，他们学术水平积累不够，发文章的难度相当大，追求数量本身已经成为问题；另一方面许多期刊认名家、认高职称人群、认知名高校，从某种意义上都将地方省属院校的硕士研究生排除在发文之外。所以，不少地方省属院校硕士研究生为了发表文章，多采用三种手法：一是找一些确实没有多少学术味道、拿些版面费就能发的期刊，如我们在第一章中指出的期刊；二是找一些知名的"枪手"，让其代写出高水平的论文，以自己的名义发表；三是自己撰写论文，但是为了发表还要挂上职称高的人员带一下，多要求导师挂名发表。对于前两种情况而言，结果都无益于我们地方省属院校硕士研究生的学术训练，不利于提高他们的学术能力与学术水平；对于后一种情况而言，如果导师参与论文撰写与指导还好，如果没有参与仅是挂名，则这种做法本身也是违反学术道德要求的。

---

① 司林波：《高校青年教师学术越轨行为分析》，《高等教育管理》2013 年第 6 期。
② 王红蕾：《从诺贝尔奖反思中国科学研究的发展》，《社会科学家》2003 年第 5 期。

（四）学术监督松散化不利于硕士研究生学术能力的培养与提升

学术监督的存在与良性发展是保证学术研究正常、健康运行的基础，建立与完善学术监督体制有利于减少学术失范，推动学术创新。因为学术监督机制松散、不完善就会导致学术越轨的风险较小，使得学术越轨成为一个低投入、低风险、高收益的活动。[①] 学术研究作为一项专业性很强的活动，一般人员很难从事，这也使得学术监督具有很强的专业性，因为一般的非专业人员也很难对专业性很强的科研成果进行相关的鉴定，对如抄袭、篡改数据等学术越轨行为更是难以察觉与审定。当前，我国的学术监督机制呈现出专业化不强、机制松散化等特征。尽管相关的教育、学术管理部门也成立了专门的学术诚信与学术道德管理机构，在高等院所也制定了相关的学术道德规范，成立了专门的学术委员会进行学术监督，但现实中的真实情况是：学术监督往往采取"不告不理"的无为原则。也就是说，没有人对相关的学术研究成果提出学术越轨异议，相关机构是不会主动审查学术研究人员学术研究成果的真伪的。有时，即使收到了相关人对一些科研成果的学术越轨举报，一些单位为了自己的"声誉"和"面子"，往往也会打着保护师生的旗号，采取"大事化小、小事化了"的被动举措，最后导致事件不了了之。学术越轨行为的低风险、高收益使得学术研究人员往往为了自己利益最大化而心存侥幸，铤而走险。现实中正是由于学术监督的松散化，缺少科学规范的学术监督机制，使得学术风气遭到破坏，环境进一步恶化。高校中的硕士研究生在这种氛围与环境中进行相关的学术研究活动，也会受到这些不良风气的影响，一些硕士研究生为了评奖评优，为了拿到奖学金，为了进一步提升自身科研能力强的声誉，往往也会学习其身边的教师、同学的不良行为，进行学术投机。这就使得硕士研究生本来应用来进行相关基础研究、训练基础学术能力与素质的时间与精力拿来进行学术投机，错失了进行学术能力训练的大好时机，导致自身学术能力得不到训练与

---

① 司林波：《高校青年教师学术越轨行为分析》，《高等教育管理》2013 年第 6 期。

提升，为日后的学术研究窘境埋下了祸根。

（五）高校学科"重点化"评价不利于硕士研究生学术能力的提升

　　地方省属院校作为中国高等教育的重要组成部分，其在硕士研究生培养上也占据了十分重要的地位，为中国的社会发展做出了巨大贡献。然而，中国教育在产出与投入上却存在比例不协调的问题，我国高等院校的"重点化"评价导致地方院校与全国重点院校相比，无论是师资队伍建设上还是国家投入上都差距甚大。从 20 世纪 80 年代以来，我国对高等教育的改革可谓是力度巨大，提出了创建世界一流大学的目标。为实现这一宏伟目标，政府提出了一系列措施："211"工程、"985"工程。对进入"211"工程、"985"工程建设的高校由国家进行重点投入支持。"211"工程、"985"工程的实施对当时我国财力有限的情况下推进世界一流大学建设是有其积极意义的。其可以作为短时期的举措，但不能作为长远之计，更不能以此作为衡量高校强弱的标准。这种政府垄断式的培养方式人为地把高校划分为三六九等，进入重点建设的高校，不仅可以得到国家的雄厚资金支持，还可以得到国家的政策性支持。使这些学校在重点学科评选、重点项目评选上占尽先机，而且也使得越来越多的优秀人才向这些重点院校流动，使得地方高校的发展空间被限制甚至被挤压。地方院校由于其在资金投入、优秀师资引入等方面与全国重点院校相比有很大的差距，使得其无论在人才培养还是学科建设方面还有很长的路要走。学科的"重点化"评估使得全国重点学科大部分集中在全国重点院校，地方院校较少。从目前我国科研资源的分配整体格局来看，存在着资源过于向少数重点高等院校、行政权威和学术权威集中的倾向。[①] 这种情况的存在又进一步恶化了地方高等院校的生存环境，使得地方院校在科研资金的争取上处于不利地位。优秀科研成果的取得与科研工

---

　　① 阎光才：《学术环境的整体优化与高水平大学的发展方略》，《探索与争鸣》2005年第 1 期。

作者坚持不懈的研究分不开，也与高等院所提供的良好科研条件密不可分，特别是对于刚刚步入科研殿堂的硕士研究生来说更为重要。因为他们自身的经济条件决定了他们不可能为自己提供良好的科研硬件条件。然而，现实的情况是由于地方院校资金等方面的限制，使得科研硬件条件的配备不足，更新换代较慢，使得硕士研究生无法进行相关的学术研究或实验，学术能力得不到锻炼与提升，创新性思维与能力更是无从谈起，这非常不利于优秀研究性人才的培养。

四　优化地方省属院校硕士研究生学术环境的策略选择

诚如上面分析，学术环境对于硕士研究生学术能力的培养与提升有着重要的作用与功能，地方省属院校如何通过孕育良好的学术环境来推进硕士研究生学术能力的提升是当下面临的重要课题。解决这一课题自然应着眼于当下地方省属院校硕士研究生学术环境现状、存在的问题，有针对性地提出解决方略。

（一）更新研究生教育与管理理念，树立硕士研究生学术环境优化观

"近朱者赤，近墨者黑。"良好的学术环境是提升研究生培养质量，提高研究生学术能力的重要保障。大学是一个文化的大染缸，这个大染缸就是其学术环境，染缸里的物件就是包括硕士研究生在内的师生群体。对于硕士研究生培养而言，正视染缸环境，通过教育与管理来改善这种环境，有利于提升染缸对于物件——硕士研究生熏染的质量。优化研究生学术环境要求研究生教育者与管理者必须紧跟时代发展潮流，更新研究生教育与管理理念，改变过去那种落后的、不适合研究生培养的教育与管理理念，树立正确的育人观与管理观。

1. 更新硕士研究生教育理念，将知识的传授与能力的提升结合起来

研究生教育与本科生教育不同，其突出的不同点在于他们是"研究"生，理应具有研究的能力，而不仅仅是掌握某一专业的知识结构与框架。作为地方省属院校，在硕士研究生教育过程中要培养其研究能力，就必须正视知识与能力的关系，将知识传授与能力提升结合起来，进而培养出合格的、优秀的硕士研究生。

长期以来，许多地方省属院校在研究生教育过程中，没有厘清研究生与本科生的思想，更没有在实际教育过程中真正将研究生教育与本科生教育区别开来，导致研究生教育本科化倾向十分突出。研究生教育本科化倾向的表现是多方面的，如在班级授课方面，随着研究生招生规模的扩大，许多地方省属院校研究生教育也走一种群养之路，实行了大班授课，受制于师资力量，很多不同专业的甚至都整合到大班内一块授课；再如课程体系的设置本科化，课程名目与课时安排与本科生几乎没有多少不同，授课教师在授课内容方面也没有太大的改进。

实际上，硕士研究生教育要名副其实，不应只关注知识的传授，因为经历了本科学习阶段之后，他们已经有了自主学习的意识与能力，而知识的习得在现代社会已经不是一个问题。所以，在研究生的培养方面，更应关注的是他们的思维方式与科研能力，如果不从思维训练方面和学术修养方面加大对他们的培养力度，他们的研究之名就是虚的。所以，在研究生教育过程中，从教育者的理念方面就应树立思维与能力训练优先的意识，自觉地将知识的传授与能力的提升结合起来。

2. 更新硕士研究生管理理念，将不出事的底线与育优质人才的高线结合起来

在高校竞争过程中解决研究生招生问题确实是一个矛盾，尤其是对于地方省属院校而言，更是如此。一方面，地方省属院校要上层次，必然要加强研究生教育，正如前面列举过的指标一样，没有研究生教育的规模与水平，地方省属院校在评比过程中就不可能突出；另

一方面，要扩大研究生规模就必然要到处抢生源，不断扩大生源规模。但是，对于地方省属院校而言，生源一直都是一个突出的问题。在高校硕士研究生不扩招的情况之下，地方省属院校的硕士研究生生源都受到挑战，扩招使这一挑战更为凸显。

正如前面论及的，目前地方省属院校硕士研究生生源质量不高，这也加大了提升其学术能力的迫切性与难度。与此同时，研究生生源质量不高不仅使其学术能力提升面临困难，还使得其全面管理也面临种种挑战。在这种情况之下，如何让这些本身素养并不突出的读研者能顺序完成学业，顺利走出校门，似乎比将其学术能力提升到一个什么样的水平更为现实。所以，在地方省属院校中，对于硕士研究生的管理往往强调不能出事的底线思维。

强调底线思维并没有错，关键不能停留于思维底线，不然的话培养高素养的研究生就成为一句空话。近年来，各省纷纷开展"研究生教育创新工程"，并展开或即将展开一系列质量评估活动，旨在坚守提高人才培养质量这条生命线，通过创新人才培养模式来造就优质的创新型人才。为此，在研究生学术能力培养与提升过程中，地方省属院校要从管理制度上完善对研究生的激励和奖励，从各省市区学位办的优秀硕士学位论文评选，再到学校的同类论文评选，都应加强规范管理，使学术评估真正起到学术激励的作用。

3. 优化学术环境，将教师自身发展与硕士研究生发展结合起来

在研究生培养中，国内外都普遍采取了导师负责制，或以一位导师为主的导师组制。硕士研究生是在其导师的引领下走上学术道路的，其导师的素养对硕士研究生的影响是最为直接和最为广泛的。严师出高徒。一般而言，对于一个学校，只有拥有好的导师，才能拥有好的学生。因为一位好的导师应具有责任心、具有学识与能力，他对于一个学生的影响体现在时时处处，尤其是学术素养方面更加突出。优化学术环境就要造就良好的导师制度，如前面论及的通过导师遴选制度的创新来选择优秀导师，再通过优秀导师来造就优秀学生，造就学术能力强的学生。

导师自身发展与研究生发展相结合，不仅体现在导师对硕士研究

生的毕业论文的指导方面，还体现在导师将自身学术发展与学生学术意识的培养结合起来。比如，导师要从事学术研究需要进行学术资料的收集与整理，可以通过让硕士研究生收集整理资料来锻炼其学术能力，培养其问题意识与解决问题的能力。目前，不少地方省属院校都规定硕士研究生导师必须有有资课题，导师可以在自己主持的有资课题推进过程中很好地发挥研究生的作用，让他们在参与课题过程中提升学术素养。

导师对于研究生的影响方式是言传身教，身教重于言教。一个优秀的导师在自身发展的过程中，一方面自觉地指导自己的学生，按照学术规范与科研规律从事研究工作，另一方面，他们本身在科研中的示范作用，有些时候并不单是耳提面命式的教训，也能给自己的研究生很大帮助与启发，让他们更清醒如何搞科研，如何像老师一样通过不断地进行学术训练来提升自己的学术能力与学术水平。

（二）加强经费投入与优化资源管理，改善硕士研究生学术硬件环境

学术研究的硬件环境是指硕士研究生在进行相关的学术研究活动中，对其产生影响的一切物质要素的总和，主要包括图书资料、实验室设备、研究场所、互联网信息建设等，它是硕士研究生学术环境建设的基础。[1]"巧妇难为无米之炊"。没有学术硬件环境建设，没有适当研究经费的投入，任何学术研究都无法开展、无法进行下去的。从硬件环境上看，图书文献资料是否完备以及它的更新速度，实验室设备是否先进以及相关的资金投入是否充足，必要的互联网信息建设是否完备等，都直接影响到硕士研究生学术研究的顺利开展。优化硕士研究生的学术硬件环境，应着重考虑以下两个方面的内容：

1. 加大硕士研究生经费投入，改善其学术硬件环境

硕士研究生教育经费投入是保证他们培养质量的物质基础，没有

---

① 张翠华：《我国高校研究学术环境问题研究——以沈阳地区高校为例》，沈阳师范大学硕士学位论文，2008 年。

充足的研究经费投入是无法保障硕士研究生进行相关学术研究所需要的图书资料、实验室设备、信息互联网等科研设施更新的。对于地方省属院校而言，学术环境的优化与学术能力的提升不可能一蹴而就，只有经过细水长流式的投入，才会慢慢呈现其效果。这是一种挑战，一方面是对长期经费投入的挑战，因为地方省属院校资金相对紧张，许多学校经费的投入都具有暂时性，都是拆了东墙补西墙；另一方面地方省属院校都在拼命赶超，能否坚持细水长流式的科研投入也是一种挑战。但是，从学术研究与科研发展的规律来看，没有经费投入，舍不得花钱就没法干事，也很难干成事。

加大硕士研究生经费投入需要全方位着手，将国家、地方、社会乃至个人的积极性全方位调动起来：

首先，国家要加大对研究生教育经费的投入。国家投入是研究生教育经费收入的主要来源，随着研究生招生规模的扩大，国家在研究生教育经费投入方面也应相应提高，使经费投入与日益扩大的研究生培养规模相适应，保证现有规模的研究生可以得到充足的研究经费。在此基础上，国家也应当逐步消除研究生经费投入中的不平等、不公平现象，同等对待所有高等院校的硕士研究生，消除研究生之间的重点院校与地方院校之间的身份等级差别，保证对各个高等院校研究生经费投入的一视同仁。按照下一步教育改革的思路，在经费投入方面，国家可以根据优势学科培育与发展的思路，根据学科与专业分配投入经费。

其次，地方高等院校的管理者也要转变观念，加大对研究生教育的经费投入。目前，地方省属院校的管理者往往十分重视本科教育，在本科教育上舍得投入大量资金，这无疑是正确的。但是，如何在有限经费条件下，合理地分配本科生与研究生经费，适当鼓励和支持一些研究生专业的发展，这对于地方省属院校的竞争不无好处。随着高校竞争日趋激励，许多地方省属院校日益认识到了这个问题，开始将一部分资金资源投入到研究生教育中来，尤其是加大了对学术硬件环境的建设，充实硕士研究生的学术硬件资源，如实验设备、图书文献资料、计算机、学习室、电子资源等，这一方面可为硕士研究生学术能力的提升准备条件，另一方面也利于本科生科研意识的培养。

最后，地方高等院校也要创新思路，建立融资筹资的科学机制，吸引社会力量来投资硕士研究生学术硬件建设。市场经济改变的是等、靠、要的思维，这一点同样适用于高等教育。作为地方省属院校自身层级较低，国家与地方经费投入不足，这确实是影响其学术环境建设的主要困难。但是，另一方面应看到的是，这些院校接地气，与地方有密切的关系，与知名人士也有良好的沟通，可以充分发挥它们在这方面的优势。近年来，不少地方省属院校在融资方面开始创新思路，通过社会渠道来拓宽筹措经费的渠道，建立融资筹资的科学机制，通过吸引企业、社会名人来捐资助学，通过开展校企联合办学等来实现经费筹措。通过上述方式不仅可以实现研究生经费的增加，而且还可以提高硕士研究生的学术能力和就业率。

2. 优化现有资源管理，提升资源利用率

学术资源闲置是种浪费，学术资源不会因为用得多而出现耗损。基于学术资源的这种特征，地方省属院校应积极鼓励学术资源的开发与利用，在国家对研究生教育投入有限的情况下，地方高等院校可以通过院校之间的合作，院校内部现有资源的优化管理，提升现有资源的利用率来优化硕士研究生的学术硬件环境，从而实现资源开发与利用的最大化。

首先，地方省属高等院校之间建立联合协作机制，实现校际的资源共享。这样就可以使各个院校之间有限的研究生硬件资源实现充分利用，避免相关硬件资源的重复建设与浪费。这不仅可以提高各高校资源的利用率，而且也可以实现不同院校之间的互动与交流，有利于各个院校之间取长补短，实现优势互补，大大丰富硕士研究生进行学术研究所需要的学术信息资源。伴随着现代化建设进程的加快，许多地方省属院校之间的距离问题已经悄然化解，校与校沟通的受制条件已经不是交通问题，而是交流问题。如果地方省属院校间有交流意识，尤其是学术交流意识，完全可以通过建立良好的沟通机制来化解因距离而产生的问题，也能够有效地规避因学术资源的重复购置带来的办学成本的增加。

其次，地方高等院校内部应优化现有资源管理，提高现有资源的利用率。各个地方省属院校内部应通过建立科学化的资源管理新机制，实现本科生与研究生学术硬件资源的共享，这不仅可以增强本科生学术能力培养的力度，也有利于硕士研究生的硬件条件建设，实现现有资源的效用最大化，满足硕士研究生对基本学术硬件环境的要求。就目前而言，地方省属院校自身体制内也确实存在一些障碍因素，比如，有些院校间的学科是交叉的，专业也不仅只在某一个学院，许多专业与学科比较分散，这也是影响学术团队整合的主要矛盾。对于一个学校而言，如何有效整合学科与专业，如何在校内部不同院系之间搭建良好的交流平台，实现校内资源的共享，这本不是一个问题却在某些院校成为问题。

最后，建立网络教育信息资源开发平台，促进网络学术环境建设。网络教育信息资源开发平台具有开放性、实用性与广域性的特点，能有效迅速地传播知识、改造人的思维方式和提高人认识与分析问题的能力。高校在优化资源管理的过程中，应充分利用网络资源，增强开发与利用教育信息资源意识，加大网络教育信息资源开发与利用的财政与技术支持，根据教育信息事业发展需要做出具有科学性、可行性的队伍建设规划，建设一支具有较好素质的教育信息领域人才队伍，创新网络教育信息资源开发与利用的管理机制和运行机制，促进信息资源共享，保障信息安全。积极开发包括网络资源、图文资料等在内的多种形式的教学资源。大力提倡学校使用公用图书经费统一购买相关教育材料，并作为学校公共图书的一部分，供全体学生循环借阅使用，促进教学资源的整合与共享，而不增加学生负担。

（三）重视学术规范教育，构建科学化的硕士研究生学术机制

学术机制是研究生进行正常学术研究，进行学术创新的前提与基础。科学化的学术机制对研究生的学术研究起着规范、引导、发展和保障的作用，能够为研究生的学术成长提供良好的外在环境，促进研究生的学术能力优化与提升。因此，科学化的研究生学术机制在构建过程中必须立足于研究生的自身需要，坚持以人为本的原则来进行。

只有这样，才能保证研究生学术机制建设的科学化、规范化，才能调动研究生的学术积极性与主动性，从而使其全身心投入到学术研究中去。重视学术规范教育，构建科学化的研究生学术机制主要从四个方面来着手：

1. 重视学术规范教育，构建良好的学术道德环境

优化硕士研究生的学术环境，必须重视和加强学术规范教育，把学术规范教育纳入国民教育的大体系之中。系统的学术规范教育是预防学术越轨行为的重要组成部分，它能够有效降低甚至避免硕士研究生的学术越轨行为的发生。高等院校是学术研究的主阵地，也是加强学术规范教育的主阵地，要遏制学术不端风气、优化学术环境，高校自然有义不容辞的责任。为了有效规避学术失范，高校必然要在科研体制、机制等方面进行改革，更为重要的是要重塑学术越轨可耻的认知架构①。认识方面的问题是第一步，如果硕士研究生没有对学术失范的正确认识，没有违规可耻的理念与意识，甚至报有"无知者无畏""死猪不怕开水烫"等心态，就很难推进学术环境的优化。

学术规范教育是一个基础性工程，需要一个长期的过程才能体现其效应。首先，了解学术规范是第一步。只有知道了规范，才可能遵守规范。目前我们亟待做的事情就是要让硕士研究生知道起码的学术规范是什么。为了更好地让广大的学生了解学术规范，就应把学术规范教育纳入国民教育体系。其次，遵守学术规范是关键。在了解学术规范以及将学术规范教育纳入国民教育体系之后，还应通过开设专门的学术诚信与学术规范课程，强化学术越轨耻辱感建构，将遵循学术规范内化为研究生的内在行为、自觉行为。②

另外，硕士研究生作为国家未来的学术后备力量，应该严格要求自觉遵循学术规范与学术道德，应当把学术规范与学术道德贯彻于自己研究的每一个阶段、每一个环节，把重视学术道德修养作为自我学术提高的重要一环，把学术规范内化为自身的道德素质与信念，从而

---

① 李四辉：《"审美疲劳"比学术抄袭更可怕》，《光明日报》2012 年 8 月 23 日。
② 司林波：《高校青年教师学术越轨行为分析》，《高等教育管理》2013 年第 6 期。

实现学术规范遵守的主动化、自觉化。

2. 科学搭建学术交流平台，创造良好的学术交流环境

学术交流可以为研究生创造一个接触外界先进研究理念，互通有无的良好氛围，也可以为研究生搭建一个良性竞争、互相激励的平台，进而对硕士研究生学术能力的提升起到促进作用。地方省属院校在构建科学化学术机制的过程中，应充分关注学术交流课题。

在学术交流中，硕士研究生可以充分展示自己，拓展视野，提高学术素养。在学术交流活动中，硕士研究可以把自己学术研究的成果展示给各位同行，发表自己的学术观点，也可以在独立思考的基础上质疑别人的理论或观点。通过这种良性的交流，可以完善自己的学术研究，不断提升学术研究的层次与水平，甚至实现研究成果的创新。同时，硕士研究生通过与专家学者进行交流，也可以大大拓宽自己的研究视野，能够比较全面、客观地了解本学科及相关学科的研究现状与未来发展趋向，进而关注学术前沿问题，激发创造性思维活动，吸纳一些创新观点。由此可见，学术交流活动对于硕士研究生学术能力的培养与提高来说，其作用是任何研究生课程都无法替代、无法比拟的。

当然，学术活动的开展不能是随意化的，必须进行系统化、制度化设计，要有针对性、目的性和计划性，要富有成效，而不是流于形式。一是高校要重视学术交流活动并给予政策与资金的扶持。因为学术活动的开展不仅会耗费大量的人力物力，也需要大量的资金。金钱不是万能的，但没有金钱是万万不能的。有效地推进学术交流必须要有充足的资金支持。二是要有专门的组织或机构负责。学术活动的开展不能是随意性的、无目的性的。要充分发挥学术活动的效能，必须提高学术活动的针对性、目的性和计划性，这就需要有专门的组织或机构来筹划、组织和协调，进而保证研究生学术活动的顺利开展。三是建立学术活动评价制度。为了调动硕士研究生参与学术活动的积极性和主动性，可以把研究生参与学术活动中的相关研究成果作为其毕业申请学位、年度评奖评优的重要参考和依据。

3. 强化政策环境，建立科学化的学术评价机制

评价是一种价值判断。对事物评价的过程就是对评价事物做出肯定或否定判断的过程，其结果就是肯定性评价或否定性评价。评价的结果会对评价对象产生十分重要的影响，通过评价产生的正强化或负强化，会影响到被评价对象的后续行为。学术研究也是这样，是否建立起了科学的学术评价机制，关系到学术研究能否沿着正确的方向健康发展。因此，强化政策环境，建立科学化的学术评价机制对硕士研究生的学术发展与学术能力提升来说尤为重要。

学术评价机制对于硕士研究生的学术行为具有导向作用，科学化的学术评价机制"能够体现学术内在发展的规律，能够使得那些潜心研究、做出前沿性新成果的人才得到应有的学术荣誉和价值肯定"[①]。然而，目前许多地方省属高校并没有建立起科学的学术评价机制。从一般意义上讲，科学的学术评价机制不仅要包含对学术成果的定性评价，还应当包括对学术成果的定量评价；不仅应包含对学术成果的结果评判，还应包括对完成学术成果的过程评判等多种要素。但是，在现实中，地方省属院校过多地强调对学术成果的结果评判与定量分析，往往强调毕业前应发表几篇文章、在什么期刊发表，至于采取什么样的手段发表、文章的质量是否达标、是否与专业发展有关等没有要求，或少有相关的要求。

当然，地方省属院校对于硕士研究生学术产品的数量与质量的要求各有其原因，但是仅从定量与结果评判来评定学术成果显然不科学。建立科学的学术评判机制不仅要关注量化指标体系建设，能量化尽量量化，减少量化过程的随意性，确保量化的科学性；同时，对于不能量化的要通过学术评判机制集体做出科学评判。就学术成果产生过程同样也应予以关注，学术产品的生产不可能是一蹴而就的，有些硕士研究生可能没有在核心期刊或重要刊物公开发表过文章，但可能有自己的研究性报告，可能有没发表的相关研究成果，这些产品也可

---

① 曹建文、韩秀琪、徐可：《学术研究：从"失范"到"规范"》，《光明日报》2009年9月17日。

以结合学科专家的评判给予肯定。学术研究本来是以探索学术真理为目的的，然而现实的学术评价使得这一最终目的被异化，导致学术研究出现了功利化取向，这对于研究生培养来说是极为有害的，国家必须从教育主管部门的角度来加强政策的适时性，建立科学化的学术评价机制，进而有利于硕士研究生学术能力的培养与提升。为了促进硕士研究生学术成果评判科学化，学术专家队伍应首先建立和完善起来，通过学术专家队伍开展系统性评估工作，让富有价值的学术成果凸显出来，而不是使可能是功利化压迫下产生的"短、平、快"产品成为"重要成果"，更不是使一些本与专业无关的"重要成果"成为评判硕士研究生优劣的重要指标。

4. 建立全时段、全方位、专业化的学术监督机制

良好的学术环境需要全时段、全方位、专业化的学术监督机制来保证。因为只有通过这种全时段、全方位、专业化的学术监督机制才能强化学术监督，增加学术越轨的成本与风险，才有可能对学术越轨行为形成强有力的震慑力和威慑力。从学生自身发展的视角看，加大对研究生学术行为及学术成果的审查既是对研究生的一种保护，又有利于及时发现越轨行为，避免造成更恶劣的影响。

构建全时段、全方位、专业化的学术监督机制需要多方努力，仅依靠高校、科研主管部门、学术组织、个人等某一方面是不现实的。这就要求教育科研管理部门、学校、学术组织、媒体和期刊、出版社等多方主体通力协作，共同努力，来加强对学术成果各个环节的学术审查和监督，从而减少研究生学术不端行为的发生。从地方省属高校自身实际出发，做好学术监督至少应做到如下三点：

其一，加大对学术期刊的审查力度，规避不合法期刊，增强论文的预检程序。在利益的驱动机制下，目前学术领域出现了大量非法期刊，它们打着合法的幌子招摇过市，靠骗人骗财来发家致富。在这样的期刊发表的文章基本上没有学术价值，只是转化为一种非法期刊的铅字形式而已。

其二，加大硕士研究生导师对其所指导学生的监督力度，发挥导师指导论文的过程监督作用，合理规定师生论文交流的时限与形式，

将导师的指导具体化、有形化，形成指导记录制度，通过导师的规范要求来督促硕士研究生按照学术规范写作，有效地将学术越轨与毕业紧密挂钩，威慑和规避研究生的学术越轨行为。

其三，加大教育科研管理部门的学术审查，建立学术诚信档案，对学术越轨行为进行严肃处理，形成全方位的学术越轨威慑力。应加大学术检索力度，同时规避学术检索中不科学的成分，规定通不过学术检索的惩戒措施，一定范围内推行失范追责制度，要将学术检索出问题的学生连同导师通报，杜绝任何人为有学术问题的学生评优创造条件。

参考文献

［1］北京市教育委员会组织：《研究生培养的国际视野》，人民出版社 2014 年版。

［2］研究生教育质量报告编研组：《中国研究生教育质量年度报告 2013》，中国科学技术出版社 2014 年版。

［3］魏志敏、高艳：《研究生思想政治教育与创新能力培养》，中国文史出版社 2014 年版。

［4］赵沁平：《中国研究生教育研究进展报告 2013》，中国科学技术出版社 2014 年版。

［5］赵军：《研究生培养机制改革　行动与反思》，清华大学出版社 2014 年版。

［6］张建功：《中美专业学位研究生培养模式比较研究》，华南理工大学出版社 2014 年版。

［7］叶四桥、郑丹、王宗建：《研究生科研活动与学术规范》，中国水利水电出版社 2014 年版。

［8］"研究生培养模式创新的理论与实践研究"课题组：《中国研究生培养模式的理论与实践研究》，高等教育出版社 2013 年版。

［9］"研究生教育体制改革研究"课题组：《中国研究生教育体制改革研究》，高等教育出版社 2013 年版。

［10］孟洁、史健勇：《中国研究生招生制度变革研究》，中国政法大学出版社 2013 年版。

［11］周叶中、程斯辉：《研究生培养模式改革研究》，人民教育

出版社 2013 年版。

[12] 周文辉：《中国研究生教育质量保障体系研究》，北京理工大学出版社 2012 年版。

[13] 黄富峰、宗传军、马晓辉：《研究生学术道德培育研究》，中国社会科学出版社 2012 年版。

[14] 乔琳：《新时期研究生培养质量监控机制创新》，中国戏剧出版社 2009 年版。

[15] 黄治国：《研究生培养制度研究》，武汉大学出版社 2008年版。

[16] 中国农业大学高等农业教育研究室、中国农业大学教务处：《教育教学改革实践与探索》，中国农业大学出版社 2003 年版。

[17] 谢维和、王孙禺：《学位与研究生教育战略与规划》，教育科学出版社 2011 年版。

[18] 罗尧成：《研究生教育课程体系研究》，广东高等教育出版社 2010 年版。

[19] 王雪梅：《我国外语学科研究生学术能力发展问题与对策》，华东师范大学出版社 2014 年版。

[20] [美] 唐纳德·肯尼迪：《学术责任》，阎凤桥等译，新华出版社 2002 年版。

[21] [英] 鲁格、彼得：《给研究生的学术建议》，北京大学出版社 2009 年版。

[22] [加] 约翰·范德格拉夫：《学术权力——七国高等教育管理体制比较》，王承绪等译，浙江教育出版社 2001 年版。

[23] 梁明伟：《中国大学学术管理研究　基于组织、制度和文化的视角》，中国政法大学出版社 2013 年版。

[24] "研究生教育的学风与学术诚信保障体系建设研究"课题组：《中国研究生教育的学风与学术诚信保障体系建设研究》，高等教育出版社 2013 年版。

[25] 王恩华：《大学学术失范与学术规范》，湖南师范大学出版

社 2010 年版。

[26] 欧阳秀:《教育硕士研究生科研能力评价指标体系研究——基于企业绩效评价的视野》,华中师范大学硕士学位论文,2013 年。

[27] 王艳丽:《文科硕士研究生科研创新能力及其影响因素研究》,苏州大学硕士学位论文,2014 年。

[28] 高鸽:《制约我国硕士研究生创新能力的成因及对策研究》,兰州大学硕士学位论文,2010 年。

[29] 贾佳:《硕士研究生学术道德建设研究》,重庆工商大学硕士学位论文,2012 年。

[30] 盛伟男:《我国硕士研究生学制问题研究——国际比较的视野》,东北师范大学硕士学位论文,2009 年。

[31] 闫迎春:《我国硕士研究生教育质量内部保证体系研究》,兰州大学硕士学位论文,2009 年。

[32] 邵松鹤:《硕士研究生培养质量现状及对策研究》,武汉理工大学硕士学位论文,2008 年。

[33] 姜艳:《全日制硕士生学术研究的内在动力机制省思——自组织理论的视角》,西南大学硕士学位论文,2013 年。

[34] 苏红:《地方院校硕士研究生培养模式研究》,江西师范大学硕士学位论文,2008 年。

[35]《邢艳芳:省属高师院校学术型硕士研究生培养现状的调查研究——以东北某省属师范大学为例》,辽宁师范大学硕士学位论文,2012 年。

[36] 董艳:《硕士研究生科研隐性知识、导师有效指导及其二者之间的关系》,北京师范大学博士学位论文,2007 年。

[37] 邹海燕:《应用型硕士研究生培养机制探索——基于课程选择的视角》,厦门大学硕士学位论文,2011 年。

[38] 温艳娇:《地方高校硕士研究生教育质量保障研究——以辽宁省高校为例》,沈阳师范大学硕士学位论文,2010 年。

[39] 汪沛雯:《地方高校硕士研究生科研现状及对策研究——

以甘肃省为例》，西北师范大学硕士学位论文，2010 年。

　　［40］宋丽丹：《建立硕士生淘汰机制的研究》，华中科技大学硕士学位论文，2008 年。

　　［41］王岗：《研究生生源质量与科研产出的定量分析——以中国科学院研究生院研究生生源为例》，中国科学院研究生院硕士学位论文，2007 年。

后　记

　　本书是笔者主持的山东省研究生教育创新计划项目——"地方省属院校硕士研究生学术能力提升的保障机制研究"（SDYY12019）的最终研究成果。在院系同仁的帮助之下，笔者于2012年成功获批该项目，而后便根据研究需要调整了研究团队，分配了研究任务，有条不紊地推进了项目研究。按照项目进展的预期时间安排，本项目组于2014年12月底最终完成了研究任务。

　　这本书是集体劳动的结果。一方面，在项目申请过程中，校院及相关职能部门的领导都参与了项目论证，张祥云、黄富峰、郭尚敬、魏宪朝几位教授原本是项目的参与者，在项目论证中也提供了指导意见；另一方面，在项目研究过程中，由于参与论证者工作调动、业务繁忙，不能实际参与项目研究。于是，在他们的建议下，我们调整了项目组参与人员，研究任务是在调整后人员的集体参与下最终完成的。

　　本书的编写最初是有分工的，刘伟、孟宪艮、刘子平各提供了第二、三、六章的初稿。但是，在初稿汇总以后，鉴于各章节间内容的调整，各章节整体篇幅的平衡，笔者在这些基本内容删繁就简的基础上，又拓展了近一倍的内容。在这个过程中，周浩集、邹庆国参与了部分书稿的整理工作；梁妍、马晓辉提供了地方省属院校硕士研究生的部分研究资料；徐刚提供了图书资料方面的帮助；我的硕士研究生李艳萍、许飞、王婧等人在文字校对方面也做了大量工作。

　　在2014年年底本书提交结项之际，方知结项时点要等到2015年上半年，这又给我们提供了修订原稿的时间。为了统一行文风格，最后笔者又利用近半年的时间重新加以梳理，其中修订的幅度较大。同时，利用修订与进一步深入思考之机，笔者还发表了几篇成文的研究性文章。修订完书稿之后，山东师范大学博士后合作导师张福记教授审阅了书稿并赐序，让我倍加感激。我的同事郭焕云主动帮助联系版社，也省去我不少颠簸之苦，任明老师的出色编辑也使拙作增色良多。

本著作在撰写过程中同样借鉴了学界的部分研究成果，有些已经在参考文献中做了说明，有些则通过引注得以体现，也有些确实无从查证。有鉴于此，谨对那些提供学术资料的无名英雄们致敬。

聊城大学　于学强

2015 年 11 月 5 日